# Bildatlas

# WELTWUNDER

Matthias Vogt

# *Bildatlas* WELTWUNDER

© Naumann & Göbel Verlagsgesellschaft mbH

Autor: Matthias Vogt

Realisation und Redaktion: red.sign, Stuttgart

Kartografie: Kartographie Huber, München

Gesamtherstellung: Naumann & Göbel Verlagsgesellschaft mbH, Köln

Alle Rechte vorbehalten

ISBN 978-3-625-12415-3

www.naumann-goebel.de

# VORWORT

**Größe, Erhabenheit und Schönheit – das waren die Kriterien,** die der griechische Geschichtsschreiber Herodot anlegte, als er im 5. Jahrhundert v. Chr. erstmals eine Liste mit fünf bewunderungswürdigen Bauwerken zusammenstellte. Sie wurde später, inhaltlich mehrfach verändert, auf sieben erweitert – eine magische Zahl, man denke an die sieben Tage, an denen Gott die Welt erschaffen hat, die sieben Todsünden oder die sieben Hügel, auf denen Rom erbaut wurde.

Seit den Tagen Herodots hat sich vieles geändert. Vor allem auch unser Bewusstsein gegenüber der Natur, der produktivsten aller Architekten und Bildhauer, deren Meisterwerke in allen Teilen unserer Erde zu finden sind. Darum ist das erste der drei großen Kapitel dieses Buches den großartigen Naturwundern gewidmet. Wie alle Kapitel eingeleitet durch eine Übersichtskarte wurden sie in zwölf Kategorien, Geysire, Wasserfälle, Flüsse, Seen, Küsten, Naturlandschaften, Wüsten, Schluchten und Canyons, Gebirge und Gipfel, Gletscher, Vulkane und Höhlen eingeteilt. Ihre Reihenfolge richtet sich dort, nach Kontinenten geordnet, nach ihrer geografischen Lage – von West nach Ost und von Nord nach Süd. Das zweite Kapitel, Archäologische Stätten, umfasst vor allem architektonische Meisterleistungen längst vergangener Kulturen. Diese wurden nach Epochen und Kulturkreisen in Prähistorische Stätten, Altertum, Antike, Asiatische Hochkulturen, Amerikanische Hochkulturen und Polynesische Kultur, sortiert und innerhalb dieser wiederum chronologisch und geografisch geordnet. Die Gliederung des dritten und größten Kapitels – Architekturwunder – erfolgte nach einer Systematik, die nach Art und Nutzung der Gebäude beziehungsweise ganzer Ensembles fragt. Kirchen, Moscheen und Tempel, Burgen, Schlösser und Paläste, Städte und Plätze, Öffentliche Bauten, Denkmäler, Technische Bauten, Türme und Hochhäuser lauten hier die Kategorien, innerhalb derer die Bauwerke ihrem jeweiligen Kulturkreis zugeordnet und in eine chronologische Reihenfolge gebracht wurden. Eine Besonderheit bilden die europäischen Städte und Plätze. Sie wurden nach der Epoche, die ihr Bild besonders prägte, chronologisch geordnet.

Größe, Erhabenheit und Schönheit waren nicht die einzigen Maßstäbe, die zur Auswahl der Weltwunder führten, die in diesem Buch versammelt sind. Auch Faktoren wie Erhaltungszustand, Erreichbarkeit und Bedeutung spielten bei der Beurteilung eine wichtige Rolle. Die beschriebenen Stätten erheben keinen Anspruch auf Vollständigkeit, manche von ihnen mögen umstritten sein, doch sie alle bieten Anlass zum Staunen, zum Staunen über die Wunder dieser Welt.

# INHALT

## Naturwunder 8

Übersichtskarte Naturwunder 10

Geysire 12

Wasserfälle 14

Flüsse 20

Seen 26

Küsten 32

Naturlandschaften 48

Wüsten 74

Schluchten und Canyons 84

Gebirge und Gipfel 90

Gletscher 98

Vulkane 102

Höhlen 110

## Archäologische Stätten 114

Übersichtskarte Archäologische Stätten 116

Prähistorische Stätten 118

Altertum 124

Antike 134

Asiatische Hochkulturen 156

Amerikanische Hochkulturen 162

Polynesische Kultur 172

## Architekturwunder 174

Übersichtskarte Architekturwunder 176

Kirchen, Moscheen und Tempel 178

Burgen, Schlösser und Paläste 220

Städte und Plätze 250

Öffentliche Bauten 270

Denkmäler 278

Technische Bauten 286

Türme und Hochhäuser 296


Register 302

Bildnachweis 304

# Naturwunder

Tiefe Schluchten, ausgedehnte Wüsten, tosende Wasserfälle, grandiose Berge oder bizarre Landschaften – unser Planet ist reich an Wundern der Natur. Es scheint so, als seien sie schon immer da gewesen, die Sahara, der Mount Everest oder der Nil, die Niagarafälle, das Great Barrier Reef oder der Titicacasee, doch sie alle sind spektakuläre Zeugnisse des Werdens und Vergehens.

Mount McKinley | 97

Kluane Icefield | 100

Geysir Strokkur | 13

**NORDAMERIKA**

Spirit Island im
Maligne Lake | 54

Banff-Nationalpark | 54

Giant's Causeway |

Old Faithful | 13

Yellowstone-Nationalpark | 58–59

Aletschgletscher |
Matterhorn | 9
Gorges du Verdon |

Redwood-Nationalpark | 64

Yosemite-Nationalpark | 61

Yosemite Falls | 61

Bryce Canyon | 65

Niagarafälle | 16

Death Valley | 82

Monument Valley | 66

Vermilion Cliffs | 61–64

Mammoth Cave | 113

Grand Canyon | 86

Barringer-Krater | 67

**ATLANTISCHER
OZEAN**

Na Pali Coast
auf Kauai | 45

Everglades | 68

Nationalpark Teide

Haleakala auf Maui | 108

Hawaii-Volcanoes-Nationalpark | 105

Popocatepetl | 108

Küste von Belize | 45

**PAZIFISCHER**

Lago de Atitlán | 30

**OZEAN**

Tepuis der Gran Sabana | 69

Salto Angel | 16

Galapagosinseln | 70

Chimborazo | 108

Amazonas | 24

Rio Negro | 24

**SÜDAMERIKA**

Geysir

Titicacasee | 31

Wasserfall

Fluss

See

Iguaçufälle | 17

Küste

Naturlandschaft

Aconcagua | 97

Wüste

Schlucht, Canyon

Gipfel, Gebirge

Gletscher

Nationalpark Los Glaciares | 100

Lago Nordenskjöld | 31

Vulkan

Höhle

Mount Erebus | 109

RKTISCHER OZEAN

Lenadelta | 22

Kamtschatka | 53

eirangerfjord | 35

Finnische Seenplatte | 26

Aurlands-
fjord | 34

-d | 32

Baikalsee | 28

atten-
eer | 38

Kreidefelsen
auf Rügen | 37

EUROPA

ASIEN

Kreidefelsen
von Dover | 37

Bialowiezer Heide | 48

Königssee | 27

Drei Zinnen | 91

Khongoryn Els | 81

Plitvicer Seen | 28

Höhlen von Škocjan | 112

Tuffsteinlandschaft
von Kappadokien | 49

Gobi | 81

Fudschijama | 104

Blaue
Grotte | 110

Kalksinterterrassen
von Pamukkale | 14

K2 | 92

ves del
ac | 112

Santorins Steilküste | 38

Nanga Parbat | 96

Yarlung-Zangbo-Schlucht | 86

PAZIFISCHER

Großer West-
licher Erg | 77

Totes Meer | 29

Mount Everest | 92

OZEAN

Weiße Wüste | 78

Kangchenjunga | 96

Sahara | 74

Oase Dakhla | 77

Ha-Long-Bucht | 44

ggar/Ahaggar | 78

Khonefälle | 23

AFRIKA

Mekong | 23

Schokoladenhügel auf Bohol | 54

Nil | 20

Khao Tapu | 43

Tis-Issat-Wasserfälle | 21

Malediven | 42

Serengeti | 50

Virunga-Nationalpark | 52

Anse Source d'Argent
auf La Digue | 42

Krakatau | 104

Ngorongoro-Krater | 50

Kilimand-
scharo | 103

Tengger-Caldera | 105

INDISCHER

OZEAN

Bungle-Bungle-Massiv | 70

Victoriafälle | 15

AUSTRALIEN

Namib | 78

Okavangodelta | 50

Great Barrier Reef | 46

Sossusvlei | 80

Blyde River Canyon | 85

Kata Tjuta/Olgas | 73

Uluru/Ayers Rock | 72

Drakensberge | 92

The Pinnacles | 72

Tafelberg | 92

N

500 km

www.kartographie.de

Zwölf Apostel | 47

SÜDLICHER OZEAN

Milford Sound | 46

ANTARKTIS

# Geysire

Geysire, heiße Quellen, die in meist regelmäßigen Zeitabständen explosionsartig eine Wasserfontäne ausstoßen, finden sich nur auf vulkanischem Boden. Auf Island, Kamtschatka, der Nordinsel Neuseelands und im Yellowstone-National-park sind sie besonders verbreitet.

**Strokkur** 30 Meter hoch schießt seine Fontäne in die Höhe – und das mindestens vier Mal pro Stunde. «

## Geysir Strokkur

⚓ **Island** Er ist nicht der Namensgeber für alle derartigen Quellen – diese Ehre gebührt dem nahen „Großen Geysir" –, doch ihm steht der Titel des aktivsten Geysirs Islands zu – und dort gibt es immerhin etwa 30 dieser wundersamen Erscheinungen. Der Strokkur liegt im Südwesten der Insel, in einem breiten Tal am Fuß eines vulkanischen Höhenrückens. In diesem Gebiet erwärmt sich das versickernde Regenwasser sehr viel schneller als gewöhnlich: Steigt die Temperatur normalerweise alle 33 Meter Erdtiefe um 1 °C an, so sind hier nur 20 Zentimeter dazu nötig. Schon in relativ geringer Tiefe erreicht das Wasser seine Siedetemperatur, es beginnt zu kochen und der Dampf drückt es an die Erdoberfläche. Der Druck ist dabei so gewaltig, dass beim Strokkur eine 30 Meter hohe Fontäne entsteht – und das alle vier bis zehn Minuten.

## Old Faithful

⚓ **Wyoming/USA** Die Erdkruste unter dem ältesten Nationalpark der Welt, dem Yellowstone-Nationalpark im Nordwesten der USA, ist nur relativ dünn, direkt darunter befindet sich flüssiges Magma. Das Grundwasser wird enorm aufgeheizt und sucht sich durch brodelnde Quellen und Geysire einen Weg an die Oberfläche. Der beeindruckendste ist Old Faithful, der „alte Getreue", der seit Menschengedenken etwa alle 90 Minuten einen bis zu 55 Meter hohen Wasserstrahl gen Himmel schleudert.

Der **Old Faithful** – hier bei Morgenröte im Winter – ist ein Musterexemplar für einen düsenförmigen Geysir.

# *Wasserfälle*

Flüsse fließen nicht immer nur gemächlich bergab. An manchen Stellen müssen sie große Höhenunterschiede überwinden. Dort bekommen sie die Gelegenheit zu zeigen, welche Energien in ihnen stecken. Die entstehenden Wasserfälle, die wie der Salto Angel oder die Victoriafälle je nach Geländeform Hunderte von Metern hoch oder breit sein können, demonstrieren dies auf imposante Weise.

**Pamukkale** Im Lauf von Jahrtausenden entstanden durch kalkhaltige Thermalquellen die Terrassen von Pamukkale, die heute auf der Liste des Weltkulturerbes der UNESCO stehen.

## *Kalksinterterrassen von Pamukkale*

**Türkei** Schon von Weitem schimmern dem Reisenden zwischen braunen Hügeln die schneeweißen Kalkterrassen von Pamukkale entgegen. Wie ein „Baumwollschloss", so die Übersetzung des türkischen Namens, wirken die Travertinkaskaden hier im Westen Anatoliens. Schon die Griechen und Römer schätzten das kalk- und kohlensäurehaltige Wasser als wohltuend und besuchten den nahe gelegenen heutigen Kurort Hierapolis, in dessen antikem Schwimmbad noch heute Badegäste zwischen zerborstenen Marmorsäulen planschen. In Pamukkale ergossen sich die heißen Quellen auf einer Länge von zwei Kilometern und einer Breite von 300 Metern von einem Hang herab. Das Wasser suchte sich einen Weg und lagerte dabei im Verlauf von Jahrtausenden Kalk – genauer: Travertin – ab, der Terrassen bildete und Becken formte, Gebilde mit wattebauschartigen Wölbungen, von deren Rändern Baumwollzöpfe ähnelnde Tropfsteine herabhängen. Dieses Naturwun-

Die **Victoriafälle** – an der Grenze zwischen Simbabwe und Sambia gelegen – sind ein gigantischer Wasserfall des Sambesi.

der darf heute nicht mehr betreten werden, zu groß waren die Schäden durch Touristen. Die heute zugänglichen Teile sind Nachbauten aus Beton, die jedoch durch eine Überflutung mit dem natürlichen Thermalwasser inzwischen die typische weiße Färbung des Originals angenommen haben.

## Victoriafälle

**Sambia und Simbabwe** Es war der englische Forscher David Livingstone, der 1855 als Erster über diese größten Wasserfälle der Welt berichtete und sie nach seiner Königin mit Namen Victoria benannte. Der Sambesi, der Grenzfluss zwischen Sambia und Simbabwe, der oberhalb der Fälle ruhig über eine kahle Hochebene fließt, stürzt sich hier in eine nur 50 Meter breite Schlucht. Die Länge der Fallkante beträgt dabei 1800, die Fallhöhe bis zu 119 Meter, jeweils doppelt so viel wie die vergleichbaren Werte bei den Niagarafällen. Besonders im März und April, wenn pro Sekunde bis zu 5400 Kubikmeter Wasser in die Tiefe rauschen, ist das ohrenbetäubende Getöse noch in 50 Kilometer Entfernung zu hören, während das Wasser auf dem Grund der Schlucht nicht mehr zu sehen ist, da hier alles durch einen weißen Vorhang aus feinsten Wasserpartikeln zugedeckt wird. So wird leicht klar, was gemeint ist, wenn die Eingeborenen vom „Donnernden Rauch" sprechen. Die wie aus einem riesigen Zerstäuber gespritzte Wolke ist so gewaltig, dass sie inmitten der umliegenden Trockensavanne in der unmittelbaren Umgebung der Wasserfälle einen undurchdringlichen Regenwald gedeihen ließ.

**Niagarafälle** Die „Donnernden Wasser" der Niagarafälle – im Bild die kanadische Seite –
gehören zu den Highlights eines Amerikabesuchs.

## *Niagarafälle*

🏞 **USA und Kanada** Die Niagarafälle gehören zu den eindrucksvollsten und größten Wasserfällen der Erde. Sie werden von dem Fluss gleichen Namens, der auf einer Länge
von 55 Kilometern den Eriesee mit dem Ontariosee verbindet, gebildet. Gleich zwei Länder haben ihren Anteil daran,
denn vor dem Absturz teilt sich der Niagara, dessen Name
auf Indianisch „Donnerndes Wasser" bedeutet, in zwei
Arme: der nördliche liegt auf US-amerikanischer, der südliche auf kanadischer Seite. Zwischen beiden liegt Goat
Island, die Ziegeninsel, auf der die Grenze verläuft. Die
Breite des hufeisenförmigen kanadischen Teiles beträgt etwa
800, die des amerikanischen „nur" etwa 350 Meter. Wie zum
Ausgleich dafür fallen die Wassermassen in den USA
51 Meter in die Tiefe, zwei Meter mehr als die in Kanada. Als
die Wasserfälle vor ungefähr 12 000 Jahren entstanden, lagen
sie noch etwa elf Kilometer weiter flussabwärts. Ständige
Erosion verlegte die Absturzkante immer weiter zurück –

ein Vorgang, der sich bei diesem Hufeisenfall, dessen Form
aus der größeren Fließgeschwindigkeit in der Strommitte
resultiert, mit einer Geschwindigkeit von etwas über einem
Meter pro Jahr fortsetzt.

## *Salto Angel*

🏞 **Venezuela** Es ist dem US-amerikanischen Buschpiloten
Jimmie Angel zu verdanken, dass die Welt Kenntnis von
dem Wasserfall erhielt, der mit insgesamt fast einem Kilometer Fallhöhe der höchste seiner Art ist. 1933 erblickte er
ihn zum ersten Mal und 1937 kehrte er dorthin zurück, um
auf dem Auyan-Tepui, dem Hochplateau, von dem der Wasserfall hinabstürzt, zu landen. Dabei wurde sein Flugzeug so
stark beschädigt, dass es nicht mehr startfähig war. Gemeinsam mit seinen drei Begleitern musste Angel daraufhin zu
Fuß versuchen, aus diesem schwer zugänglichen Teil im
Südosten Venezuelas, nahe der Grenze zu Guyana und Brasilien, in die Zivilisation zurückzugelangen. Die Geschichte

von dem elftägigen Gewaltmarsch ging um die Welt – und damit auch die Kunde von dem Wasserfall, der nun den Namen des Bruchpiloten erhielt, obwohl er bereits ein Vierteljahrhundert zuvor von dem Venezolaner Ernesto Sánchez La Cruz entdeckt worden war.

Der Salto Angel ist Teil des venezolanischen Nationalparks Canaima, der wiederum Teil der Gran Sabana ist, einer riesigen Hochebene mit Tafelbergen, Felsabstürzen und spektakulären Wasserfällen. Er wird vom Río Gauya, der auch unter seinem einheimischen Namen „Kerep" bekannt ist, gespeist und fällt zunächst 807 Meter, dann noch einmal 171 Meter in die Tiefe.

## Iguaçufälle

Argentinien und Brasilien Ein Spanier war der erste Europäer, der vor fast 500 Jahren dieses System aus 275 Wasserfällen zu Gesicht bekam. Als Katholik weihte er sie der Gottesmutter und nannte sie Saltos de Santa Maria. Im Lauf der Zeit bürgerte sich jedoch die aktuelle Bezeichnung ein, die von den lokalen Tui-Guaraní-Indianern stammt. Sie versenkten in ihrem „Großen Wasser" ihre Toten.

Der Iguaçu oder, auf Spanisch, Iguazú, der Fluss, der hier, 15 Kilometer vor seiner Mündung, in eine bis zu 65 Meter tiefe Schlucht hinabstürzt, fließt über eine Länge von 1320 Kilometern von Ost nach West dem Paraná zu und bildet, bevor er ihn erreicht, die Grenze zwischen Argentinien und Brasilien. Die 20 großen und über 250 kleineren Fälle, die er speist, erstrecken sich über 2700 Meter – eine Ausdehnung nur vergleichbar mit den Victoriafällen in Sambia. Einen besonders imposanten Eindruck erhält man von der brasilianischen Seite, denn man blickt auf den argentinischen und damit größeren Teil dieses Naturschauspiels. Doch auch die Argentinier können mit einem Trumpf aufwarten: Über eine Treppe und Stege kommt man hier näher an die in allen Regenbogenfarben schillernden Gischtwolken heran und kann erleben, dass 1750 Kubikmeter Wasser pro Sekunde, die hier hinunterdonnern, selbst durch lautes Schreien nicht zu übertönen sind.

**Salto Angel** Mit einer Fallhöhe von 978 Metern ist der Salto Angel der höchste Wasserfall der Erde.

**Iguaçufälle** Auf einer Breite von 2700 Metern stürzen die Wasser des Iguaçu vom brasilianischen Plateau in die Tiefe. ➤➤

# Flüsse

„Das Leben ist ein langer, ruhiger Fluss", behauptet ein französischer Filmtitel. Doch sind Flüsse – wie das Leben – nicht immer lang und schon gar nicht ruhig. Es sind Lebensspender, die zum Teil riesige Gebiete entwässern und zugänglich machen. Manche bilden verzweigte Systeme, wie der Amazonas, oder ausufernde Deltas, wie die Lena, andere, wie der Nil, müssen gewaltige Barrieren überwinden.

**Nil** Blick auf die im Nil unterhalb des ersten Katarakts gelegene Insel Elephantine, die heute zur ägyptischen Stadt Assuan gehört.

## Nil

Burundi, Ruanda, Tansania, Uganda, Äthiopien, Sudan und Ägypten Für die alten Ägypter war der Nil schlicht „der Fluss" und mit dem Urozean der Schöpfung verbunden. Das Wasser des lebensspendenden Stroms, der mit alljährlicher Regelmäßigkeit über die Ufer trat, machte mit dem Schlamm, den er transportierte, deren Land erst fruchtbar und ermöglichte dort bereits vor 5000 Jahren das Entstehen einer Hochkultur.

Gespeist wird der 6671 Kilometer lange Fluss vor allem aus dem im äthiopischen Hochland entspringenden Blauen Nil, der sich in der Nähe der sudanesischen Hauptstadt Khartum mit dem aus Ruanda zufließenden Weißen Nil vereinigt, und dem Atbara. Erst auf dem letzten Drittel seines Laufs zum Mittelmeer passiert er das von den Griechen „Ägypten" genannte Land – eine Strecke, die der Nil ganz ohne Nebenflüsse zurücklegt.

Die **Tis-Issat-Wasserfälle,** die zweitgrößten Wasserfälle Afrikas, sind eine der größten Touristenattraktionen Äthiopiens.

Auf dem Weg zu seinem Delta, das anders als zur Zeit des Pharaonenreichs nicht mehr aus sieben, sondern aus nur noch vier Mündungsarmen besteht, passiert der längste Fluss der Erde sechs Katarakte, Stromschnellen, die sich an jenen Stellen bildeten, an denen der Strom Gesteinsbarrieren aus Granit überwinden muss. Sie werden, beginnend mit dem ersten Katarakt bei Assuan, wo er zudem durch den Assuanstaudamm zum riesigen, bis in den Sudan reichenden Nassersee gestaut ist, stromaufwärts durchgezählt.

Nach wie vor hat der Nil große wirtschaftliche Bedeutung für seine Anrainerstaaten, insbesondere für Ägypten.

## Tis-Issat-Wasserfälle

**Äthiopien** Beim Verlassen der großen Seen Ostafrikas bilden die Quellflüsse des Nils zahlreiche Stromschnellen und Wasserfälle, bevor sie in die ausgedehnten Savannenlandschaften des Sudans eintreten. Am bekanntesten sind neben den Murchisonfällen in Uganda die Tis-Issat-Wasserfälle im äthiopischen Hochland. Sie werden vom Blauen Nil gebildet, der seinen Namen seiner dunklen, erdigen Farbe verdankt – das Wort in der lokalen Sprache bedeutet nicht nur „blau", sondern auch „schwarz". Etwa 30 Kilometer nach seinem Austritt aus dem Tanasee donnert der wasserreichste Quellfluss des Nils auf etwa 400 Metern Breite bis zu 45 Meter in die Tiefe. Damit ist das „rauchende Wasser" nach den Victoriafällen der zweitgrößte Wasserfall des afrikanischen Kontinents.

## *Lenadelta*

Satellitenaufnahme des **Lenadeltas.** Von
West nach Ost misst es bis zu 230 Kilometer,
von Nord nach Süd bis zu 150 Kilometer.

**Russland** Das Einzugsgebiet der Lena reicht vom 54. Grad nördlicher Breite bis zum Polarkreis und umfasst eine Fläche, die sieben Mal so groß ist wie Deutschland. Die Lena entspringt im Baikalgebirge nordöstlich von Irkutsk, in der Nähe des Baikalsees, fließt zuerst nach Südwesten, dann nach Nordosten. Schließlich wendet sie sich etwa in der Mitte ihres Laufs, bei Jakutsk, nach Nordwesten. Zuletzt fließt sie fast geradezu nach Norden, wo sie in die Laptewsee, ein Teilmeer des Arktischen Ozeans, mündet. Bis dahin hat sie einen Höhenunterschied von 1465 Metern bewältigt und einen Weg von 4400 Kilometern zurückgelegt. Damit ist dieser sibirische Fluss vor Jenissei, Ob und Amur der längste Fluss Russlands.

Superlative bietet auch das Delta der Lena, das aus dem All betrachtet wie ein gleichmäßig gewachsener, verästelter Baum wirkt. Es nimmt 30 000 Quadratkilometer Fläche ein und ist damit etwa so groß wie Belgien. Es setzt sich aus

weise Thailand. Auch Kambodschas Reisbauern profitieren noch von seinem Wasser und den alljährlichen Überschwemmungen, bevor er, durch den mitgeführten Lehm gelb gefärbt und in neun Arme zerteilt, in Vietnam ein Delta bildet und sich in das Südchinesische Meer ergießt.

## Khonefälle

🏔 **Laos** Nahe der Grenze zwischen Laos und Kambodscha stürzen die Wasser des Mekong auf einer Breite von über zehn Kilometern in Kaskaden insgesamt 21 Meter in die Tiefe. Die Khonefälle bilden damit nicht nur die größten Wasserfälle Asiens, sondern auch die breitesten der Erde. Sie sind der Hauptgrund dafür, dass der Strom nicht bis nach China schiffbar ist.

Der **Mekong** gilt als Lebensader des kontinentalen Südostasien. Das Foto zeigt eine Szene in seinem Delta in Vietnam. «

über 150 kleineren Mündungsarmen und Schwemmland zusammen, das aus dem Material, das der Fluss transportiert hat, entstand – da die Fließgeschwindigkeit vor der Mündung ins Meer abnimmt, hat es sich an dieser Stelle abgelagert.

## Mekong

🌊 **China, Myanmar, Laos, Thailand, Kambodscha und Vietnam** Nicht nur wegen der segenbringenden Hochwasser, sondern auch wegen seiner lange verborgen gebliebenen Quelle gilt der Mekong als „Nil Südostasiens". Die „Mutter der Gewässer", so die Bedeutung seines Namens, ist mit 4900 Kilometern der längste Strom Indochinas. Er entspringt im westchinesischen Tanggula-Gebirge in einer Höhe von über 3000 Metern; der Legende nach wird seine Quelle von einem Drachen bewacht. Danach durchquert er die chinesische Provinz Yunnan und bildet anschließend die natürliche Grenze zwischen Laos und Myanmar beziehungs-

„Khon Pha Pheng" ist die örtliche Bezeichnung für die **Khonefälle,** an denen in der Regenzeit bis zu 50 000 Kubikmeter Wasser pro Sekunde herabstürzen.

## Amazonas

🕊 **Peru und Brasilien** Er ist ein Strom der Rekorde: Der Amazonas ist zwar nur der zweitlängste Fluss der Erde, mit einer Wassermenge, die hundert Mal so groß ist wie die des Nils ist er aber der wasser- und der artenreichste. Er bietet etwa 1500 Fischarten Lebensraum – zehn Mal so vielen wie alle Flüsse Europas zusammen. Hier leben Riesenwelse von drei Metern Länge, der gefürchtete Piranha oder Fische mit unterteilten Augen. Und auch das Leben an seinen Ufern ist überaus vielfältig, fließt er doch hauptsächlich durch immergrünen tropischen Regenwald. Seine von der Mündung in den Atlantik am weitesten entfernten Quellen befinden sich in einer entlegenen Berggegend im Süden Perus auf etwa 5000 Metern Höhe. Sie vereinigen sich im Apurímac, der die Anden hinabfließt, zum Ene wird, dann zum Tambo und schließlich zum Ucayali, der mit dem Marañón südlich von Iquitos endlich den eigentlichen Amazonas entstehen lässt. Bis dahin ist der an manchen Stellen bis zu 30 Kilometer breite und 70 Meter tiefe Fluss für Frachter mittlerer Größe befahrbar. Von hier aus fließt er noch 3700 Kilometer von West nach Ost durch den Norden Brasiliens zum Atlantischen Ozean und entwässert dabei ein Gebiet von der Größe Australiens.

Seinen Namen erhielt er übrigens vor 500 Jahren durch einen Trupp spanischer Söldner, die von einer Expedition in den Urwald mit Berichten zurückkehrten, dort lebten unbekleidete Kriegerinnen, bewaffnet mit Pfeil und Bogen, die den Amazonen aus der griechischen Sage glichen.

Über viele Kilometer sind die Wasser des **Rio Negro** von denen des Amazonas nach deren Zusammenfließen nahe Manaus deutlich voneinander unterscheidbar.

## Rio Negro

🕊 **Kolumbien und Brasilien** Ein Phänomen, das an das Nebeneinander zweier verschiedenfarbiger Ingredienzen eines Cocktails erinnert, bietet sich dem Betrachter in der Nähe der brasilianischen Stadt Manaus. Der Rio Negro vereinigt sich hier, von Norden, aus Kolumbien kommend, als einer von mehr als 1000 Nebenflüssen mit dem Amazonas.

Abendstimmung am **Amazonas.** Die Luftaufnahme zeigt die typischen Windungen des Stroms, hier nahe seinem Quellgebiet in Peru.

Doch da, um im Bild zu bleiben, niemand beide Flüsse verrührt oder vermixt, fließen sie fast 80 Kilometer im gleichen Bett nebeneinander her, gut zu erkennen an den verschiedenen Färbungen der beiden Ströme. Während der Rio Negro, wie der Name sagt, durch einen hohen Anteil an mitgeführten pflanzlichen Stoffen schwarz erscheint, wirken die Fluten des Amazonas durch die aus den Anden herausgewaschenen Mineralien braun.

# *Seen*

Es gibt Tausende dieser Wasserinseln auf unserem Planeten – große und kleine, tiefe und flache, salzige und nährstoffarme. Was zeichnet einige von ihnen besonders aus? Auf die Größe allein kommt es nicht an. Eher sind es die besonders reizvolle Lage, wie bei den Plitvicer Seen, oder bestimmte Eigenschaften, wie beim Baikalsee oder dem Toten Meer, die uns staunen lassen.

Der Saimaa, der größte zur **Finnischen Seen-platte** gehörende See, besteht aus zahlreichen miteinander verbundenen Teilseen, die insgesamt eine Fläche von 4370 Quadratkilometern bedecken.

## *Finnische Seenplatte*

☞ **Finnland** Finnland, das „Land der 1000 Seen" ist, gemessen an mitteleuropäischen Maßstäben, zum großen Teil unbesiedelt. Auf 338 000 Quadratkilometern, was fast der Größe Deutschlands entspricht, leben nur fünf Millionen Menschen und diese zum größten Teil auch noch in Städten. Dafür verantwortlich ist sicherlich zum einen das Klima, zum anderen aber auch die Landschaft, die größere Ansiedlungen nicht zuließ, da sie, zumindest in Südfinnland, aus einem verschachtelten System von Seen und Inseln besteht. Sie zu zählen ist ein schier aussichtsloses Unterfangen, manche Quellen sprechen von 42 300, andere sogar von 188 000 Einzelgewässern. Sie bilden ein verwirrendes, durch Flüsse, Wasserengen und künstliche Kanäle verbundenes Labyrinth, eine Landschaft von herbem Reiz, wie sie anderswo nicht zu finden ist. Sie ist ein Ergebnis der letzten Eiszeit: Die meisten der flachen Seen sind Gletscher-Schürfwunden. Sie wurden durch zwei mächtige, 500 Kilometer parallel verlaufende Endmoränenzüge von der Ostsee abgetrennt. Dieser Salpausselkä genannte Höhenrücken ist bis zu 80 Meter hoch und zwischen wenigen Hundert Metern und etwa fünf Kilometern breit. Mit der Finnischen Seenplatte gehört er zu den bedeutendsten Fremdenverkehrsgebieten des Landes, das unberührte Natur in großer Einsamkeit verspricht.

## Königssee

☞ **Deutschland** Es ist ein von der Natur verwöhntes Fleckchen Erde im äußersten Südosten Bayerns: Wie ein Fjord gräbt sich der Königssee bei Berchtesgaden acht Kilometer lang, einen Kilometer breit und 190 Meter tief ein. Er wird eng umstanden vom höchsten Bergmassiv der Berchtesgadener Alpen, der Watzmanngruppe, im Westen, dem Steinernen Meer im Süden und dem Hagengebirge im Osten – Grundlage für das berühmte Echo, das man auf dem See hören kann.

Herbststimmung in der von Mischwäldern geprägten Gebirgslandschaft am **Königssee,** der während der letzten Eiszeit durch Eisströme gebildet wurde.

## Plitvicer Seen

✉ **Kroatien** In den letzten 4000 Jahren hat sich aus dem Lauf des Flusses Plitvice im Grenzgebiet von Kroatien zu Bosnien-Herzegowina ein spektakuläres Naturschauspiel aus tiefblau oder türkisgrün leuchtenden Seen gebildet, die wie Glieder einer Kette durch Katarakte und Wasserfälle verbunden sind. Verantwortlich dafür ist ein Prozess, wie er ähnlich auch im türkischen Pamukkale abläuft: Sobald das hier äußerst kalkhaltige Wasser aus dem porösen Felsengrund ans Licht hervortritt, erwärmt es sich und verliert dabei seine Bindungskraft. Kalk fällt aus und setzt sich auf dem Grund der Gewässer als Kalkschlamm ab. Dort reflektiert er besonders gut das Sonnenlicht – dies erklärt die intensive Färbung der Seen. Pflanzliches Material im Wasser überzieht er mit feinen Krusten, die abfallen, sich zu Travertin verbinden und Barrieren bilden. So wurde das Flusswasser schließlich zu zwei größeren und 14 kleineren Seen aufgestaut.

Zur Schönheit dieser Landschaft trägt auch die sie umgebende Flora und Fauna bei. Der nährstoffreiche Kalkboden hat in dem von trockener Heide umgebenen Tal eine urwaldähnliche Wildnis entstehen lassen, in der sogar Wölfe, Luchse und Braunbären heimisch sind.

## Baikalsee

✉ **Russland** Der Baikal ist der älteste und tiefste See unseres Planeten. Mit 673 Kilometern etwa 14-mal so lang wie breit und leicht s-förmig geschwungen bedeckt er in etwa eine Fläche so groß wie die Schweiz. Seine Tiefe, die bis auf 1637 Meter reicht, ist umso auffälliger, weil er von hohen Bergen eingefasst wird. Er füllt eine Spalte an der Grenze zweier

Der **Baikalsee** ist der volumengrößte, tiefste und älteste Süßwassersee der Erde. Seit 1996 zählt er zum Weltnaturerbe der UNESCO.

Über Kaskaden und Wasserfälle fließt das Wasser von einem See im Gebiet der **Plitvicer Seen** in einen anderen.

Aufgrund der fortschreitenden Austrocknung sinkt der Wasserspiegel des **Toten Meeres** immer weiter. Das Foto zeigt seine Landschaft auf der israelischen Seite des Salzsees.

Platten der Erdkruste, einen sogenannten Grabenbruch. In diesem fast im Zentrum Asiens, im Süden Ostsibiriens gelegenen See konzentrieren sich ein Fünftel aller Süßwasserreserven der Erde. Wollte man seinen Inhalt ersetzen, müsste man alle Flüsse unseres Planeten für ein Jahr dorthin umleiten. Tatsächlich münden in ihn 336 große und kleine Flüsse, nur einer, die Angara, entspringt ihm. Doch damit noch nicht genug der Besonderheiten. Auch die Pflanzen- und Tierwelt des Sees ist außergewöhnlich. Durch sein hohes Alter – er bildete sich zu einer Zeit, als sich erstmals wieder eine Landbrücke zwischen Afrika und Eurasien bildete – und die frühe natürliche Isolierung hatte die Evolution Gelegenheit, hier über 1500 Arten hervorzubringen, die es nirgendwo anders gibt. Ein asiatisches Galapagos!

## Totes Meer

☞ **Israel und Jordanien** Das „Meer des Lot", wie der See von den Arabern genannt wird, ist uns besser unter seinem sprechenden Namen „Totes Meer" bekannt – und das ist es wirklich: ein Gewässer, in dem bis auf geringste Ausnahmen weder Pflanze noch Tier überleben kann. Schuld daran ist der hohe Salzgehalt. Er macht Schwimmbewegungen fast unmöglich und lässt das Wasser sich ölig anfühlen und stark bitter schmecken. Das Salz hat aber auch sein Gutes: Es sorgt nicht nur dafür, dass man im See nicht untergehen kann, sondern bildet, vor allem im südlichen Meerbecken, wo der Salzgehalt besonders hoch ist, an vielen Stellen bizarre Salzsteinformationen, die gespenstisch aus dem Wasser ragen, und dazu einen weißen Saum, der den Uferstreifen begleitet.

Das Tote Meer, das genau auf der Grenze zwischen Jordanien und Israel liegt, markiert mit seinem Spiegel den tiefstgelegenen See der Erde. Etwa 420 Meter liegt er unter dem des Mittelmeeres. Gespeist wird der bis zu 55 Kilometer lange und 16 Kilometer breite See, dessen Fläche rund 600 Quadratkilometer beträgt, vom Jordan, einen Abfluss hat er nicht. Dennoch sinkt der Wasserspiegel von Jahr zu Jahr, die starke Verdunstung und der immer weniger Wasser führende Zufluss sind hierfür verantwortlich.

## Lago de Atitlán

✆ **Guatemala** Für Alexander von Humboldt, einen der bedeutendsten Naturforscher des 19. Jahrhunderts, galt er als der schönste See der Welt und der englische Schriftsteller Aldous Huxley meinte, er sei schon fast zu viel des Guten: der Lago de Atitlán. Blau, kalt und tief spielt er im Hochland Guatemalas, etwa 50 Kilometer westlich von Guatemala-Stadt, der Hauptstadt des mittelamerikanischen Landes, seine Trümpfe aus. Malerisch umgeben von Bergen und Vulkanen liegt er auf 1560 Meter Höhe und wird gesäumt von den Dreitausender-Vulkanen Tolimán, Atitlán und San Pedro, der als Einziger der drei nicht mehr aktiv ist. Sie weisen darauf hin, dass auch der See vulkanischen Ursprungs ist. Er füllt einen riesigen Krater, der als Folge einer Eruption vor 85 000 Jahren entstand.

Bougainvilleen, ein Ausflugsboot, tiefblaues Wasser, im Hintergrund ein Vulkankegel – kein Wunder, dass der **Lago de Atitlán** vielen als schönster See der Welt gilt. ◀◀

## Titicacasee

☞ **Bolivien und Peru** Genau auf der von Nord nach Süd ver-
laufenden Grenze zwischen Bolivien und Peru liegt im Herzen der Anden der Titicacasee auf fast 4000 Meter Höhe. Da
hier zwischen beiden Anrainerstaaten reger Schiffsverkehr
herrscht, gilt er als höchstgelegenes schiffbares Gewässer der
Welt. Wegen seiner Größe – er ist bis zu 190 Kilometer lang
und 50 Kilometer breit – hat er einen mäßigenden Einfluss
auf das Klima seiner Umgebung, was dazu führt, dass selbst
auf dieser Höhe noch ertragreich Landwirtschaft betrieben
werden kann. Rund um den See und auf seinen 34 Inseln
siedeln Hochlandindianer. Bekannt ist vor allem die Insel
Taquile, die ihren Beinamen „Insel der strickenden Männer"
nicht zufällig trägt.

## Lago Nordenskjöld

☞ **Chile** Der nach dem schwedischen Geologen und Polarfor-
scher Otto Nordenskjöld benannte, in eine der faszinierendsten Landschaften Südamerikas eingebettete und etwa
28 Quadratkilometer große See liegt im Süden Chiles, in
Patagonien. Er ist Teil des bereits 1959 an der Grenze zu
Argentinien eingerichteten Nationalparks „Torres del Paine",
der seinen Namen von drei nadelartigen, fast 3000 Meter
hohen Granitbergen entliehen hat, die nördlich des Lago
Nordenskjöld in den Himmel weisen. Tundra und Wälder
bieten hier Guanakos und zahlreichen Vogelarten einen
Lebensraum.

In einem der typischen Schilf-
boote befährt diese Indiofrau
den **Titicacasee,** das höchstge-
legene schiffbare Gewässer der
Welt.

Die wilde Bergland-
schaft um den **Lago
Nordenskjöld** ist
von Gletschern,
Fjorden und Seen
geprägt. **«**

31

# Küsten

Küsten sind schnell veränderliche Grenzen zwischen Land und Meer. Wind und Wellen nagen an ihnen, Erosion und Gezeiten, Bodenbeschaffenheit, Flora und Fauna brachten die unterschiedlichsten Formen hervor – jede Küste hat ihre Eigenart, kaum eine gleicht der anderen.

Sonnenuntergang im **Aurlandsfjord,** von dem kleinen Dorf Undredal aus betrachtet.

## Sognefjord

**Norwegen** Zwischen Stavanger im Süden und Trondheim im Norden erstreckt sich die norwegische Landschaft schlechthin: das Fjordland. Hier wird die Küstenlinie von Dutzenden von Fjordmündungen unterbrochen, die sich ins Land hinein immer weiter verästeln und im Osten auf eine Hochgebirgslandschaft stoßen, die die Norweger Fjellheim, Heimat der Berge, nennen. Jeder Fjord hat seinen eigenen Charakter, alle sind sie geprägt von hoch aufragenden Bergen, steil abfallenden Felswänden und glasklaren Meeresarmen. Manchmal beängstigend schmal, dann wieder grandios ausladend, mal eher rau, mal beinahe lieblich finden sich alle Varianten der Kombination von Bergen und Wasser. Und nur gelegentlich wird die majestätische Ruhe abseits der großen Verkehrsadern durch eine Schiffssirene gestört.

Der König unter Norwegens Fjorden ist der Sognefjord. Er erstreckt sich nördlich von Bergen ins Landesinnere. Hier fühlt man sich, wenn überhaupt, nur noch

Regenwolken hängen über dem **Sognefjord,** dem größten Fjord Europas, der im Durchschnitt etwa fünf Kilometer breit ist.

durch die Dünung, die mit Tang gesäumten Ufer und das Schreien der Möwen ans Meer erinnert. Mit einer Länge von 204 Kilometern ist er der längste Europas und mit 1308 Metern Tiefe sogar weltweit führend. Vor der Mündung des Fjords in die Nordsee liegt unter Wasser eine Felsenschwelle, die nur das wärmere Oberflächenwasser in den Fjord fließen lässt und so für ein relativ mildes Klima sorgt.

## Aurlandsfjord

⚓ **Norwegen** Am östlichen Ende des Sognefjords zweigt der Aurlandsfjord nach Süden ab. Er reicht fast bis ans Hochfjell, die Gebirgslandschaft Mittelnorwegens, heran. Die Berge, die aus ihm herauszuwachsen scheinen, schrauben sich steil bis auf 1500 Meter in die Höhe. Besonders hier ist die Gewalt, mit der sich die urzeitlichen Gletscher in die Täler gruben, fast körperlich zu spüren.

In luftiger Höhe genießen Wanderer den spektakulären Blick hinunter auf den **Geirangerfjord.**

## Westnorwegische Fjorde

**Die Kraft des Eises** Die Entstehung der Fjorde geht auf die verschiedenen Eiszeiten während des Pleistozäns, des Erdzeitalters, das vor 1,8 Millionen Jahren begann und vor 11 500 Jahren endete, zurück. Wie heute die Antarktis lagen damals große Teile Skandinaviens unter einem bis zu drei Kilometer dicken Eispanzer, von dem riesige Gletscher zur Küste führten. Sie modellierten aus den voreiszeitlichen Kerbtälern tiefe, steilwandige Trogtäler, aus v-förmigen Tälern wurden u-förmige. Gegen Ende der letzten Eiszeit, vor rund 14 000 Jahren, erhöhten sich die Temperaturen weltweit, die Gletscher schmolzen ab, der Meeresspiegel stieg an und überflutete die Täler. Fjorde gibt es außer in West- und Nordnorwegen auch auf Spitzbergen, Island und Grönland, in Schottland und Alaska, in Chile, der Antarktis und auf Neuseeland.

Seinen Namen verdankt der **Giant's Causeway,** der „Damm des Riesen", einer Sage, seine Gestalt der nach einem Vulkanausbruch abkühlenden Lava.

## Geirangerfjord

⚓ **Norwegen** Sehr beeindruckend ist der Blick von der bereits in den Achtzigerjahren des vorletzten Jahrhunderts erbauten „Aflerstraße" mit ihren elf Haarnadelkurven auf den Geirangerfjord, den südlichsten Zweig des Storfjords. Wie ein Bergsee schmiegt sich hier das Meer in hohe Berge. Überall rauschen Wasserfälle, die Namen wie „Der Brautschleier", „Der Freier" oder „Die sieben Schwestern" tragen.

## Giant's Causeway

⚓ **Nordirland/Großbritannien** Einst verband hier ein Damm Irland mit Schottland. Ein schottischer Riese, der nach Irland kam, um gegen einen irischen Rivalen zu kämpfen, zerstörte ihn jedoch auf seiner Flucht vor einem vermeintlich übermächtigen Gegner. Soweit die Sage.

Der „Damm des Riesen" in der nordirischen Grafschaft Antrim wirkt wie eine Straßenpflasterung für Giganten. Er gilt als das weltweit schönste Beispiel für das Phänomen der Basaltsäulen und ist nicht das Ergebnis eines Wettkampfs unter Riesen, sondern das Resultat eines Vulkanausbruchs. Vor etwa 60 Millionen Jahren erfolgte hier in drei aufeinanderfolgenden Eruptionen die Ablagerung von Lavaströmen. Sie müssen sehr dünnflüssig, homogen und frei von Gasen gewesen sein, denn nur unter diesen Voraussetzungen bilden sich solche zumeist sechseckige, scheibenartig aufgebaute Säulen wie sie hier 40 000-fach zu sehen sind. Eng stehend säumen die teilweise über zwölf Meter hohen Gebilde auf einer Länge von fünf Kilometern das Meer. Was heute zu sehen ist, ist das Ergebnis eines Millionen Jahre dauernden Erosionsprozesses: Wind und Wellen haben an diesem natürlichen Kunstwerk gearbeitet und Teile der hohen Polygone abgetragen.

## Kreidefelsen von Dover

⚓ **England/Großbritannien** Albion, der keltische Name Britanniens, sei, so meinten die Römer, vom lateinischen „albus" („weiß") abgeleitet und beziehe sich auf die strahlend weißen Klippen von Dover, die hier, an der engsten Stelle des Ärmelkanals, sogar von Frankreich aus zu sehen sind. Mit einer Höhe von bis zu 106 Metern fassen sie die alte Hafenstadt Dover – „Schloss und Schlüssel Englands" – schützend ein und sind bis heute ein nationales Symbol des Inselreichs.

Ebenfalls am Ärmelkanal liegen die Beachy Head genannten höchsten Kreideklippen Englands. Stolze 162 Meter misst dieser Ausläufer der South Downs, einer hügeligen Kreidelandschaft im Süden des Landes. An ihn schließen sich sieben aufeinanderfolgende Kreidefelsen an, die den Namen „Sieben Schwestern" tragen.

## Kreidefelsen auf Rügen

⚓ **Deutschland** Die Hauptattraktion im kleinsten Nationalpark Deutschlands auf dessen größter Insel? Es ist der Königsstuhl, ein herrlich gelegener und von grünen Hangwäldern bedeckter Kreidefelsen, der sich auf der Halbinsel Jasmund an Rügens Ostküste bis auf 118 Meter Höhe erhebt.

Die **Kreideküste** im Nationalpark Jasmund ist das Markenzeichen der größten deutschen Insel, **Rügen.**

Hell leuchten die **Kreidefelsen von Dover,** als wollte die Natur den Menschen den Weg zur engsten Stelle des Ärmelkanals weisen.

## Kreidefelsen

**Wie ein Gestein entsteht** Kreide ist ein puderiges, feinkörniges Gestein. Es setzt sich hauptsächlich aus Coccolithen, scheibenförmigen Plättchen aus Kalk, zusammen, die die Schalen von Kalkalgen bildeten. Sie sanken gemeinsam mit den Skeletten von Korallen, Schwämmen und anderen kleinen Meerestieren auf den Grund der Meere. Dieser Prozess dauerte während der Kreidezeit Millionen von Jahren an, sodass sich eine dicke Schicht aus Kalk bildete, die riesige Gebiete zwischen Großbritannien und der Ostsee bedeckte – weiße Felsen sind außer an Englands und Frankreichs Küsten auch auf dänischen und deutschen Ostseeinseln zu finden. Die Kreideschicht lag während der Eiszeiten über dem Meeresspiegel. Erst als das Eis wieder schmolz, wurde sie der Erosion durch die Gezeiten ausgesetzt. Dies ist ein Prozess, durch den zum Beispiel der Ärmelkanal entstand, und der nach wie vor andauert.

## *Wattenmeer, Deutsche Bucht*

⚓ **Niederlande, Deutschland und Dänemark** Watten- und Marschbildung gibt es dort, wo Meere mit Seichtwassergebieten und kräftigen Gezeiten vorherrschen. Entlang der südöstlichen Nordseeküste, zwischen der den Niederlanden vorgelagerten Insel Texel und der dänischen Stadt Esbjerg, ist einerseits der Unterschied zwischen Ebbe und Flut besonders groß, andererseits ist hier das Meer flach – beides die besten Voraussetzungen für das Entstehen eines Watts. Auf einer Länge von 450 Kilometern wiederholt sich hier knapp zwei Mal am Tag, im Rhythmus der Gezeiten, dasselbe Spiel: Wo gerade, bei Flut, noch Wasser war, ist sechs Stunden und zwölf Minuten später Land, nach der gleichen Zeitspanne wieder Wasser – man kann die Uhr danach stellen. Bei Ebbe zieht sich das Meer mehrere Kilometer weit zurück und hinterlässt nass glänzende Sand- und Schlickflächen. Algen zaubern bläuliche und olivgrüne Farbschleier auf den weichen, feuchten Boden. Zahllose Mikroorganismen, Krebse und Fische, von der Flut herangeführt, sind hier nun leichte Beute für Muscheln, Seehunde und Vögel. Jetzt ragen die Halligen, kleinste Inseln im nordfriesischen Wattenmeer, die einst zum Festland gehörten und bei starken Fluten völlig überspült werden, besonders weit aus dem Schwemmland heraus.

## *Santorins Steilküste*

⚓ **Griechenland** Die südlichste Insel der Kykladen, einer zu Griechenland gehörenden Inselgruppe im Ägäischen Meer, bietet eines der größten Landschaftserlebnisse Europas – Santorin. Der heutige Archipel war ursprünglich eine fast kreisrunde Vulkaninsel, die bis zur Mitte hin auf fast 1800 Meter anstieg – die alten Griechen nannten sie darum auch „die Runde" oder „die Schöne". Nach einem großen Vulkanausbruch um 8000 v. Chr. ließen sich hier Siedler aus Kleinasien nieder. 6500 Jahre lang blieb es ruhig auf der Insel, doch dann geschah die Katastrophe: Der Vulkan explodierte und mit ihm die ganze Insel. Eine Flutwelle richtete auf den umliegenden Inseln große, noch heute sichtbare Schäden an. Wo einst der Vulkan aufragte, standen nun nur noch drei Teile des Kraterrands. Durch unterseeische Vulkanaktivitäten tauchten schließlich im Krater zwei neue Inseln auf.

Der größte Teil des Kraterrands trägt wie der gesamte Archipel den Namen Santorin – nach der heiligen Irene, „Santa Irini". Hier steigen die Felswände fast senkrecht bis zu 360 Meter aus dem Meer empor. Sie bestehen aus grauer Lava mit eingelagerten rötlichen Schlackenschichten. Die oberste Schicht – sie besteht aus Bimsstein – wird von einer dicken Lage Asche bedeckt.

Sonnenuntergang über dem **Wattenmeer** vor der deutschen Nordseeküste.

Die Luftaufnahme zeigt das **Watten-meer** bei Ebbe und die Priele in den Sandbänken der Nordsee – ein Naturschauspiel mit grafisch anmuten-den Elementen.

**Santorin** Der Ort Fira liegt beeindruckend am Kraterrand auf der Insel Santorin. »

**Anse Source d'Argent** auf der Seychelleninsel La Digue gilt als einer der schönsten Strände der Welt.

## *Anse Source d'Argent auf La Digue*

⚓ **Seychellen** Klares, flaches Wasser, puderfeiner weißer Sand, gesäumt von Palmen und riesigen Granitbrocken, die schöner von einem Set-Designer nicht arrangiert werden könnten: Das ist der Anse Source d'Argent, für viele der schönste Strand der Welt, zumindest einer der meistfotografierten. Gehört er doch zu den beliebtesten Locations von Werbefilmern, die mit Karibikflair für allerlei Produkte werben, die tropische Genüsse versprechen sollen. Dabei liegt er gar nicht in der Karibik, sondern im Indischen Ozean, auf La Digue, einer von 41 Granitinseln der Seychellen, einer Inselrepublik, die zuerst zu Frankreich, dann zu England

gehörte. Sie ist besonders für die nur hier heimische Seychellenpalme und den Samen ihrer Frucht, eine erotisch geformte Riesenkokosnuss, bekannt. Nördlich von Madagaskar gelegen, sollen die Granitinseln Reste des vor 150 Millionen Jahren zerbrochenen Südkontinents Gondwana sein. Was immer Geologen sagen, für viele ist eines klar: Der Garten Eden ist hier am Anse Source d'Argent zu finden.

## *Malediven*

⚓ **Malediven** Die Malediven, seit 1965 von Großbritannien unabhängiger Inselstaat, liegen unterhalb der südwestlichen Küste Indiens, etwa eine Flugstunde von dort entfernt, im

42

Ein Naturerlebnis ersten Ranges bietet die Bucht **Phang Nga** mit ihren einzeln aus dem Meerwasser aufragenden Felstürmen. Im Bild der Khao Tapu, auch „James-Bond-Felsen" genannt.

Indischen Ozean. In 26 Atollen verteilen sich ihre 1200 Koralleninseln auf ein 820 Kilometer langes und 130 Kilometer breites Seegebiet. Doch nur 300 Quadratkilometer sind bewohnbar, eine Fläche von der Größe Münchens. Dass es hier überhaupt Platz für Menschen gibt, ist den Korallen, winzigen Meerestieren, zu verdanken, deren hartes Skelett millionenfach aneinandergebacken ganze Riffe und Inseln bildet. Liegen die Riffe wie ein Ring um einen Vulkan, der schließlich verschwindet und eine Lagune hinterlässt, so spricht man von einem Atoll – ein Wort, das aus der Sprache der Malediver stammt.

Ein Teil der Inseln ist den Touristen vorbehalten. Sie finden dort türkisblaues Wasser, herrliche Strände und eine tropische Vegetation. Doch die Uhr tickt. Da sich die Landfläche der Malediven zum größten Teil nur einen Meter über dem Meeresspiegel befindet, werden sie, wenn die Prognosen der Klimaforscher zutreffen, durch das Ansteigen des Meeresspiegels teilweise bald verschwunden sein.

## Khao Tapu, Phang Nga

⚓ **Thailand** Phang Nga, eine Provinz an der Westküste der Malaiischen Halbinsel, liegt nördlich des thailändischen Touristenparadieses Phuket. In der ebenfalls Phang Nga genannten Bucht bringt die Felsenhöhle Khao Khien mit eindrucksvollen Höhlenmalereien die Besucher zum Staunen. Doch noch weit atemberaubender ist das Naturschauspiel, das einst selbst James Bond alias Roger Moore beeindruckte: In „Der Mann mit dem goldenen Colt" landete er vor dem Kalksteinfelsen Khao Tapu, was so viel wie „Nadelfelsen" bedeutet. Wie ein auf der Spitze stehendes Ei ragt er völlig zerklüftet 300 Meter aus dem Wasser auf, bewachsen mit Büschen und Bäumen, gespickt mit Höhlen und Grotten. In der 1981 zum Nationalpark erklärten Bucht von Phang Nga ragen noch zahlreiche weitere Felsen in bizarrsten Formen aus dem Wasser, doch weder sie noch die kleinen Inseln mit ihren Sandstränden können mit dem Khao Tapu konkurrieren.

**Malediven** Die Luftaufnahme zeigt Inseln des South-Male-Atolls, ebenso exotische wie abgeschiedene Paradiese im Indischen Ozean.

Im Norden Vietnams bietet die **Ha-Long-Bucht** mit ihren fast 2000 aus dem Meer aufragenden Felsen eines der weltweit ungewöhnlichsten Panoramen.

Abendstimmung an der **Na Pali Coast auf Kauai,** der ältesten Insel des Hawaii-Archipels. »

## *Ha-Long-Bucht im Golf von Tonkin*

⚓ **Vietnam** Der Sage nach lebte im Norden Vietnams einst ein Drache, der in den Bergen nahe am Meer hauste. Auf seinem Weg zur Küste zog er mit seinem Schwanz tiefe Furchen durch das Land. Sie wurden vom Meer überflutet, als der Drache ins Wasser tauchte und schauten nur noch an einigen Stellen aus den Fluten heraus.

Die wissenschaftliche Erklärung der Entstehung der steinernen Nadeln und Türme, die wie die Überreste einer versunkenen Stadt in der „Bucht des untertauchenden Dra-

chen" aus dem Meer ragen, ist weit weniger fantastisch. Bei den fast 2000 Felsen, die eine Höhe von mehreren Hundert Metern erreichen können, handelt es sich um mächtige Kalksteine aus dem Erdaltertum, die sich, bedingt durch das feuchtwarme Tropenklima, schneller und zu anderen Formen zersetzen als in unseren Breiten. Sie stehen auf einem Kalksteinplateau, das vom Meer überspült wurde. Dabei wurden die Kalktürme zu Inseln, denen nun auch noch die Gezeiten zusetzten. Es entstanden glatte oder bogenförmig ausgehöhlte, senkrechte Felsen, Tunnel und Höhlen mit bizarren Tropfsteinen, mit Dschungel bedeckte Inseln,

Traditionelle vietnamesische Dschunke in der **Ha-Long-Bucht.**

Luftaufnahme des Great Blue Hole vor der **Küste von Belize.** ▸▸

Buchten und scheinbar abgetrennte Salzwasserseen – eine Landschaft von unbeschreiblicher Schönheit, die langsam immer weiter im Meer versinkt.

Die größte Insel ist mit 354 Quadratkilometern Fläche Cát Bà, auf der etwa 12 000 Menschen vor allem von Fischfang, Austernzucht und Tourismus leben.

## Na Pali Coast auf Kauai

⚓ **Hawaii/USA** Der Na-Pali-Coast-Naturpark schützt ein Küstengebiet im Nordwesten von Kauai, der ältesten der 137 Inseln, die zu Hawaii gehören. Selbst für das von der Natur verwöhnte und als Garteninsel bekannte Eiland, auf dem mit dem Berg Wai'ale'ale einer der regenreichsten Orte der Welt zu finden ist, ist dieser etwa 26 Kilometer lange Teil seiner Küste etwas Besonderes: Die bis zu 1000 Meter hoch steigenden, tief zerklüfteten und üppig bewachsenen Klippen – auf Hawaiianisch „Na Pali" – erlauben nicht nur atemberaubende Ausblicke, sondern dienten bereits Steven Spielberg als pittoreske Kulisse für sein Dinosaurier-Epos „Jurassic Park". Unterbrochen von tiefen, engen Schluchten, die abrupt am Meer enden, sind sie ein unvollendetes Werk der Natur, an dessen Modellierung neben Wind und Wetter zahlreiche Wasserfälle und die Brandung teilhaben. Kaum zu glauben, dass an dieser entlegenen Stelle, die auch heute noch nur zu Fuß oder per Boot erreicht werden kann, Menschen lebten, wie Ruinen von Tempeln und Häusern bezeugen.

## Küste von Belize

⚓ **Belize** Der knapp 400 Kilometer langen Küste des am Karibischen Meer liegenden mittelamerikanischen Landes sind zahlreiche Sandbänke, Korallenriffe und Atolle vorgelagert – ein Paradies für Wassersportler aller Art und ein Refugium für eine vielfältige Fisch- und Vogelwelt. Das davor liegende Barriereriff, mit 320 Kilometern das drittlängste der Welt, schützt über 400 teilweise mit Mangroven bedeckte Inseln, die Cayes, vor der Gewalt des offenen Meeres.

Wie ein großer Tintenfleck im türkisblauen Wasser der Karibik wirkt das „große blaue Loch" in der Nähe des Barriereriffs von Belize, wenn man es aus der Luft betrachtet. Viel spannender ist es jedoch, nähert man sich ihm vom Wasser aus. Dann entdeckt man, dass die von Korallen bedeckten Ränder des Great Blue Hole fast senkrecht in die Tiefe abfallen. Erst nach 145 Metern ist der Grund erreicht. Weit früher aber, bereits nach 33 Metern, öffnet sich der Zugang zu dem Höhlensystem, das die Ursache für das im Durchmesser 300 Meter große Loch darstellt. Über seinen Hohlräumen brachen vor langer Zeit die darüber liegenden Kalksteinschichten in sich zusammen. Nach der letzten Eiszeit wurden dann Höhle und Loch überflutet und zu dem, was sie heute sind: ein Taucherparadies ersten Ranges.

Luftaufnahme eines Teils des **Great Barrier Reef,**
des größten Korallenriffs der Erde.

## Great Barrier Reef

**Queensland/Australien** Das Great Barrier Reef im Nordosten Australiens ist nicht nur das größte Riffsystem, sondern das größte von Lebewesen geschaffene „Bauwerk" der
Welt. Mehr als 2900 Korallenbänke, in Jahrmillionen aus
Milliarden von kleinsten Meeresbewohnern, den Korallen,
entstanden, erstrecken sich ohne jede Unterbrechung auf
einer Länge von 2300 Kilometern vor der Küste von
Queensland bis zur Meerenge von Torres, die Australien von
Neuguinea trennt. Es verläuft am östlichen Rand des australischen Kontinentalsockels, 30 bis 250 Kilometer vom Festland entfernt.

Die Oberfläche des Riffs besteht aus noch lebenden
Korallen, darunter befinden sich die Kalkskelette ihrer
bereits gestorbenen Artgenossen. Je nach klimatischen
Bedingungen wächst das Riff auf diese Art jährlich um etwa
einen bis 100 Zentimeter. Während das Meer auf der der
Küste abgewandten Seite des Riffs in geringer Entfernung
bis auf 2000 Meter abfallen kann, ist es auf der anderen Seite
relativ flach, denn tropische Steinkorallen sind auf eine
Beleuchtung angewiesen, wie sie nur bis zu 70 Metern Tiefe
herrscht. Hier ist das Meer ruhiger, was ihm die Möglichkeit
bietet, Sand an den Riffen abzulagern, Sandbänke und
Inseln zu bilden. Die meisten der knapp 1000 Inseln des
Great Barrier Reef bestehen jedoch aus festem Gestein und
sind die Spitzen versunkener Berge.

Das Great Barrier Reef bietet zahlreichen Tieren und
Pflanzen ideale Bedingungen. Nicht nur 1500 Fischarten
sind hier heimisch, sondern auch 4000 Weichtier- und
24 Vogelarten sowie nicht zuletzt sechs von sieben bekannten Meeresschildkrötenarten.

## Milford Sound

**Neuseeland** Steil erheben sich schneebedeckte Berge aus
dem tiefblauen Meerwasser, auf den flacheren Hängen
wächst dichter Wald, Vogelzwitschern erfüllt die Luft – eine
Landschaft, die an die Fjorde Norwegens erinnert. Doch die
Bäume sind immergrüne Scheinbuchen, eine Art, die nur
auf der Südhalbkugel heimisch ist.

So auf der Südinsel Neuseelands, wo der Milford Sound
zu finden ist. Im Südwesten des Landes haben Gletscher
eine Landschaft geformt, die der Westnorwegens ähnelt,
denn hier wie dort haben sie ihre Spuren in Form von Fjorden hinterlassen, die auf Englisch „sound" genannt werden.
Der nördlichste und für viele seiner zahlreichen Besucher
auch der schönste von ihnen ist der Milford Sound, der von
der Tasmanischen See aus 15 Kilometer in die grandiose
Landschaft reicht und von bis zu knapp 1700 Meter hohen
Bergen umgeben ist.

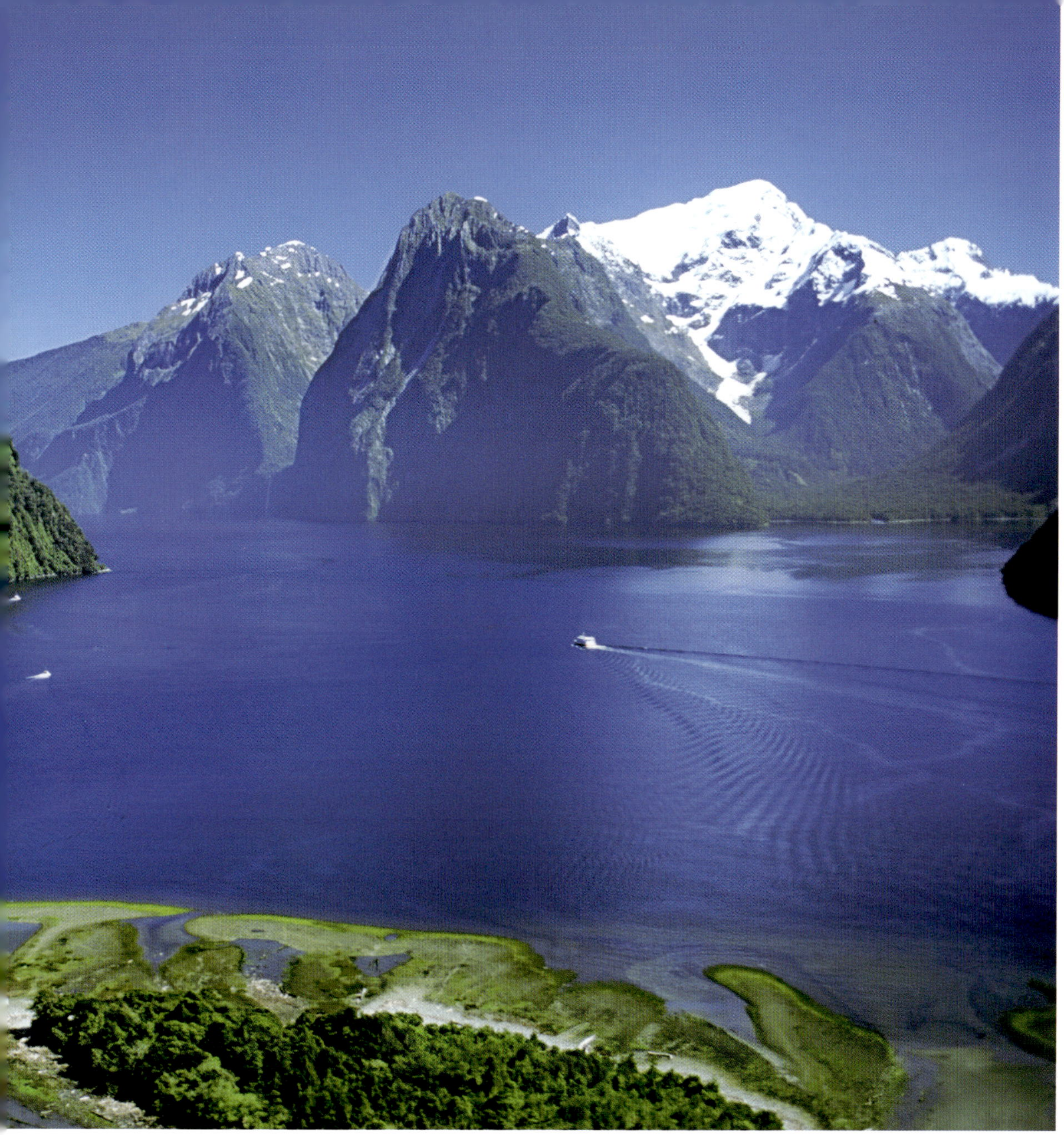

Vielleicht der schönste, mit Sicherheit der bekannteste Fjord Neuseelands ist der **Milford Sound.** Links der an einen Bischofshut erinnernde Mitre Peak. «

Seit Jahr und Tag sind diese imposanten Kalksteinfelsen bei Port Campbell unter dem Namen **Zwölf Apostel** bekannt, obwohl es schon längst nicht mehr so viele sind.

## *Zwölf Apostel bei Port Campbell*

**Victoria/Australien** Die Zwölf Apostel sind Teil einer Reihe von Felsformationen entlang eines 100 Kilometer langen Küstenstreifens im südlichen Teil des australischen Bundesstaats Victoria. Hier rollt die Brandung des Indischen Ozeans mit unbändiger Gewalt gegen die zerklüftete Steilküste an. Brecher von zehn Metern Höhe sind keine Seltenheit. In der Nähe von Port Campbell weicht die Steilküste durch die entfesselten Kräfte der Natur jährlich um zwei Zentimeter zurück. Doch die Abtragung der Felsen geschieht nicht gleichmäßig, zuerst bleiben Halbinseln aus festerem Gestein zurück, die zu Inseln werden, wenn das Meer ihre Verbindung zum Festland kappt. So geschah es auch bei den Zwölf Aposteln, neun einzeln stehenden, bis zu 60 Meter hohen Kalksteinfelsen, die den Gewalten des Ozeans trotzten – bis 2005, als einer von ihnen in sich zusammenfiel.

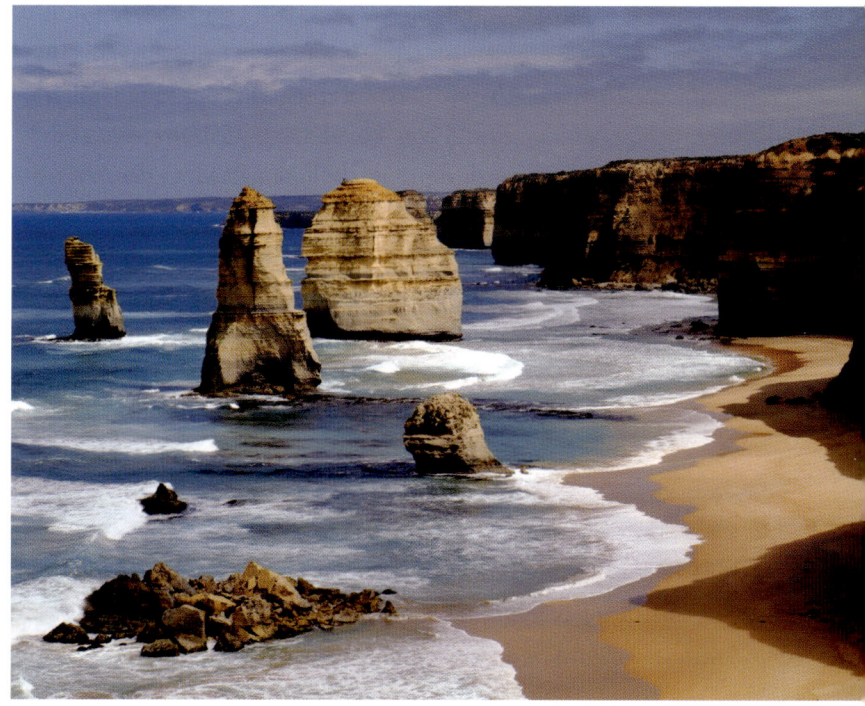

# Naturlandschaften

Was haben so verschiedene Gebiete wie die Bialowiezer Heide, ein Stück Urwald in Europa, der Ngorongorokrater, ein Sammelbecken zahlreicher Wildtiere in Afrika, und der Yellowstone-Nationalpark, Amerikas berühmtestes Naturschutzgebiet mit seinen heißen Quellen und Geysiren, gemeinsam? Alle sind naturbelassene Landschaften, die ihren Besuchern viel abverlangen – sie rauben ihnen den Atem!

Die **Bialowiezer Heide,** ein riesiges sumpf- und waldreiches Gebiet, ist einer der letzten Urwälder Europas.

In der Bialowiezer Heide ist das **Wisent** heimisch, das größte Landsäugetier Europas.

## Bialowiezer Heide

📍 **Polen und Weißrussland** Die Bialowiezer Heide ist ein ausgedehntes sumpf- und waldreiches Gebiet, das von Nordostpolen bis ins angrenzende Weißrussland reicht. Auf einer Gesamtfläche von etwas mehr als 1500 Quadratkilometern – etwa die Größe Londons – erstreckt sich der letzte Tieflandurwald Europas.

In dieser grünen Lunge wachsen riesige Hainbuchen, Eichen, Linden, Kiefern und Erlen – überragt werden sie alle von den Fichten, die 50 Meter und mehr erreichen. Nicht nur Botaniker staunen über die Pflanzenvielfalt in diesem Garten Eden, neben den Waldriesen sind hier auch verschiedene wunderschöne Orchideen und andere seltene Arten zu finden.

Das Zentrum des Waldgebiets ist über 500 Jahre alt, Teile von ihm waren noch nie irgendwelchen Eingriffen durch Menschen ausgesetzt. Der moosbedeckte Boden ist an manchen Stellen ständig durchnässt, ein Waldmoor im Nordwesten

ist das letzte seiner Art in Europa. Unter den 11 000 Tierarten, die in der Bialowiezer Heide heimisch sind, ragt das Wisent heraus. Das dem amerikanischen Bison
ähnelnde Tier konnte vor dem Aussterben bewahrt und hier angesiedelt werden.
Wie Luchs, Wolf und Adler gehört nun auch dieses größte Landsäugetier Europas
zu den Bewohnern dieser urwüchsigen Landschaft.

## Tuffsteinlandschaft von Kappadokien

**Türkei** Vor etwa fünf bis zehn Millionen Jahren brachen hier mehrere benachbarte
Vulkane aus, darunter auch der Erciyes Dagi, der mit knapp 4000 Metern höchste
Berg Kleinasiens. Heftige Ascheregen wechselten mit Lava- und Glutwolkenaus-
brüchen und hinterließen ausgedehnte Tuffschichten, die wahrscheinlich von einer
geschlossenen Basaltschicht bedeckt waren. Danach machten sich die Kräfte der
Erosion ans Werk. Viel Energie war nötig, den harten Basalt zu durchlöchern, mit
dem darunter liegenden Tuff hatten sie leichteres Spiel. Er wurde in zahllose Kegel,
Nadeln, Türme und Pyramiden zerschnitten, die der Landschaft ein fast außerirdi-
sches Gesicht geben. Im Devrent-Tal bei Zelve in der Nähe von Göreme, das auch
als „Tal der Feenkamine" bekannt ist, stehen die schönsten Exemplare dieser natürlichen Skulpturen dicht an dicht. Durch Mineralien im Vulkangestein rosa gefärbt
tragen hier die Felskegel dunkle Kappen aus härterem Gestein.

Etwa 600 Meter hoch ragen die Wände des **Ngorongorokraters** über seinen meist mit Gras bedeckten Boden auf.

## Ngorongorokrater

⚑ **Tansania** Der größte nicht mit Wasser gefüllte Krater der Welt ist Heimat der meisten Tierarten Ostafrikas. Etwa 25 000 Großtiere sind hier zu Hause, Gnus, Zebras, Flusspferde, Gazellen, Büffel, Löwen, Geparden, Leoparden, Hyänen und Schakale leben auf dem 250 Quadratkilometer großen, grasbewachsenen Kratergrund. Zu verdanken haben sie ihre Heimat einer Naturkatastrophe: Vor langer Zeit stürzte der einst 5000 Meter hohe Vulkan in sich zusammen und hinterließ den heute noch perfekt erhaltenen ovalen Kessel, dessen etwa 2350 Meter hohe Abbruchkante den fast ebenen Boden des Kraters um 600 Meter überragt. Später wurde er zu einem natürlichen Stausee, und auch heute noch befinden sich hier ein Salzsee und viele Sümpfe, die den Ngorongorokrater zu einem Vogelparadies machen.

## Serengeti

⚑ **Tansania** Die baumarme Savanne im Norden des Landes, die bis an den Viktoriasee im Westen und das Kraterland im Osten reicht, wurde 1959 als Serengeti-Nationalpark unter Naturschutz gestellt. Mit etwa 15 000 Quadratkilometern bedeckt die „endlose Weite", so die Übersetzung des Massai-Wortes „siringitu", eine Fläche etwa von der halben Größe Belgiens. Berühmt ist die Serengeti jedoch nicht wegen ihrer Dimensionen, sondern wegen des Wildtierbestands: Sie gilt als das wildreichste Gebiet Afrikas. Allein über eine Million Gnus wurden hier gezählt.

## Okavangodelta

⚑ **Botsuana** Flüsse münden in andere Gewässer – ein Satz, der so festzustehen scheint wie die Tatsache, dass eins und eins zwei ergibt. Der Okavango im südlichen Afrika schert sich jedoch nicht darum und endet im Nichts, er versickert und verdunstet in der Wüste.

Der zwischen 1600 und 1800 Kilometer lange Fluss – die Länge differiert je nach Wassermenge, die er mit sich führt – entspringt im Hochland Angolas und trennt in seinem Verlauf dieses südwestafrikanische Land von Namibia. Im März erreichen seine jährlichen Fluten den Norden Botsuanas und verwandeln in den nächsten vier Monaten ein Gebiet von der Größe Sachsens in ein einzigartiges Naturparadies, ein Labyrinth aus Sümpfen, Seen und Lagunen. Tropische Vegetation – im Delta wurden etwa 1300 Pflanzenarten identifiziert – trifft hier, am Rand der trockenen Beckenlandschaft der Kalahari, oft unmittelbar auf wüstenartige Dürre.

Fast alle Tiere des Kontinents, darunter riesige Zebra-, Antilopen- und Elefantenherden, Flusspferde und Nilkrokodile, seltene afrikanische Wildhunde und Sumpfantilopen nutzen den Wasserreichtum des Deltas zu einer Jahreszeit, in der in den umliegenden Gegenden schon absolute Trockenheit herrscht.

Eine Wasserstelle in der **Serengeti.** Die Wolkenstimmung lässt auf einen baldigen Wetterwechsel schließen. »

Moorantilopen tummeln sich im weitäufigen Überschwemmungsgebiet des **Okavangodeltas.**

## Virunga-Nationalpark

⚑ **Demokratische Republik Kongo** Der Virunga-National-park, dessen Vorläufer bereits 1925 gegründet wurde, ist der erste Nationalpark Afrikas. Als eine der ersten Welterbestätten wurde er 1979 aufgrund seines Artenreichtums und der Mannigfaltigkeit der Landschaftsformen, die er umfasst – darunter Sümpfe, Savannen, Bergwälder und Lavaflächen – durch die UNESCO besonders geschützt. Gelegen an der Grenze zu Ruanda und Uganda beherbergt er fast 2000 Pflanzen- und über 700 Vogelarten. 23 der hier lebenden 200 Säugetierarten stehen auf der Roten Liste der vom Aussterben bedrohten Arten. Besonders gefährdet: der Berggorilla, von dessen letzten 700 Exemplaren etwa die Hälfte im 7900 Quadratkilometer großen Gebiet um die äußerst aktiven Virunga-Vulkane lebt.

Berühmt wurde der **Virunga-Nationalpark** durch seine Berggorillas, die hier das Gebiet der Virunga-Vulkane bevölkern. ►►

# Berggorillas

**Gorillas im Nebel** Der *Gorilla beringei beringei*, dem dank der US-amerikanischen Zoologin Dian Fossey, die der Erforschung der Berggorillas fast 20 Jahre ihres Lebens widmete, eine hohe mediale Präsenz zuteil wurde, bewohnt zwei kleine Gebiete im östlichen Afrika. Sein Lebensraum befindet sich in Höhen zwischen 2200 und 4000 Metern. Von anderen Gorilla-arten unterscheidet er sich durch seine kürzeren Arme und sein langes seidiges Fell. Außerdem ernährt er sich weniger von Früchten als seine nächsten Verwandten. Den Hauptbestandteil seiner Nahrung bilden Blätter und Mark.

## *Kamtschatka*

🌳 **Russland** Die größte Halbinsel Ostasiens bedeckt eine Fläche größer als Deutschland. Sie erstreckt sich von Ostsibirien in Form einer Lanzenspitze nach Süden. Im Westen wird sie vom Ochotskischen Meer, im Osten vom Beringmeer und vom Pazifik umspült. Sie ist rund 1250 Kilometer lang und bis zu 450 Kilometer breit. Zwei parallel verlaufende, sich nordsüdlich ausdehnende Gebirgskämme kennzeichnen ihr Profil. Zwischen beiden erstreckt sich das Kamtschatkatal. Erst zwei Millionen Jahre – eine kurze Zeit, wenn man in erdgeschichtlichen Dimensionen denkt – sind gewaltige Kräfte hier am Werk, Kräfte, deren Wirken an vielen Orten der Halbinsel erlebbar sind. So brechen hier jedes Jahr durchschnittlich sechs der 160 Vulkane aus, die sich auf beide Gebirgsketten verteilen und von denen noch 28 aktiv sind. Sie sind Teil des Vulkangürtels, der den Pazifischen Ozean ringförmig umgibt. Und nicht nur Feuer speiende Berge zeigen an, dass hier die Erde sehr aktiv ist: Heiße Quellen und Geysire, konzentriert auf den fast menschenleeren Südostteil der Halbinsel, vervollkommnen das Bild einer Landschaft aus Feuer und Eis.

Kratersee des Vulkans Maly Semlyachik auf **Kamtschatka.** Er besteht aus einer drei Kilometer langen Vulkankette mit drei Kratern.

Wenn sich das Gras während der Trockenzeit braun färbt, benötigt man nicht viel Fantasie, um zu erahnen, warum die **Schokoladenhügel** auf der Insel Bohol ihren Namen tragen. «

## Schokoladenhügel auf Bohol

**Philippinen** 1268 Hügel aus Schokolade? Zwischen 30 und 120 Meter hoch? Das gibt es wohl nur im Schlaraffenland, doch immerhin lassen die Schokoladenhügel auf der zehntgrößten philippinischen Insel Bohol ahnen, wie es dort aussehen könnte. Nicht umsonst tragen sie nämlich ihren Namen. Gerechtfertigt ist er jedoch nur während der Trockenzeit, wenn sich das Gras auf den seit Langem abgeholzten Hügeln braun färbt. Doch selbst wenn hier noch Bäume wüchsen, wären die so gleichmäßig gebildeten kegelförmigen Hügel eine Sehenswürdigkeit ersten Ranges, denn wo sonst gibt es so viele davon verteilt auf eine Fläche von nur 50 Quadratkilometern?

Unromantische Zeitgenossen halten die Schokoladenhügel für ein Ergebnis der Erosion durch Wind und Wasser. Einst soll das Areal unter dem Meer gelegen und abgestorbene Korallen und anderes Meeresgetier sich dort abgelagert haben. Das Land mitsamt diesem riesigen Friedhof hob sich, fiel trocken und wurde durch die Kräfte der Natur bearbeitet.

Viel zu Herzen gehender ist, was die Legende berichtet: Der Riese Arogo verliebte sich einst in das Menschenkind Aloya. Ihr Tod brach dem Giganten das Herz und er weinte bitterlich. Zur Erinnerung an diesen Verlust wurden seine Tränen zu Hügeln.

## Spirit Island im Maligne Lake

**Alberta/Kanada** Sie ist zwar nur klein, doch Kanadas Wahrzeichen für den gigantischen Gebirgszug der Rocky Mountains: Spirit Island, die Geisterinsel. Wie eine Fototapete breitet sich um sie herum das Panorama dieser großartigen Gebirgswelt aus. Der See, aus dem sie herausragt, liegt

auf einer Höhe von 1670 Metern und ist eiskalt, denn er wird von Gletscherwasser gespeist. Er gilt samt Insel als eine der Hauptattraktionen des Jasper-Nationalparks, des größten Naturparks Kanadas.

## Banff-Nationalpark

**Alberta/Kanada** 110 Kilometer westlich von Calgary an der Grenze zur Provinz British Columbia liegt der älteste Nationalpark Kanadas. Wie der sich nördlich anschließende Jasper-Nationalpark befindet auch er sich in den Rocky Mountains. Dichte Nadelwälder, mächtige Gletscher, schneebedeckte Berge und der malerisch gelegene Lake Louise machen diesen Nationalpark zu dem meistbesuchten des Landes.

Der Maligne Lake im Jasper-Nationalpark beherbergt mit **Spirit Island** das Wahrzeichen der kanadischen Rocky Mountains.

## Rocky Mountains

**Die Alpen Nordamerikas** Die Rocky Mountains sind ein Faltengebirge im Westen Nordamerikas und ein Teil der Amerikanischen Kordilleren. Sie erstrecken sich über rund 4500 Kilometer von der kanadischen Provinz British Columbia bis nach New Mexico im Süden der USA. Höchste Erhebung ist mit 4399 Metern der Mount Elbert in Colorado, USA. Im Bild ein Motiv aus dem Jasper-Nationalpark.

Der **Moraine Lake** im **Banff-Nationalpark** liegt auf einer Höhe von knapp 1900 Metern und wird von Gletschern gespeist. »

## Yellowstone-Nationalpark

⚲ **Wyoming/USA** Der älteste (1872) und berühmteste Nationalpark der USA liegt mit 96 Prozent seiner Fläche in Wyoming, der Rest in Montana und Idaho. Er ist Teil der Rocky

Mountains und in etwa so groß wie Korsika. Seine Landschaft ist das Ergebnis vulkanischer Aktivitäten. Vor 600 000 Jahren ereignete sich hier eine gewaltige Vulkaneruption, vermutlich etwa 20 Mal stärker als die des Krakatau 1883. Der Vulkan brach in sich zusammen, ein riesiger Krater, eine Caldera, entstand, unter der die Erdkruste besonders dünn ist.

Dies erklärt, warum der Yellowstone-Nationalpark einer der heißesten Flecken der Erde ist, an kaum einem anderen Ort der Welt findet man höhere Erdtemperaturen als hier. Tausende heiße Quellen, zahlreiche Geysire und brodelnde Schlammlöcher geben Zeugnis davon. Viele Pflanzen vertragen das heiße, schwefel- oder silikathaltige Wasser nicht und sterben ab, wenn sie damit in Kontakt kommen. Dennoch ist die Flora ebenso wie die Fauna trotz der großen Höhe des Parks – sie reicht von 1600 bis 3400 Meter – überaus artenreich, was nicht zuletzt dem seit anderthalb Jahrhunderten andauernden Naturschutz zu verdanken ist. Eine besondere Attraktion bilden Bisons, Wapitihirsche, Wölfe, Grizzly- und Schwarzbären.

## Mammoth Hot Springs

⚲ **Wyoming/USA** Im Norden des Yellowstone-Nationalparks fließen pro Minute fast 2000 Liter 70 °C heißes Wasser über

Die Farbenpracht der **Grand Prismatic Spring** im Yellowstone-Nationalpark wird mit der eines Prismas verglichen.

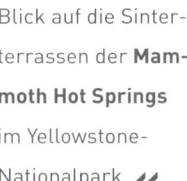

Blick auf die Sinterterrassen der **Mammoth Hot Springs** im Yellowstone-Nationalpark. ◄◄

Stufen ins Tal hinab. Im Lauf der Zeit haben die ausgefallenen Kalkanteile hier große Travertinterrassen und -becken gebildet. Durch die sich darin ansiedelnden Algen und Bakterien entsteht ein vielfältiges Farbenspiel, das von der Temperatur des Wassers abhängig ist.

## Firehole River

⚑ **Wyoming/USA** Die Trapper staunten nicht schlecht, als sie in den Bergen von Wyoming einen dampfenden Fluss zu Gesicht bekamen. Sie hielten den Dampf für Rauch und nannten ihn „Firehole River". Auf seinem Weg durch den Yellowstone-Nationalpark fließt ihm das Wasser verschiedener Geysire, darunter auch das des berühmtesten unter ihnen, Old Faithful, zu. Es lässt seine Temperatur um bis zu 30 °C steigen – bei entsprechenden Kältegraden Grund genug zu dampfen!

## Grand Prismatic Spring

⚑ **Wyoming/USA** Wie ihr Name „Große prismatische Quelle" schon sagt: Sie ist groß, mit 91 Metern Durchmesser die drittgrößte heiße Quelle der Welt, und „prismatisch", was heißen soll, dass ihre Farben so vielfältig sind wie die eines Prismas.

Dampf steht über dem **Firehole River,** der einen Teil seines Wassers aus den Geysiren bezieht.

Die **Yosemite Falls** zählen zu den Highlights im Yosemite-Nationalpark. ◀◀

Glasklare Gewässer, steil aufragende Berge und eine üppige Fauna machen den **Yosemite-Nationalpark** zu einem der meistbesuchten Parks der Welt.

## Yosemite-Nationalpark

⚑ **Kalifornien/USA** Fluch und Segen zugleich dieses an den Westhängen der Sierra Nevada gelegenen Nationalparks ist seine gute Erreichbarkeit, denn sein Einzugsgebiet umfasst die Ballungsräume von Los Angeles und San Francisco. Nur vier bis sechs Autostunden von dort entfernt lassen sich steil aufragende Berge, tief eingeschnittene Täler, sprühende Wasserfälle, Haine uralter riesiger Mammutbäume und hochalpines Terrain genießen. Ersten „Touristen", die sich in dem „unvergleichlichen Tal", wie das Kerngebiet von Yosemite auch genannt wird, 1855 umsahen, folgten bis heute Zigmillionen – meist nicht zum Wohl des bereits 1890 eröffneten Parks. Die hier ursprünglich lebenden Indianer, von einem Nachbarstamm Yosse'meti, „jene, die töten", genannt, wurden schon früh vertrieben.

Der über 3000 Quadratkilometer große Park besitzt 3200 Seen und eine Unzahl von Flüssen, deren Gesamtlänge etwa 2700 Kilometer beträgt. 94 Prozent seiner Fläche sind als Wildgebiet ausgewiesen. Die Pflanzenwelt innerhalb des Parks ist sehr vielfältig, weil die Vegetationszonen zwischen 670 und knapp 4000 Metern liegen. Was Größe und Alter betrifft, ist der Grizzly Giant Rekordhalter, ein Mammutbaum, der mit 2700 Jahren so alt ist wie die Stadt Rom.

## Yosemite Falls

🏞 **Kalifornien/USA** Das beeindruckendste Ergebnis der Gletscherabtragung im Yosemite-Nationalpark sind die Yosemite Falls die fünfthöchsten Wasserfälle der Erde. Mit 739 Meter

Der durchschnittliche Abstand der Wände der **Buckskin Gulch** beträgt oben wie unten drei Meter.

Höhe sind sie 13 Mal höher als die Niagarafälle und doppelt so hoch wie der Eiffelturm. Sie bestehen aus drei Stufen. Der obere Fall, die Upper Falls, ist sehr breit und stürzt mehr als 400 Meter an einer steilen Felswand frei herunter. Der mittlere, die Middle Cascades mit einer Fallhöhe von gut 200 Metern, besteht aus Kaskaden und der untere, die Lower Falls, fällt knapp 100 Meter tief über einen Überhang herab. Die Abflussmengen des Yosemite Creek, der die Wasserfälle speist, sind sehr unterschiedlich. So kann es nach schneearmen Wintern in manchen Sommern vorkommen, dass sie fast völlig austrocknen.

## Buckskin Gulch

🏜 **Arizona/USA** „Slot Canyon" ist die amerikanische Bezeichnung für eine schlitzartige, also sehr enge Schlucht. Das extremste Beispiel für diese geologische Besonderheit findet man im Vermilion Cliffs National Monument. Buckskin Gulch im Nordosten dieses Schutzgebiets ist nicht nur der engste Vertreter dieser speziellen Art von Schluchten – seine Wände stehen an manchen Stellen nur einen Meter auseinander –, sondern mit 244 Metern auch der tiefste und mit 21,6 Kilometern der längste Slot Canyon der Welt.

Die Felsformation **The Wave** in den Vermilion Cliffs wirkt, als könne der Sandstein wie Wasser gleich davonschwappen. »»

## The Wave

📍 **Arizona/USA** Wie eine mitten in ihrer Bewegung erstarrte Welle (engl. „wave") wirkt der Sandstein in der bekanntesten Formation der Coyote Buttes im Vermilion Cliffs National Monument. Die versteinerten Dünen erwecken diesen Eindruck aufgrund ihrer Form sowie durch ihre Farbigkeit, die die verschiedenen Gesteinsschichten klar voneinander trennt, das Auge irritiert und zum „Wellenreiten" einlädt. Die Ursache für das reizvolle Farbenspiel sind mineralische Einlagerungen im Gestein.

## Redwood-Nationalpark

📍 **Kalifornien/USA** Ein trauriges Beispiel für den Raubbau an der Natur ist der Urwald, der die Küste Nordkaliforniens bedeckte. Ursprünglich 50 Kilometer breit und 700 Kilometer lang enthielt er riesige Bestände von Küstenmammutbäumen. Diese größten Bäume der Erde waren ein hervorragender Holzlieferant für die Siedler, die sich an der Pazifikküste niederließen. 1918 erhielten diese gigantischen Bäume endlich eine Lobby, Schutzzonen wurden bald darauf ausgewiesen, aus denen dann 50 Jahre später der Redwood-Nationalpark

Der **Redwood-Nationalpark** ist eine Schutzzone des Küstenmammutbaums.

# Vermilion Cliffs

**Das Land des bunten Sandsteins** Einen krassen Gegensatz zum Yosemite-Nationalpark bildet das Vermilion Cliffs National Monument in Bezug auf die wüstenartige Landschaftsform und wegen des beschränkten Zugangs. Nur 20 Personen am Tag erlaubt die Parkverwaltung den Zutritt in bestimmte Teile des Areals im Nordosten Arizonas. Glücklich darf sich schätzen, wer zur exquisiten Gemeinschaft ehemaliger Besucher gehört, denn was es hier zu sehen gibt, gehört zu den bizarrsten Landschaftsformen Amerikas. Die Vermilion Cliffs, die „Zinnoberklippen", umfassen ein sandiges Hochplateau, das in den eigentlichen, etwa 1000 Meter hohen Cliffs zum Colorado River abfällt, sowie mehrere Canyons und andere geologische Formationen. Alles in allem eine Fläche von etwa 1000 Quadratkilometern an der Grenze zu Utah.

Ergebnis der Erosion: Felsformation in den **Vermilion Cliffs.**

an der Grenze zu Oregon entstand. In ihm streben manche Exemplare himmelwärts, die dort schon standen, als Cäsar seinen letzten Atemzug tat. Auch „Hyperion", mit seinen über 115 Metern ein wahrer Titan und Höhenweltrekordhalter unter den Bäumen, ist hier verwurzelt – sein genauer Standort ist jedoch, zu seinem Schutz, ein Geheimnis.

## Bryce Canyon

⚑ **Utah/USA** Der Bryce Canyon liegt im südwestlichen Utah. Er ist selbst für die an außergewöhnlichen Naturlandschaften reichen USA eine Ausnahmeerscheinung, so bizarr wirken seine filigran erscheinenden roten und gelben Pfeiler und Felsnadeln aus Sandstein.

Die Indianer machten einen großen Bogen um diese von der Erosion geschaffene Landschaft, denn sie verehrten den Canyon als Manitus heiliges Meisterwerk. Sie konnten nicht wissen, dass an seiner Stelle vor 70 Millionen Jahren ein riesiger See existierte, der als Sammelbecken für zahlreiche Ablagerungen diente. Die gesamte Region hob sich später um 3000 Meter über den Meeresspiegel, der See verschwand, die langen Winter begannen an den Felsen zu nagen und verbreiterten Risse und Sprünge – ein Vorgang, der nach wie vor andauert.

Der **Bryce Canyon** zeichnet sich durch spektakuläre Felsformationen wie diese aus.

## *Monument Valley*

⚑ **Arizona/USA** Die Inkarnation des Wilden Westens, schaurig-schöner Hintergrund so vieler John-Ford-Filme, von „Ringo" bis zum „Schwarzen Falken", liegt im Norden des Reservats der Navajoindianer, im Grenzbereich von Utah und Arizona. Eine menschenleere Landschaft, ein 70 mal 80 Kilometer breites Tal, gelegen auf 1600 bis 2300 Metern Höhe, ist das Bild in unseren Köpfen, wenn von Cowboys und Indianern die Rede ist. Doch nicht die grandiose Leere bestimmt unsere Vorstellungen, sondern die majestätisch in dieser kargen, einsamen Landschaft bis zu 600 Meter aufragenden Tafelberge, Felsen und Pfeiler aus rotem Sandstein, deren Farbe je nach Tages- und Jahreszeit zu wechseln

## Barringer-Krater

⚑ **Arizona/USA** Vor etwa 50 000 Jahren ereignete sich 55 Kilometer östlich von Flagstaff eine Katastrophe: Ein Meteorit, so groß wie ein 15-stöckiges Haus, prallte mit einer Geschwindigkeit von etwa 40 000 Kilometern pro Stunde auf Zentralarizona. Dabei verdampfte der größte Teil des zumeist aus Eisen bestehenden Himmelskörpers. Millionen Tonnen Gestein wurden in die Luft geschleudert, eine Schockwelle breitete sich rasend schnell aus, die Erde bebte. Zurück blieb ein 170 Meter tiefer Krater mit einem Durchmesser von 1,3 Kilometern und 30 Meter hohen Rändern, der eindrucksvollste unter den etwa 130 bekannten Phänomenen dieser Art. Sein guter Erhaltungszustand ist einerseits dem Umstand zu verdanken, dass seit seinem Einschlag erst eine relativ kurze Zeit verging, und andererseits dem wüstenhaften Klima, das hier herrscht.

## Meteoriten

**Boten aus dem All** Meteoriten sind steinige oder metallische Körper kosmischen Ursprungs, die, wenn sie in die Nähe der Erde geraten, von ihr angezogen werden und dann mit hoher Geschwindigkeit auf sie herabstürzen. Man schätzt, dass täglich Meteoriten im Gesamtgewicht von etwa 40 Tonnen die Erde erreichen. Während die meisten davon nur wenige Millimeter groß sind, erreichen pro Jahr etwa 20 000 von ihnen ein Gewicht von über 100 Gramm. Sie richten jedoch nur äußerst selten Schaden an. Der größte sichtbare Meteoritenkrater ist das Nördlinger Ries in Süddeutschland – sein Durchmesser ist größer als 20 Kilometer. Der größte bekannte Meteorit liegt in Namibia, ist etwa so groß wie ein Auto und wiegt 60 Tonnen. Im Bild der Barringer-Krater.

scheint. Großzügig verteilt ragen aus der mit Kakteen, Gräsern und Büschen kümmerlich bewachsenen Hochebene Gebilde empor, die „Elefant", „Königsthron" oder „Das Ohr des Windes" heißen, fast so, als wären sie nicht das Resultat der Erosion, sondern die Werke eines Bildhauers.

## *Everglades*

⚑ **Florida/USA** Die sumpfigen, subtropischen und tierreichen Everglades reichen vom Lake Okeechobee bis zur 160 Kilometer entfernten Südspitze Floridas. Von dem im Südosten des Staates liegenden See aus fließt Wasser auf einer Breite von bis zu 100 Kilometern über ein Kalksteinplateau, das nie mehr als drei Meter über den Meeresspiegel hinausragt, nach Süden. Wegen des nur leichten Gefälles und einer Tiefe von kaum mehr als 15 Zentimetern ist die Fließgeschwindigkeit sehr gering, manche Areale gleichen eher einem Sumpf als einem fließenden Gewässer. Auf dem kalkhaltigen, schlammigen Grund wächst an vielen Stellen hohes Gras, die aus dem Wasser ragenden Inseln sind dicht mit tropi-

Für viele Flamingos sind die **Everglades** ein geeigneter Lebensraum. ◀◀

Die Luftaufnahme zeigt die verzweigten Wasserarme der **Everglades** und die dicht bewachsenen Landgebiete.

schen Harthölzern bewachsen, entlang der Meeresküste haben sich Mangroven ausgebreitet. Das Gebiet ist ein Paradies für wilde Tiere, Alligatoren, Pumas und viele Vogelarten leben hier.

Als langsam fließendes Gewässer sind die **Everglades** ein Paradies für Alligatoren. «

Vor dem Hintergrund eines **Tepui der Gran Sabana** stürzen die Hocha Falls in die Tiefe.

## Tepuis der Gran Sabana

⚑ **Venezuela** „Häuser der Götter", Tepuis, so nennen die Indianer die Tafelberge in der Gran Sabana, einem im Mittel 1000 Meter hoch gelegenen Sandsteinplateau, das im Südosten Venezuelas die Grenze zu Brasilien und Guyana bildet. Auf ihm ragen 115 dieser steilwandigen Riesen aus dem Regenwald empor. Manche von ihnen hat noch nie ein Mensch betreten. Sie bilden weiße Flecken auf den Landkarten der Biologen, die hier zahlreiche noch unentdeckte Tier- und Pflanzenarten vermuten, die sich auf den Tepuis in völliger Isolation entwickeln konnten.

## Galapagosinseln

**Ecuador** Die „Schildkröteninseln" im östlichen Pazifik, etwa 1000 Kilometer vor der Küste Ecuadors, sind zuallererst für ihre Fauna berühmt. Fast die Hälfte aller Tierarten, die hier vertreten sind, leben nur hier, teilweise sogar nur auf einer der 14 größeren und über 100 kleineren Inseln. Auf dem Archipel fand Charles Darwin entscheidende Indizien, die später zur Formulierung seiner Evolutionstheorie führten. Er betrat die Inseln 1835 und dürfte ähnlich empfunden haben wie die meisten Besucher nach ihm: Statt einer sanften Idylle fand er eine karge, trostlose Welt vulkanischen Ursprungs vor, kaum Süßwasser, keine Palmen und so gut wie keine Säugetiere, dafür Kakteen, Schildkröten und die berühmten Darwinfinken. Neben den Biologen interessieren sich auch Geologen für die Inselgruppe, denn sie erhebt sich über einem von weltweit etwa 120 „Hotspots", einer Zone mit hoher vulkanischer Aktivität.

## Bungle-Bungle-Massiv

**Western Australia/Australien** Das erst 1984 wiederentdeckte Bungle-Bungle-Massiv im Purnululu-Nationalpark sucht seinesgleichen auf der Erde. Vor 350 Millionen Jahren entstanden ragt es etwa 200 bis 300 Meter über die es umgebende gras- und waldbedeckte Ebene hinaus. Von tiefen wildromantischen Schluchten durchzogen sind die eigentliche Attraktion bienenkorbähnliche Kegel aus Sandstein, die ein dekoratives Muster tragen: Querstreifen in Orange und Schwarzgrün. Verantwortlich hierfür ist die unterschiedliche Dichte des Gesteins. Während die wasserdurchlässigeren Gesteinsschichten Feuchtigkeit speichern und einen guten Nährboden für Cyanobakterien, die man früher zu den Algen zählte, bieten, tragen die undurchlässigeren Teile eine Patina aus Eisen- und Manganverbindungen. Beides wirkt wie eine Imprägnierung für das darunter liegende fast weiße Gestein.

Auch für die ungewöhnlichen Namen von Nationalpark und Massiv gibt es mindestens eine Erklärung: Purnululu bedeutet in der Sprache der Aborigines „Sandstein", Bungle Bungle stammt entweder ebenfalls aus ihrer Sprache oder geht auf die fehlerhafte Schreibung des hier wachsenden „Bundle-Bundle"-Grases zurück.

Quergestreifte Sandsteinkegel sind die Attraktion des **Bungle-Bungle-Massivs** im Purnululu-Nationalpark. «

Blaufußtölpel auf einer Insel
des **Galapagosarchipels.** «

Die **Galapagosinseln** sind – wie hier die Insel Bar-
tholomé und die Insel Santiago im Hintergrund –
teils karg, teils von üppiger Vegetation bedeckt.

Die verschiedenen Unterarten der **Galapagos-**
Riesenschildkröten sind in sehr unterschiedlichen Vegetationszonen der Inseln heimisch.

# Charles Darwin

**BIOGRAFIE**

**Vater der Evolutionstheorie** Charles Darwin, bis 1831 Theologiestu-
dent in Cambridge, meldete sich begeistert, als er davon hörte, dass
der Kapitän des Forschungsschiffs „Beagle" einen naturwissen-
schaftlich interessierten Gentleman suchte, der dessen mehrjährige
Expeditionsreise auf die Südhalbkugel begleiten sollte. In fünf Jahren führte sie den Sohn eines englischen Arztes einmal um die Welt.
Seine kurze Zeit später entwickelte Evolutionstheorie fußt auf Beob-
achtungen, die er während dieser Reise machte. Nach langem, reli-
giös motiviertem Zögern, veröffentlichte er seine Theorie 1859 in
dem Buch „Die Entstehung der Arten" – es wurde sofort zum Zentrum leidenschaftlicher Kontroversen. Darwin, einer der einfluss-
reichsten Wissenschaftler des 19. Jahrhunderts, starb 1882 im Alter
von 73 Jahren in Downe.

## The Pinnacles

⚑ **Western Australia/Australien** Etwa 200 Kilometer nördlich vom westaustralischen Perth, im Herzen des Nambung-Nationalparks, ragen auf etwa vier Quadratkilometern Tausende Kalksteinsäulen, Pinnacles (dt. „Zinnen", „Gipfel") genannt, wie stumpfe Zähne aus dem puderfeinen gelben Sand. Diese meterhohen Gebilde sind kein, wie manche Experten meinten, versteinerter Wald, sondern die übrig gebliebenen, besonders harten Bereiche einer Gesteinsschicht, die durch Erosion abgetragen wurde. Ihre merkwürdige Form ist tatsächlich auf Bäume zurückzuführen, doch nicht auf deren sichtbaren, sondern ihren einst unter der Erde verborgenen Teil. Vor Tausenden von Jahren bestand dieses Küstengebiet aus einer mit Dünen aus Quarzsand bedeckten Kalksteinschicht, in der Bäume wurzelten. In die Wurzelbereiche drangen Sand und Wasser ein, das den umgebenden Kalkstein zementierte. Die Bäume vergingen, die Düne wanderte weiter, die Erosion hatte leichtes Spiel. Sie nagte an der Kalkschicht, fraß die weicheren Teile, die härteren, ehemals von Wurzeln durchzogenen Bereiche ließ sie stehen – das Ergebnis kann sich sehen lassen.

## Uluru/Ayers Rock

⚑ **Northern Territory/Australien** Der Zauberberg Australiens liegt in der geografischen Mitte des fünften Kontinents, Ayers Rock, wie ihn die Weißen nennen, Uluru, „Schatten spendender Platz", in der Sprache der Ureinwohner Australiens, der Aborigines, denen der Berg und der ihn umgebende Nationalpark gehört. Der 343 Meter über seine Umgebung aufsteigende Inselberg bittet täglich zur Vorstellung, an der neben ihm die Sonne beteiligt ist. Morgens und abends kommt es zur großen Inszenierung seiner Verwand-

Der **Uluru** – der „Sitz der Ahnen" – oder **Ayers Rock** ist den Aborigines heilig, seine Besteigung gilt ihnen als Schändung.

Wie der Uluru sind die **Kata Tjutas,** gigantische abgerundete rötliche Felsen, Inselberge. »

lungsfähigkeit. Wenn die auf- oder untergehende Sonne seine Oberfläche in ihr Licht taucht, ist der Himmel nur noch Statist. Dann beginnt der wie ein schlafender Elefant in der von struppigem Spinifexgras überzogenen rotbraunen Wüste liegende Berg in diversen Rottönen zu glühen.

Geologen haben herausgefunden, dass sich das Gestein des ungefähr drei Kilometer langen und bis zu zwei Kilometer breiten Felsens etwa bis in eine Tiefe von 3000 Metern in die Erde fortsetzt. Sein sichtbarer Teil ist kahl, ein Umstand, der den hohen Temperaturunterschieden zwischen Tag und Nacht geschuldet ist. Wegen ihnen blättert der rote Sand-

Nach den **Pinnacles** ist die Wüste, in der sie aufragen, benannt: Pinnacle Desert. «

stein ständig ab, kein guter Ort für Pflanzen. Der Uluru, der durch seinen Erstbesteiger 1873 auf den Namen eines südaustralischen Premierministers getauft wurde, ist den Aborigines heilig, in seinen zahlreichen Höhlen haben sie Ritzzeichnungen und Felsmalereien hinterlassen.

## Kata Tjuta/Olgas

**Northern Territory/Australien** Die ursprünglich auf den Namen einer württembergischen Königin getaufte Berggruppe liegt etwa 25 Kilometer westlich des Uluru. Eine andere geologische Beschaffenheit des Gesteins führte bei den Olgas zu einer Verwitterung in 36 abgerundete Köpfe – „viele Köpfe" ist auch die Bedeutung des offiziellen Namens aus der Sprache der Aborigines. Der höchste unter ihnen ragt 546 Meter über die flache Umgebung hinaus.

# *Wüsten*

Die Sand- und Felsmeere der Sahara und die Namib, mit ihren ins Meer abbrechenden Dünen, das von großen Gebirgsketten abgeschirmte Becken der Gobi und das Death Valley mit dem heißesten Punkt der westlichen Hemisphäre – vier Landschaften, die eines eint: Es sind Wüsten, lebensfeindlich und unwirtlich, doch auch von faszinierender Schönheit und abwechslungsreicher als man glaubt.

Zur gängigen Vorstellung von der **Sahara** gehören Sanddünen und Kamelkarawanen. Nur ein kleiner Teil der Wüste entspricht jedoch diesem Klischee.

## *Sahara*

**Nordafrika** „Sahara" bedeutet in der Sprache der Wüstennomaden „das Nichts". Der Name trügt, denn es ist eine vielfältige Welt, die sich über elf Staaten ausbreitet. Nur zum kleinsten Teil ist diese größte Wüste der Erde eine Welt aus Sand. Viel mehr Raum nehmen Steine, Felsen, Kies und Geröll ein.

Die Sahara erstreckt sich vom Atlantik im Westen bis zum Roten Meer im Osten, von der Küstenzone des Mittelmeers und den Südhängen des Atlasgebirges bis zur Sahelzone im Süden. Ihr Gebiet, dessen Größe etwa der der USA entspricht,

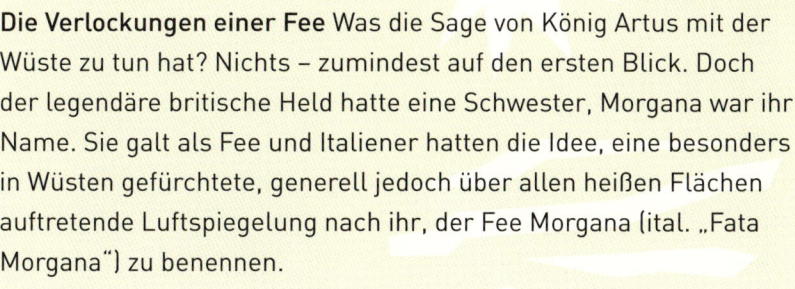

**Sahara** Nach Regenfällen legt sich – wie hier bei Mhamid in Marokko – innerhalb von kurzer Zeit ein üppiger Blütenschleier über die Landschaft.

hat annähernd die Form eines Trapezes – eines sehr großen Trapezes, bis zu 6000 Kilometer in westöstlicher, bis zu 2000 Kilometer in nordsüdlicher Richtung messend.

Die Sahara ist eine typische Wendekreiswüste. Ihr extremes Klima wird durch ihre Lage beiderseits des nördlichen Wendekreises bestimmt, die dafür sorgt, dass es kaum Niederschlag, keine Wolken und keine Vegetation gibt, dafür bis zu 4000 Stunden Sonnenschein im Jahr. So können die Temperaturen bis auf 55 °C im Schatten steigen – wenn es denn Schatten gibt. Dies ist jedoch nur die eine Seite der Medaille. Das arabische Sprichwort: „Die Sahara ist ein heißes Land, in dem es

## Fata Morgana

**Die Verlockungen einer Fee** Was die Sage von König Artus mit der Wüste zu tun hat? Nichts – zumindest auf den ersten Blick. Doch der legendäre britische Held hatte eine Schwester, Morgana war ihr Name. Sie galt als Fee und Italiener hatten die Idee, eine besonders in Wüsten gefürchtete, generell jedoch über allen heißen Flächen auftretende Luftspiegelung nach ihr, der Fee Morgana (ital. „Fata Morgana") zu benennen.

75

sehr kalt wird", nennt die andere. Die fehlende Bewölkung und die Kargheit der Wüste führen zu sehr tiefen Nachttemperaturen, sodass die Temperaturschwankungen bis zu 50 °C an einem Tag betragen können.

## Westlicher Großer Erg

**Algerien** Sand, nichts als Sand, so weit das Auge reicht. Jetzt noch eine Karawane, vielleicht auch eine Fata Morgana, und das Bild wäre perfekt: So muss Wüste, so muss die Sahara aussehen. Doch tatsächlich werden nur höchstens 20 Prozent ihrer Fläche von Sand bedeckt, von feinem, puderigem Sand, der während der gefürchteten Sandstürme in der heißen Jahreszeit seinen Weg in alle Körperöffnungen findet. Wie in allen Teilen der Sahara weht auch hier fast immer ein richtungs- und geschwindigkeitsbeständiger Wind. Er bringt Bewegung in das Spiel aus Licht und Schatten in den vier großen Dünengebieten der nördlichen Zentralsahara, den „Ergs", und verstärkt damit das Bild von einem Dünenmeer – nichts anderes bedeutet das arabische Wort. Der Westliche Große Erg, der sich in der Mitte Algeriens ausbreitet, liegt südlich des Saharaatlas. Hier türmen sich die Dünen bis zu Höhen von 200 Metern auf.

## Oase Dakhla

**Ägypten** Die Biomasse einer Wüstendüne, also das Gewicht aller darin und darauf lebenden Tiere und Pflanzen, erreicht nur 250 Kilogramm pro Hektar, ein Tausendstel des entsprechenden Wertes für den Regenwald. Nur die wenigsten Arten haben sich an ein Leben unter Extrembedingungen angepasst. Aber an wenigen Stellen, an Quellen, Wasserstellen oder Wadis – zeitweilig austrocknenden Flussläufen –, befinden sich wahre Paradiese: Oasen, Vegetationsflecke in der Wüste. Eine der größten und die vielleicht schönste ist Dakhla in der Libyschen Wüste, etwa 350 Kilometer westlich des Nil. Mit 0,7 Millimetern Niederschlag pro Jahr hält sie den Weltrekord des trockensten Ortes – ihre Quellen ermöglichen den 70 000 Einwohnern dennoch den Anbau von Dattelpalmen, Maulbeeren, Feigen und Zitrusfrüchten.

Die in einer Senke liegende und von Felsformationen umgebene **Oase Dakhla** in der Libyschen Wüste gilt als die schönste Ägyptens. ▶▶

Die Sandmeere in der Sahara werden als Ergs bezeichnet. Die ausgedehntesten sind der **Westliche Große Erg** und der Östliche Große Erg. ◀◀

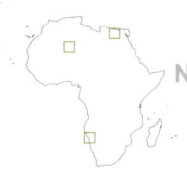

Kalksteinformation in der **Weißen Wüste.** Früher war die Region von Meer bedeckt – das beweisen Abdrücke von Meereslebewesen.

## Hoggar/Ahaggar

**Algerien** Die Sahara ist ein 200 bis 500 Meter über dem Meeresspiegel gelegenes Tafelland mit weiten Becken und Senken. Sie wird im Innern von zwei Gebirgsmassiven überragt, von Tibesti und Hoggar. Das Hoggar, auch Ahaggar genannt, bildet eine bizarre Landschaft mit schroffen Felsen, tiefen Schluchten und spärlich bewachsenen Hochebenen. Anders als in anderen Teilen der Wüste haben es hier relativ viele Arten geschafft, sich einen Lebensraum zu erobern. Verantwortlich dafür ist das Klima, das hier weniger extrem ausfällt. Die höchste Erhebung des im Süden Algeriens erst vor zwei Millionen Jahren durch vulkanische Aktivität entstandenen Gebirges ist der 3003 Meter hohe Tahat.

## Weiße Wüste

**Ägypten** Auch in der Sahara spielen Werden und Vergehen ihre Rolle. Dass die Gegend nördlich der ägyptischen Oase Farafra einst von Wasser bedeckt war, lässt sich heute noch gut erkennen: Überall ragen aus dem gelben Sand Kalksteinformationen blendend weiß hervor – untrügliches Zeichen dafür, dass dies einst der Boden eines Gewässers war.

## Namib

**Namibia** Die Namib erreicht bei Weitem nicht die Größe der Sahara. Sie nimmt den gesamten Küstenraum des nach

ihr benannten südafrikanischen Landes Namibia ein, im Norden reicht sie bis nach Angola hinein. Sie ist 1800 Kilometer lang und nur 50 bis 100 Kilometer schmal. Vom Meer aus steigt sie nach Osten um 800 Meter an, was für das Wettergeschehen in dieser Wüste von Bedeutung ist.

Die mit ungefähr 80 Millionen Jahren älteste Wüste der Welt wurde nicht allein durch ihre Lage am südlichen Wendekreis zu dem, was sie ist, sondern auch durch die unmittelbare Nachbarschaft zum Benguelastrom, einem eiskalten Meeresstrom im Atlantik. Er verhindert zwar ergiebige Niederschläge, sorgt jedoch an 200 Tagen im Jahr für eine Leben spendende Sensation: Nebel! Nebel, der dafür sorgt, dass in diesem sonst so trockenen Gebiet Pflanzen und Tiere leben können, Nebel, der oft ganztags anhält, Nebel, der immerhin, durch kräftige Seewinde getrieben, bis zu 50 Kilometer ins Landesinnere zieht. Am unwirtlichsten und „wüstesten" ist es in dem Teil der Namib, in den weder der Nebel, noch die Niederschläge des östlichen Randgebiets reichen: in der Inneren Namib, die darum auch gänzlich unbewohnt ist.

Der nördliche Teil der **Namib** trägt den Namen „Skelettküste" – wer hier als Schiffbrüchiger strandete, hatte kaum eine Überlebenschance. »

Die Gipfelwelt des
**Hoggar** erstrahlt im
Abendlicht. «

Ein Köcherbaum in der Wüste
**Namib.** Der Baum ist ein
Wahrzeichen Namibias.

# Wüste

**Die große Leere** In unseren Vorstellungen ist Wüste ein endloses vegetationsloses Sandmeer, auf das die Sonne glühend heiß niederbrennt. Aber das größte Wüstengebiet – die Antarktis – ist extrem kalt, und die Sandgebiete in den heißen Wüsten nehmen nur einen kleinen Teil ihrer Fläche ein. Was also ist eine Wüste? Eine mögliche Definition lautet: Wüsten sind die durch Kälte, Trockenheit oder Versalzung vegetationslosen oder vegetationsarmen Gebiete der Erde.

Eine winterliche Landschaftsimpression bei bis zu minus 30 °C aus der Wüste **Gobi.** »

**Sossusvlei** Deutlich sichtbar ist auf diesem Foto die Trennung von Lehmboden und den sich darauf erhebenden Sanddünen. «

## Sossusvlei

**Namibia** Ist die Namib im Norden hauptsächlich eine Kies- und Steinwüste, so dominiert im Süden der Sand. Besonders berühmt ist sie für ihre Dünenlandschaft, die von Trockenflüssen durchschnitten wird – Wasserläufe, die die meiste Zeit ausgetrocknet sind und auch bei Regen meist nicht das Meer erreichen. Sie können an ihrem Ende topfebene, abflusslose Lehmbodensenken bilden, die Vleis genannt werden. Sie fungieren auch ausgetrocknet als Lebensspender. Das Sossusvlei ist das bekannteste unter ihnen, denn es kann sich mit einem Superlativ schmücken: Die hier aufra-

Nur drei Prozent der Gobi sind Dünengebiete und dazu zählen die **Khongoryn Els.**

In den Steppengebieten der **Gobi** leben bis heute Nomaden in ihren **Jurten.**

gende Düne 7 ist die höchste der Welt. Würde sie Paris unter sich begraben, schaute nur noch der Mast an der Spitze des Eiffelturms heraus.

## Gobi

**Mongolei und China** In Zentralasien existieren große Wüstengebiete, die auf manchen Karten fast vollständig „Gobi" genannt werden. Das mag seine Ursache in der Verwirrung haben, die daraus entsteht, dass „Gobi" im chinesisch-mongolischen Raum keine bestimmte Landschaft, sondern eine Landschaftsform bezeichnet, nämlich Fels- und Geröllwüs-

ten, im Gegensatz zu den „Shamos", den Sandwüsten. Die eigentliche Gobi bedeckt etwa die dreifache Fläche Deutschlands, den Süden der Mongolei und, mit ihrem kleineren Teil, den Norden der chinesischen Provinz Innere Mongolei und reicht bis etwa 70 Kilometer an Peking heran. Die Gobi ist eher eine Steppe, eine baumlose Graslandschaft, als eine echte Wüste. Darüber können auch zahlreiche Dünengebiete nicht hinwegtäuschen, denn sie besitzen nur einen Anteil von drei Prozent an ihrer Fläche.

## Khongoryn Els

**Mongolei** Können Sanddünen singen? Es scheint so, denn deutlich ist ein Ton zu hören, wenn der Wind durch die „singenden Dünen", die Khongoryn Els, bläst. Aber nicht nur wegen dieses Effekts gelten die 120 Sandberge, die westlich von Dalanzadgad in der Nähe der „Drei Schönheiten", eines fast 3000 Meter hohen Bergmassivs im nördlichen Teil der Gobi liegen, als Sehenswürdigkeit. Sie bedecken mehrere Hundert Quadratkilometer und sind bis zu 200 Meter hoch.

## Death Valley

**Kalifornien/USA** Zabriskie Point – dies ist der Titel eines filmischen Meisterwerks von Michelangelo Antonioni, den er von dem berühmten Aussichtspunkt in das Death Valley entliehen hat. Das „Tal des Todes" trägt seinen Namen zu

Recht, denn es kann in dieser von Bergen eingefassten, tief liegenden Senke ziemlich heiß werden. Mit knapp 57 °C wurde hier die höchste Lufttemperatur gemessen, die auf der Erde je registriert wurde. Zahlreiche Glücksritter, die im Tal nach dem Mineral Borax, dem „weißen Gold der Wüste" suchten, haben die Hitze und Trockenheit in längst verfalle-

nen Geisterstädten ertragen müssen, manch einem von ihnen wurden sie auch zum Verhängnis.

Das Death Valley ist ein Teil der Great-Basin- und der Mojave-Wüsten. Etwa 170 Kilometer von Las Vegas entfernt liegt es an der Grenze zwischen Kalifornien und Nevada und verläuft etwa 200 Kilometer in nordwest-südöstlicher Rich-

tung zwischen bis zu 3368 Meter hohen Bergen. Es hat abwechslungsreiche Landschaften zu bieten: Salzseen, Canyons, Sanddünen und Lehmpfannen liegen hier auf 7800 Quadratkilometern eng beieinander.

Salzsee im **Death Valley,** dem trockensten Nationalpark der USA.

# Schluchten und Canyons

Kaum ein Gebiet der Erde ist so beeindruckend wie der Grand Canyon im Süden der USA. Und doch ist er nur ein Beispiel für die enormen Kräfte von Wind und Wasser, die mechanische Verwitterung, die Erosion. Was diese Künstler über Jahrtausende geschaffen haben, ist weit mehr als nur die ein oder andere Kerbe in der Erdoberfläche – es sind Einblicke in die Entwicklung unseres Planeten.

Atemberaubende Einblicke bietet die **Gorges du Verdon,** deren Felswände bis zu 700 Meter hoch aufragen.

## *Gorges du Verdon*

**Frankreich** Ein Blick durch die bis zu 700 Meter tiefe Schlucht hinab auf das smaragdgrüne Wasser des Verdon genügt, um den Namen dieses Flusses zu verstehen – „geschenktes Grün". Die Verdonschlucht liegt in der Provence, am Übergang der Alpen zur Mittelmeerlandschaft und gilt, nach der Taraschlucht in Montenegro, als zweittiefste Europas. Der Grand Canyon du Verdon, wie die 21 Kilometer lange Schlucht in Anspielung auf den großen Bruder in den USA auch genannt wird, ist ein Ergebnis der Erosion. Durch das Abschmelzen der Gletscher der Eiszeit führte der Verdon so viel Wasser mit sich, dass es für ihn relativ leicht war, sich tief in den weichen Kalkstein zu fressen.

## Blyde River Canyon

〰 **Südafrika** Der Blyde River Canyon liegt am Nordrand der Drakensberge, nordöstlich von Johannesburg. Das etwa 2000 Meter hohe Hochveld fällt hier jäh zum östlich anschließenden, bereits subtropisch geprägten Lowveld ab, das nur noch Höhen von etwa 150 bis 600 Metern erreicht. Die hauptsächlich aus rotem Sandstein gebildete Schlucht gehört zu den größten der Erde, die Höhenunterschiede in ihr betragen bis zu 1400 Meter und sie misst 26 Kilometer in der Länge. Mit ihrem Namen verbindet sich eine Geschichte aus der Zeit der Besiedlung Südafrikas durch die Buren, die einen Zugang zum Meer suchten. Frauen und Kinder ließen sie in den malariafreien Bergen zurück. Als die Männer und Väter nicht zum geplanten Zeitpunkt zurückkehrten, nannten die Frauen den Fluss, an dem sie warteten „Treurrivier", „Fluss des Schmerzes" – er mündet kurz vor dem Beginn des Canyons in den Blyde River. Dann brachen sie selbst auf, wurden von dem Suchtrupp, der den Zugang zum Meer gefunden, aber mehr Zeit als geplant dazu gebraucht hatte, eingeholt und nannten den Fluss, an dem das glückliche Wiedersehen stattfand, „Blyderivier", „Fluss der Freude".

Klima und Höhenunterschiede schufen eine sehr vielfältige Vegetation im Blyde River Canyon, es wachsen dichte Wälder, Riesenfarne und Orchideen. Alle Affenarten Südafrikas sind hier ebenso vertreten wie Flusspferde, Krokodile und zahlreiche Vogelarten.

Bis zu 800 Meter tief fallen die Wände des **Blyde River Canyon** zum Blyde River hin ab.

## Yarlung-Zangbo-Schlucht

**China** Die oft nebelverhangene Schlucht gilt als eines der letzten geografischen Mysterien unserer Erde. Verborgen in einem entlegenen Teil Südosttibets, wird sie erst seit 1998 systematisch erforscht. Was bisher von ihr berichtet wurde, klingt wahrhaft atemberaubend. Der am Kailash entspringende, reißende Yarlung Zangbo beschreibt in ihr einen großen Bogen um den Namcha Barwa, einen Siebentausender des Himalaja, etwa 250 Kilometer lang und bis zu 5382 Meter tief. Danach ändert er seinen Namen und fließt als Brahmaputra durch Indien.

## Grand Canyon

**Arizona/USA** Der Anblick ist unbeschreiblich, grandios – und überraschend, denn anders als hohe Berge, tosende Wasserfälle oder reißende Flüsse kündigt sich diese Schwindel erregend tiefe Einkerbung der Erde nicht bereits von Weitem an. Sichtlich bewegt stehen die Besucher, von denen jährlich über fünf Millionen hierher strömen, am Rand des Canyons und wagen einen Blick in dieses aufgeschlagene Buch. Denn das, was vor ihnen liegt, erzählt nicht weniger als die Geschichte von fast zwei Milliarden Jahren Erdentwicklung.

Doch zunächst die nackten Zahlen: Der Grand Canyon ist die vom Colorado River gegrabene gewaltigste Schlucht der Erde, rund 450 Kilometer lang, sechs bis 30 Kilometer breit und bis zu 1700 Meter tief. Er erstreckt sich von Nordosten nach Westen im Norden Arizonas. Seine beiden Ränder, von denen der nördliche durchschnittlich 300 Meter höher liegt als der südliche, sind nur ganz im Osten durch Straßen und an seinem westlichen Ende durch den Hoover-Damm, der dort den Colorado staut, verbunden.

Die Entwicklung des Grand Canyon lässt sich über fast zwei Milliarden Jahre zurückverfolgen. Damals war das nördliche Arizona von einem flachen Meer bedeckt, in dem sich Sedimente und Lava in mehrere Hundert Meter mächtigen Schichten ablagerten, von denen die meisten unter Meeresniveau gebildet wurden. Erst vor 70 Millionen Jahren begann sich das Coloradoplateau zu heben und damit Wind und Wetter Angriffspunkte zu bieten. Die eigentliche Entstehung des Canyons dauerte nur sechs Millionen Jahre. So lange brauchte der Fluss, um sich bis auf 600 Meter über Meereshöhe in das Gestein zu graben. Die Nebenflüsse des Colorado, Winde und stark ausgeprägte Temperaturschwankungen sorgten dafür, dass die Schlucht sich nicht nur in die Tiefe, sondern auch in die Breite entwickelte, dass Türme, Klüfte und Stufen entstanden. Auch für Ethnologen und Biologen ist der Canyon von großer Bedeutung. Seit 11 000 Jahren wird die Gegend von Indianern bewohnt, sechs von sieben Klimazonen der Erde bieten den unterschiedlichsten Pflanzen einen Lebensraum.

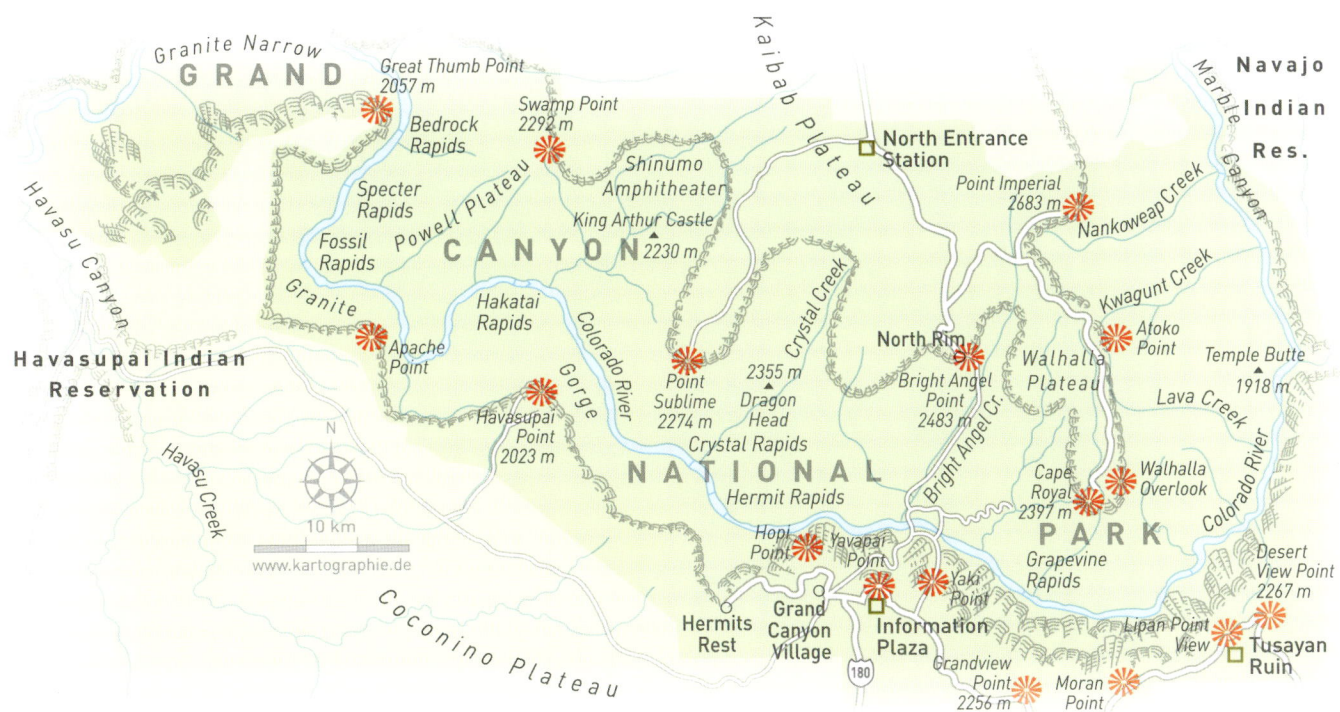

Je nach Tageszeit und Lichtverhältnissen bezaubern die unterschiedlichen Gesteinsschichten des **Grand Canyon** mit einem virtuosen Farbspiel.

Tief in das Coloradoplateau eingeschnitten ist der **Grand Canyon,** eine bis zu 1700 Meter tiefe Schlucht. »

Granite Narrow
G R A N D
Great Thumb Point
2057 m
Swamp Point
2292 m
Bedrock
Rapids
Shinumo
Amphitheater
Kaibab Plateau
North Entrance
Station
N a v a j o
I n d i a n
R e s.
Marble Canyon
Specter
Rapids
Powell Plateau
King Arthur Castle
2230 m
Point Imperial
2683 m
Nankoweap Creek
Fossil
Rapids
C A N Y O N
Crystal Creek
Kwagunt Creek
Havasu Canyon
Granite
Hakatai
Rapids
Colorado River
North Rim
Atoko
Point
Temple Butte
1918 m
H a v a s u p a i   I n d i a n
R e s e r v a t i o n
Apache
Point
Point
Sublime
2274 m
2355 m
Dragon
Head
Bright Angel
Point
2483 m
Walhalla
Plateau
Lava Creek
Gorge
Havasupai
Point
2023 m
Crystal Rapids
Bright Angel Cr.
Colorado River
N
10 km
www.kartographie.de
Havasu Creek
N A T I O N A L
Hermit Rapids
Cape
Royal
2397 m
Walhalla
Overlook
Hopi
Point
Yavapai
Point
Grapevine
Rapids
P A R K
Desert
View Point
2267 m
Hermits
Rest
Grand
Canyon
Village
Information
Plaza
Yaki
Point
Grandview
Point
2256 m
Moran
Point
Lipan Point
View
Tusayan
Ruin
C o c o n i n o   P l a t e a u
180

# Gebirge und Gipfel

Wann ist ein Berg ein Berg? Ist er einfach eine große Gesteinsmasse, die sich deutlich über ihre Umgebung abhebt? So lautet die allgemeinste Definition. Unbestritten ist, dass sich Gebirge, anders als Vulkane, durch das Aneinanderstoßen von Erdplatten bilden, so wie Falten in einem Tischtuch – riesenhafte, majestätische Falten, Ehrfurcht gebietend und erhaben.

Seiner markanten Form verdankt das 4478 Meter hohe **Matterhorn** seinen hohen Wiedererkennungswert.

## *Matterhorn*

⛰ **Schweiz und Italien** Die meistfotografierte Sehenswürdigkeit der Schweiz ist das Matterhorn. Jener markante, pyramidenförmige Gipfel, den selbst „Flachlandtiroler" erkennen. Mit seinen 4478 Metern Höhe ist der in den Walliser Alpen bei Zermatt gelegene Berg einer der höchsten des gesamten mitteleuropäischen Gebirgszugs. Den größten Eindruck macht der Berg, wenn man sich seiner italienischen Seite, der Südwand, nähert. Dann ragt seine berühmte Felsspitze, die nicht nur das Wahrzeichen der Schweiz, sondern auch Vorbild der dreieckigen Toblerone-Schokolade ist, völlig unvermittelt vor einem auf.

Der „Berg der Berge" besteht aus kristallinem Tiefengestein. Es entstand unter dem hohen Druck auf ihm lastender Gesteinsschichten, die zwar mit in die Höhe gehoben, jedoch später durch Erosionsvorgänge abgetragen wurden.

Die Erstbesteigung des Matterhorns gelang durch eine englische Seilschaft erstmals am 14. Juli 1865. Einen außergewöhnlichen Rekord stellte der Schweizer Bergführer Ulrich Inderbinen 1990 auf. Damals bestieg er – zu diesem Zeitpunkt war er 89 Jahre alt – den markanten Gipfel zum 371. Mal!

## Drei Zinnen

🦅 **Italien** Bis 1919 bildeten die Drei Zinnen, drei prägnante Gipfel in den Sextener Dolomiten, die Grenze zwischen Österreich und Italien. Heute stehen sie komplett auf italienischem Staatsgebiet und nur noch wenig erinnert an die unerbittlichen Kämpfe, die um sie im Ersten Weltkrieg geführt wurden. Ihr bekanntestes, an Zinnen einer Burg erinnerndes Panorama bietet sich dem Wanderer von Norden aus, denn dann stehen sie aufgereiht nebeneinander: Kleine Zinne (2857 Meter), Große Zinne (2999 Meter) und Westliche Zinne (2973 Meter).

Die zu den südlichen Kalkalpen zählenden Dolomiten bestehen großenteils aus dem namengebenden hellen Dolomitgestein, das sich einst aus Korallenriffen bildete. Typisch für dieses südlich des Pustertals liegende Gebirgsmassiv sind schroffe, stark zerklüftete Felsformationen, die, wie bei den Drei Zinnen, oft von enormen

Die **Drei Zinnen** bilden das wohl bekannteste Gebirgspanorama in den an bizarren Formationen reichen Dolomiten.

Schutthalden umgeben sind – sie bestehen aus dem durch Verwitterung und Erosion abgetragenen Material der aus ihnen herausragenden Berge.

## Drakensberge

⚑ **Südafrika und Lesotho** Südafrika besteht zum größten Teil aus einem ausgedehnten, über 1200 Meter hohen, flach-welligen Hochplateau, begrenzt von der Großen Randstufe. Sie ist im Osten und Südosten besonders ausgeprägt und bildet dort eine imposante, landschaftlich äußerst eindrucksvolle Gebirgskette, die Drakensberge – ihre Form erinnerte die burischen Siedler an den Rücken eines Drachen. Sie sind etwa 300 Millionen Jahre alt und erstrecken sich über 1000 Kilometer vom Krüger-Nationalpark im Norden bis zur Westgrenze des Königreichs Lesotho im Süden. Dort erreichen die Natal-Drakensberge Höhen von bis zu 3482 Metern. In diesem Teil des Gebirges wurden an über 600 Stellen Felszeichnungen der San, der ursprünglichen Bewohner des Landes, gefunden.

## Tafelberg

⚑ **Südafrika** Das Wahrzeichen der zweitgrößten Stadt Südafrikas, Kapstadt, ist der 1087 Meter hohe Tafelberg. Er besteht aus weißem Sandstein, der auf Schieferschichten lagert. Der einst fünf Mal so hohe Berg ist oft vom „Tischtuch" bedeckt, einer Wolkenschicht, für die der Südostwind verantwortlich ist, der feuchtwarme Luftmassen den Berg hinaufdrückt, die dort kondensieren und sich wie Watte um das Hochplateau legen. Das besondere Klima ist zudem dafür verantwortlich, dass hier über 2200 Arten von Pflanzen heimisch wurden – mehr als in ganz Großbritannien.

## K2

⚑ **Pakistan und China** Karakorum 2, K2, ist der zweite markante Gipfel des Karakorum von Westen. Die bei der Kartierung des Gebirges 1856 als Behelfsname verwendete Bezeichnung ist geblieben, zufälligerweise trifft die Zahl zwei auch die Position des Berges auf der Höhenrangliste: Der K2 ist mit 8611 Metern der zweithöchste der Erde. Und, nach Meinung vieler Experten, der anspruchsvollste, was die Besteigung angeht. Erst ein Jahr nach der Erstbesteigung des Mount Everest wurde der „Berg der Berge" bezwungen.

## Mount Everest

⚑ **Nepal** Der mächtigste Bergriese der Erde, für die Nepalesen „Sagarmatha", die „Stirn des Himmels", für die Tibeter „Chomolungma", die „Heilige Mutter", für den Rest der Welt „Mount Everest" nach Sir George Everest, einem britischen Landvermesser. Der – je nach Messung – zwischen 8844 und 8850 Meter hohe Berg ist eine dreiseitige Pyramide mit der Südwestwand in Nepal und der Ost- und Nordwand in Tibet. Er besteht von unten nach oben aus Gneisen, Granit, Sedimentgestein und Kalkstein. Auf dem Gipfel ist es immer

Die nördlichen **Drakensberge** sind Bestandteil des Royal-Natal-Nationalparks in Südafrika.

Blick auf die Tafelbucht mit dem **Tafelberg** und – an dessen Fuß – Kapstadt.

Weltweit die größte Dichte von Achtausendern hat der Karakorum. Der **K2** ist mit 8611 Metern der höchste davon. «

Lange galt der heilige Berg der Sherpas, der **Mount Everest,** als unbezwingbar. Heute haben ihn viele erklommen, und noch mehr Menschen haben ihre Spuren in seinem Umfeld hinterlassen. »

93

Die Diamirflanke des **Nanga Parbat,** der im pakistanischen Teil Kaschmirs liegt.

Seinen Namen trägt der **Mount McKinley** – hier in mystischer Atmosphäre mit Polarlicht – nach dem 25. US-Präsidenten. »

Mit 8586 Metern ist der **Kangchenjunga** der dritthöchste Berg der Welt.

eisig: Im wärmsten Monat, dem Juli, beträgt die Durchschnittstemperatur minus 19 °C. Für die Erstbesteiger, den Neuseeländer Sir Edmund Hillary und den Nepalesen Tenzing Norgay, dürfte die Temperatur am 29. Mai 1953 aber nur eines der kleineren Probleme gewesen sein.

## Nanga Parbat

**Pakistan** Die Besteigung des Nanga Parbat, des „Nackten Berges", hat ohne Zweifel die meisten Opfer in der Geschichte des Bergsteigens gefordert. Die Einheimi-

schen brachten ihn von jeher mit bösen Geistern, einem Riesenfrosch oder Schneeschlangen in Verbindung. Seine schroffen Flanken gehören zu den anspruchsvollsten Felswänden der Erde, gleichzeitig wird aber auch seine Schönheit gerühmt. Ganz im Westen des Himalajabogens streckt er sich 8126 Meter in den Himmel. Allein die südliche Rupal-Wand fällt 4500 Meter steil ab – Weltrekord!

## Kangchenjunga

**Indien und Nepal** Die „Fünf Schätze des Großen Schnees", so die Übersetzung des tibetischen Namens des östlichsten Achttausenders, sind, nach einer Legende, jeweils an einem der fünf Gipfel des 8586 Meter hohen Berges zu finden: Gold, Silber, Juwelen, Getreide und Heilige Schriften. Der dritthöchste Berg der Erde ist den Einheimischen heilig. Aus Rücksicht darauf machten die Erstbesteiger 1955 bereits einige Schritte vor dem Gipfel Halt und begründeten damit eine Tradition, die von den meisten ihrer Nachfolger in Ehren gehalten wurde.

## Mount McKinley

Alaska/USA Er ist König über ein Reich aus Eis, Schnee und Fels: der Mount McKinley. Seinen offiziellen Namen, „Denali", „der Große", gaben ihm die Ureinwohner – der Grund ist offensichtlich. Er erhebt sich samt der Alaskakette, einem Gebirge, das sich von den Aleuten nach Südosten durch Zentralalaska bis nach Kanada zieht, abrupt aus der arktischen Tundra und bietet so einen besonders majestätischen Anblick. Fast 6000 Meter beträgt der Höhenunterschied zwischen dem Fuß des Berges und seinem 6194 Meter hohen Gipfel – eine der größten vertikalen Distanzen weltweit. Kalt ist es nicht nur dort oben, denn der Denali liegt nahe dem Polarkreis, 240 Kilometer nördlich von Anchorage, der Hauptstadt Alaskas. Kein Wunder, dass es ab 2000 Metern über Flora und Fauna nichts zu berichten gibt.

## Aconcagua

Argentinien Er ist der Mount Everest der Anden, der höchste Berg außerhalb Asiens, das „Dach Amerikas". Mit seinen 6962 Metern Höhe – erstmals 1897 von einem Schweizer bezwungen – ist der Aconcagua ein wahrer „Steinwächter", das besagt jedenfalls sein Quechua-Name. Gelassen blickt er über die Landschaft, die ihn umgibt. Der Teil der Anden, aus dem er herausragt, liegt gerade noch auf dem Gebiet Argentiniens. Es ist eine unfruchtbare Gegend mit wenig Niederschlag.

Darum mangelt es auch an Schneewechten ebenso wie an von Rinnen durchzogenen Eiswänden. Ewigen Schnee gibt es nur an den Flanken, die vor den beständig wehenden Höhenorkanen geschützt sind. Weltweit ist es ausschließlich auf dem Aconcagua möglich, eine Höhe von beinahe 7000 Metern zu erreichen, ohne mit Schnee in Berührung gekommen zu sein. Selbst alpinistischen Laien ist es möglich, diese Erfahrung zu machen, denn Klettertechniken sind zur Besteigung des Aconcagua nicht vonnöten. Kondition und Schwindelfreiheit allerdings sind unabdingbare Voraussetzungen für dieses Abenteuer.

Blick von der chilenischen Seite aus auf den **Aconcagua** in den argentinischen Anden. Mit 6962 Metern ist er der höchste Berg Amerikas.

# Gletscher

Vielleicht das deutlichste Indiz für die globale Erwärmung ist das Zurückweichen der Gletscher. Mit ihrem enormen Gewicht formen sie ganze Landschaften und transportieren hausgroße Felsen über Tausende von Kilometern. Wie heute Grönland und die Antarktis lagen während der letzten Eiszeit große Teile Europas und Nordamerikas unter diesen imposanten Eispanzern.

Bis weit hinunter in die bereits grüne Landschaft zieht sich der **Aletschgletscher** im Kanton Wallis in der Schweiz.

## *Aletschgletscher*

**Schweiz** Ein Viertel der Erdoberfläche wird von Schnee und Eis bedeckt, elf Prozent allein von Gletschern, auch in den Alpen sind es noch zwei Prozent. Aletschgletscher heißt dort der größte und längste unter diesen Eisgiganten. Seine gewaltige Eismasse ist eingebettet in ein grandioses Hochgebirgstal der Berner Alpen im Kanton Wallis in der Schweiz. Genährt wird er von drei großen Firnfeldern am Jungfraujoch. Hier fällt während des Jahres mehr Schnee als abtauen oder verdunsten kann. Durch Verdichtung zu Firn und dann zu Eis verwandelt, fließt er aufgrund des Gefälles als Gletscher ab. Am Konkordiaplatz, wo die drei Eisströme zusammenfließen, bilden sie einen 800 Meter dicken und 1800 Meter breiten Eis-

# Gletscher

**Eis im Fluss** Gletscher sind Eisströme, die sich langsam in Tälern abwärts bewegen. Diese größten Süßwasserspeicher der Erde entstehen oberhalb der Schneegrenze in Hochgebirgen und polaren Gebieten aus Firn, durch Druck verdichtetem Schnee. Sie reichen je nach Temperaturverhältnissen und Nachschub bis in schneefreie Gebiete, wo sie an der Gletscherstirn abschmelzen. Fließen sie ins Meer, so „kalben" sie dort – Teile brechen ab und bilden Eisberge.

In wärmerer Umgebung schmelzen Gletscher schließlich ab. Dann können, wie hier am Perito-Moreno-Gletscher im **Nationalpark Los Glaciares,** Teile von der Gletscherstirn abbrechen.

panzer, der von dort aus mit einer Geschwindigkeit von 180 Metern pro Jahr abfließt. 16 Kilometer hält er durch, unterhalb der Schneegrenze muss er sich schließlich geschlagen geben. Sein Eis schmilzt und wird zum Bach, der in die Rhone mündet.

## Kluane Icefield

⚐ **Yukon/Kanada** Das Kluane Icefield im Nordwesten Kanadas an der Grenze zu Alaska ist das zweitgrößte zusammenhängende Eisfeld außerhalb der Polarregion. Es bedeckt etwa eine Fläche von der Größe Sloweniens. Begrenzt durch den höchsten Berg Kanadas, den Mount Logan (5959 Meter), den relativ (über Umgebungsniveau) höchsten der Erde, Mount St. Elias (5489 Meter), und den Mount St. Mary fallen hier im Winter bis zu 15 Meter Schnee, die dafür sorgen, dass die riesigen Gletscher immer genügend Nahrung erhalten.

## Nationalpark Los Glaciares

⚐ **Argentinien** Der Lago Argentino verbindet zwei der imposantesten Gletscher Südamerikas, den Perito-Moreno- und den Upsala-Gletscher. Beide münden mit ihren kilometer-

Der größte Gletscher Südamerikas, der Upsala-Gletscher im **Nationalpark Los Glaciares,** speist den Lago Argentino.

breiten, turmhohen Zungen in den tiefblauen See und geben bizarre Vorstellungen, wenn sich riesige Eisstücke lösen und unter Getöse ins Wasser stürzen. Sie und 45 weitere dieser nur scheinbar unbeweglichen Eismassen bilden im argentinischen Teil Patagoniens das größte Gletscherfeld außerhalb der Polargebiete, von dem nur ein kleiner Teil durch den Nationalpark Los Glaciares (dt. „die Gletscher")

An vielen Stellen sind die riesigen Gletscherströme
des **Kluane Icefield** mehrere Hundert Meter dick.

geschützt ist. Er umfasst neben den Eisgebieten und Teilen
des Sees noch einige bizarre Gipfel, der Cerro Torre
(3133 Meter), dessen Granitfelsen spitz in den Himmel
ragen, ist der bei Bergsteigern gefürchtetste unter ihnen.

# Vulkane

Wer jemals einen Vulkanausbruch mit eigenen Augen gesehen hat, wird dieses atemberaubende Schauspiel nie vergessen. Es ist ein Naturereignis von todbringender Schönheit. Viele der bekanntesten Berge sind solche Feuer speienden Öffnungen in der Erdkruste, wenn auch zum Teil nicht mehr aktiv. Sie unterscheiden sich vor allem durch Form und Struktur von ihren „normalen" Verwandten.

Vom Meeresboden aus gemessen ist der **Pico del Teide** im **Nationalpark Teide** etwa 7500 Meter hoch.

## Nationalpark Teide

*Spanien* Bereits von Weitem erblickt man, egal ob man sich Teneriffa zu Wasser oder in der Luft nähert, den weißvioletten Gipfel des Pico del Teide, des höchsten Berges ganz Spaniens. Der antike Geschichtsschreiber Herodot hielt ihn für das Ende der Welt und die Ureinwohner der Kanaren, die Guanchen, benannten gleich ihre ganze Insel nach dem schneeweißen („tener") hohen Berg („ife"). Dabei nahmen die Guanchen die Erkenntnisse der modernen Geologie vorweg, denn tatsächlich ist die ganze Insel ein aus dem Meeresgrund wachsender Berg vulkanischen Ursprungs, sie erhebt sich auf mächtigen Basaltdecken aus dem Meer.

Der Teide thront in einer riesigen, elliptischen Caldera (17 mal 12 Kilometer), einem 500 Meter tiefen Kessel, der vor 150 000 Jahren durch den Einsturz eines gigantischen Vulkans entstand und heute als Nationalpark geschützt wird. Aus seinem kargen Grund wachsen aus weißen Sandflächen zwischen Lavatrümmern „Los Roques" empor, Reste alter Schlotfüllungen, deren sie einst umgebende Wände eingestürzt sind oder abgetragen wurden. Auch der „Zapato de la Reina", der „Schuh der Königin", ein Fels, der einem hochhackigen Damenschuh ähnelt, ist das Ergebnis vulkanischer Aktivitäten vor langer Zeit. Nur 100 Jahre sind seit dem letzten Ausbruch vergangen, seitdem stößt der Berg nur schweflige Fumarolen aus.

## Kilimandscharo

🖎 **Tansania** 1886 schenkte Queen Victoria ihrem Enkel einen Vulkan zum Geburtstag. Es war der Kilimandscharo, der Enkel hieß Wilhelm und sollte zwei Jahre später deutscher Kaiser werden. Nicht das ist der Grund für die Namensgebung – „Berg des bösen Geistes" hieß der Kilimandscharo schon vorher in der Sprache der Eingeborenen. Bis 1918 dauerte die deutsche Episode, dann wurde der höchste Berg Afrikas britisch, bis Tansania 1961 unabhängig wurde.

Nicht weit vom Äquator entfernt ist es ein besonderer Reiz, durch den Schnee zu wandern, ein Reiz, dem jährlich 50 000 Menschen erliegen. Sie alle werden überrascht von der vielfältigen Vegetation, die diesen Berg auszeichnet: Neben heißen und trockenen Ebenen der Massai-Steppe, neben Regenwald, einer tropischen alpinen Zone und einem naturbelassenen Hochmoor hat dieser Schichtvulkan auch Felsklippen und Gletscher zu bieten. Fast 5000 Meter ragt er über das Umland auf, dabei wirkt sein Massiv wie eine Insel in der weiten Steppe an der Grenze Tansanias zu Kenia. Eine Insel mit drei Gipfeln: Der Kibo ist mit 5895 Metern der höchste, leicht zu erkennen an seinem Krater, der das Antlitz des Berges prägt.

**Los Roques** im **Nationalpark Teide** sind bizarre Felsformationen, die nadelförmig aus dem Boden aufragen.

Der **Kilimandscharo** ist aus drei Vulkanen – dem Schira, dem Mawensi und dem Kibo – zusammengewachsen. Nur der Kibo besitzt noch einen Krater.

Der **Fudschijama** ist den Japanern heilig und gilt
als Wahrzeichen des Landes.

Der heutige Anak **Krakatau** ist
regelmäßig vulkanisch aktiv.

## Fudschijama

**Japan** Der Fudschijama ist der perfekte Vulkan. Völlig
ebenmäßig steigt er aus der Landschaft 100 Kilometer westlich von Tokio empor. Durch seine vollendete Form mit der
meist schneebedeckten, abgeflachten Kuppe strahlt er
majestätische Gelassenheit aus. Seine Form und seine Größe
machten ihn nicht nur zum Wahrzeichen des Landes, sondern in den Augen der Gläubigen auch zum Sitz von Göttern. Seit mindestens 1200 Jahren werden ihnen auf dem
Gipfel Opfer dargebracht. Es ist Fluch und Segen zugleich,
dass der Aufstieg auf 3776 Meter Höhe zwar anstrengend,
doch nicht gefährlich ist. Im Sommer bevölkern ihn 3000
bis 5000 Personen täglich. Nach der Legende wuchs er im
3. Jahrhundert v. Chr. aus einer Erdspalte empor. Die Wissenschaft ist anderer Meinung. Danach besteht der wie aus
einem Guss wirkende Fudschijama aus drei ineinanderge-
schachtelten Vulkanen, die jeweils in den Calderen, den ein-
gestürzten Kratern ihrer Vorgänger, entstanden.

## Krakatau

**Indonesien** Es war eine Explosion gigantischen Ausmaßes,
deren Dröhnen noch in 4800 Kilometern Entfernung zu
hören war: Am 27. August 1883 flog der Krakatau, ein Vulkan in der Sundastraße, in die Luft. Dabei wurde so viel
Material in die Atmosphäre geschleudert, dass es noch zwei
Jahre danach in der Dämmerung Leuchterscheinungen her-
vorrief. Der Zusammenbruch des Vulkans löste einen Tsu-
nami aus, der in manchen Gegenden eine Wellenhöhe von
40 Metern erreichte und selbst im Ärmelkanal noch registriert werden konnte. Die Katastrophe forderte 36 000 Menschenleben. Ein Drittel der etwa neun Kilometer langen
Insel, die einmal der Krakatau war, wurde verschont: Sie

Der Bromo (links) ist ein aktiver Vulkan in der **Tengger-Caldera.** In der Ferne ragt der höchste und aktivste Vulkan Javas auf – der Semeru.

liegt noch immer im Meer zwischen Java und Sumatra. Die Erde kommt dort nicht zur Ruhe. Am Ort des damaligen Ausbruchs beobachteten Geologen 1927 unterseeische Eruptionen, die schließlich drei Jahre später eine neue Insel aus dem Pazifik auftauchen ließen. Sie ist noch immer im Wachstum begriffen, 500 Meter Höhe hat sie durch ständige Ascheauswürfe und Lavaströme bereits fast erreicht. Ihr Name spricht für sich: Anak Krakatau – „Kind des Krakatau".

## Tengger-Caldera

**Indonesien** Die Insel Java ist fast vollständig vulkanischen Ursprungs. Sie entstand aus Ascheauswürfen, Lava- und Schlammströmen. Immer noch sind dort etwa 20 Vulkane aktiv – von 1900 weltweit. Am malerischsten von ihnen sind die Vulkane im Inneren der Tengger-Caldera, einem riesigen ellipsenförmigen Kessel, dessen Durchmesser achteinhalb bis zehn Kilometer beträgt. Auf ihrem Grund, der mit vulkanischem Sand bedeckt ist, sind sieben neue Vulkane entstanden, die sich von Ost nach West und von Nord nach Süd aneinanderreihen – der Batok ist der eindrucksvollste von ihnen. Bei ihm handelt es sich um einen Aschekegel, dessen Hänge durch abfließendes Regenwasser stark zerfurcht sind. Daneben ist vor allem der Bromo bemerkenswert: nicht wegen seiner Höhe – mit seinen 2392 Metern überragt er seine Umgebung nur um 200 Meter –, sondern da er der einzige noch tätige der sieben Vulkane ist.

## Hawaii-Volcanoes-Nationalpark

**Hawaii/USA** Die Hawaii-Inseln im Pazifik, etwa 4000 Kilometer westlich von Kalifornien, sind alle vulkanischen Ursprungs. Sie sind wie die Glieder einer Kette von Nordwest nach Südost aufgereiht. An deren südöstlichem Ende streckt sich bereits die nächste Insel vom Grund des Ozeans der Wasseroberfläche entgegen. Sie wird dann Hawaii als bisher jüngste Insel des Archipels ablösen. Diese größte der Inseln, die Amerikaner nennen sie „Big Island", besteht aus fünf Vulkanen, von denen zwei, der Mauna Loa und der Kilauea, den Hawaii-Volcanoes-Nationalpark bilden. Er übertrifft an Dramatik alle anderen Nationalparks der USA, da man hier den der Erde innewohnenden Kräften bei der Arbeit zusehen kann. An der üppigen Regenwaldvegetation der dem Nordostpassat zugekehrten Seite der Vulkane lässt sich zudem gut studieren, wie fruchtbar vulkanischer Boden ist – nicht umsonst nennt man die Inseln des Archipels auch die „Schwimmenden Blumentöpfe".

## Mauna Loa

**Hawaii/USA** Der Mauna Loa, der „Lange Berg", auf Hawaii ist der größte Schildvulkan der Welt. Die flache Neigung seines 4170 Meter hohen Kegels resultiert aus der Dünnflüssigkeit seiner Lava. Er entstand vor 700 000 Jahren über einem Hotspot, einer Schmelzregion im Erdmantel. Er ist höher als der Mount Everest: Bis zum Meeresgrund misst er über 9000 Meter. Historisch dokumentiert sind 33 Ausbrüche seit 1834, zuletzt 1984.

Der **Mauna Loa** auf Hawaii ist der größte Schildvulkan der Welt.

Der höchst aktive Kilauea und der Mauna Loa bilden den **Hawaii-Volcanoes-Nationalpark.** »

## Haleakala

**Hawaii/USA** Der Haleakala, der etwa 75 Prozent der Insel Maui einnimmt, ist der größte schlafende Vulkan der Welt. Sein Krater hat einen Umfang von 34 Kilometern. Das „Haus der Sonne" beeindruckt zudem mit der Klarheit der Luft, die wahre Pilgerströme dazu bewegt, sich vom Rand seines über 3000 Meter hohen Kraters den Sonnenaufgang anzusehen.

## Popocatepetl

**Mexiko** Der Popocatepetl, von den Mexikanern liebevoll auch „El Popo" genannt, liegt etwa 65 Kilometer südöstlich der Hauptstadt des Landes. Seine schneebedeckte, vergletscherte Kuppe ragt etwa 3000 Meter über das mexikanische Hochland hinaus. Mit 5462 Metern Höhe ist er der zweithöchste Berg Mexikos. Ganz ruhig wurde es um den „stark rauchenden Berg" – so die Übersetzung des aztekischen Namens – nie, seit 1384 sind 18 Eruptionen verzeichnet. Sein letzter größerer Ausbruch fand im Jahr 2000 statt. Über den 3400 Meter hohen Paso de Cortés ist der Popocatepetl mit seinem nur wenig niedrigeren Zwilling, dem Iztaccíhuatl, verbunden.

## Chimborazo

**Ecuador** Der Berg, der das ecuadorianische Wappen ziert, ist der Chimborazo – er steht für die Schönheit und den Reichtum der Sierra, das Andenhochland, neben der Küstenebene eine der zwei Regionen des südamerikanischen Landes. Trotz einer vor Kurzem erfolgten Korrektur seiner Höhe aufgrund neuer Messungen um etwa 50 Meter, ist er mit seinen 6267 Metern noch immer der höchste Berg Ecuadors. Dabei ragt der seit dem 6. Jahrhundert schlafende Vulkan nur etwa 2500 Meter aus seiner Umgebung heraus. Trotzdem gilt er als höchster

Im Krater des **Haleakala** auf der Hawaii-Insel Maui sind einige Aschekegel entstanden.

Berg der Erde, wenn man vom Erdmittelpunkt aus misst, was mit dem größeren Erdradius am Äquator, in dessen Nähe er liegt, zu tun hat. Einer der Ersten, die versuchten, seinen Gipfel zu erreichen, war 1802 Alexander von Humboldt. Er scheiterte jedoch an der Höhenkrankheit.

## Mount Erebus

**Antarktis** Die Antarktis, die ungefähr so groß ist wie Europa, ist ein Kontinent der Extreme: In der Finsternis der langen Polarnacht fallen die Temperaturen unter minus 70 °C. An den Küsten toben häufig heftige Orkane. An ande-

Eine Rauchsäule steht über dem schneebedeckten **Popocatepetl** – und damit macht er seinem Namen „Stark rauchender Berg" alle Ehre. ◀◀

Mit seinen 6267 Metern ist der **Chimborazo** der höchste Berg Ecuadors. Seine Gipfelregion ist vergletschert.

Der **Mount Erebus** ist der am südlichsten gelegene Vulkan der Erde.

ren Stellen wiederum ist es glühend heiß, denn trotz des vielen Eises gibt es auch hier Vulkane, deren höchster, der Mount Erebus (3794 Meter), sich am Rand des Rossmeers erhebt.

Im Kraterinnern des ständig aktiven Feuerbergs, der seinen Namen vom griechischen Gott der Finsternis entliehen hat, brodelt einer von weltweit vier Lavaseen, während gleichzeitig von einer Flanke ein elf Kilometer langer Gletscher ins Meer hinabfließt – Feuer und Eis auf engstem Raum.

# Höhlen

„Steter Tropfen höhlt den Stein" – dieses Sprichwort hat seine Wurzeln in der Natur. Die meisten Höhlen entstehen durch eine Kombination von chemischer und mechanischer Verwitterung, von Korrosion und Erosion. Die vier hier vorgestellten unterirdischen Höhlensysteme zeichnen sich vor allen anderen durch ihre besondere Atmosphäre, ihre Größe, verschwiegene Seen und rauschende Flüsse aus.

Die bis zu 28 Meter hohen Einzelhöhlen der **Höhlen von Škocjan** werden von der Reka durchflossen. »

Die **Blaue Grotte** im Gegenlicht. Der Teil des Tageslichts, der durch das Meerwasser ins Innere der Höhle dringt, ist lasurblau.

## Blaue Grotte

**Italien** Die wohl mit Abstand größte Attraktion der Insel Capri im Golf von Neapel ist die Blaue Grotte, eine 15 Meter hohe, 54 Meter lange und 30 Meter breite Karstgrotte im Nordwesten der Insel etwa auf Meeresniveau. Ursprünglich wohl weit zum Meer geöffnet geriet durch Absenkung der Nordseite Capris sogar der die Höhle oben abschließende Überhang unter Wasser – nur eine kleine Scharte darin ermöglicht heute den Zugang per Boot. Das bereits von den Römern für ein kleines Heiligtum genutzte Innere wird durch die Brechung des Lichts, das hauptsächlich durch die unter Wasser liegende Öffnung hineingelangt, in ein intensiv leuchtendes, überirdisches Blau getaucht.

## Coves del Drac

🔖 **Spanien** Die Mallorquiner vermuteten im größten Höhlensystem ihrer Insel einen Drachen, der dort die Schätze von Piraten und Templern bewacht. Darum wagten sie sich nicht mehr als 200 Meter in die Coves del Drac, die „Drachenhöhlen", vor. Todesmutige Forscher erkundeten die 2400 Meter lange Tropfsteinhöhle mit ihren stalaktiten- und stalagmitengeschmückten Sälen erst im 19. Jahrhundert. Sie fanden zwar weder Gold noch Juwelen, doch den größten unterirdischen See Europas, ein 180 Meter langes, bis zu 30 Meter breites und fünf bis acht Meter tiefes Gewässer, dessen Temperatur gleichmäßig 20 °C beträgt.

## Höhlen von Škocjan

🔖 **Slowenien** Karst – laut Lexikon ist dies die Gesamtheit der Formen von durchlässigen, wasserlöslichen Gesteinen, die durch Oberflächen- und Grundwasser ausgelaugt werden. Das Karstgebirge im Südwesten von Slowenien, von dem der

Stalagmiten und Stalaktiten machen aus den **Coves del Drac** ein fantastisches Zauberland.

Karst seinen Namen hat, ist ein typischer Vertreter dieser Landschaftsform: zerklüftet, trocken und durchsetzt mit Höhlen. Die berühmtesten unter ihnen sind die Höhlen von Škocjan, die durch den Fluss Reka geschaffen wurden, der sie tosend durchfließt. Sie zeichnen sich durch ein verzweigtes System von elf insgesamt sechs Kilometer langen Höhlen, Einsturzdolinen, Flussschwinden, Naturbrücken und anderen Karsterscheinungen aus. Als weltweit größtes unterirdisches Feuchtgebiet stehen sie unter besonderem Schutz.

Erst knapp die Hälfte der **Mammoth Cave** wurde erforscht, nur ein kleiner Teil ist Besuchern zugänglich. »

## *Mammoth Cave*

🏛 **Kentucky/USA** Zwischen Fort Knox, dem Aufbewahrungsort der amerikanischen Goldreserven, und Nashville, Tennessee, der Hauptstadt der Country Music, liegt der Zugang zur Mammoth Cave, dem größten Höhlensystem der Welt. Ihr Labyrinth aus Gängen, Schächten und unterirdischen Flüssen war einst schwarz von Fledermäusen. Das förderte die Erschließung, denn deren Exkremente waren zur Herstellung von Schießpulver sehr begehrt – man gewann aus ihnen Salpeter. Das unterste der fünf bisher entdeckten Höhlenstockwerke der sich in einer löslichen Kalksteinschicht ausbreitenden Riesenhöhle liegt bis zu 110 Meter unter der Erdoberfläche. Insgesamt 580 Kilometer sind bisher bekannt – bisher, denn noch birgt die Höhle so manches Geheimnis.

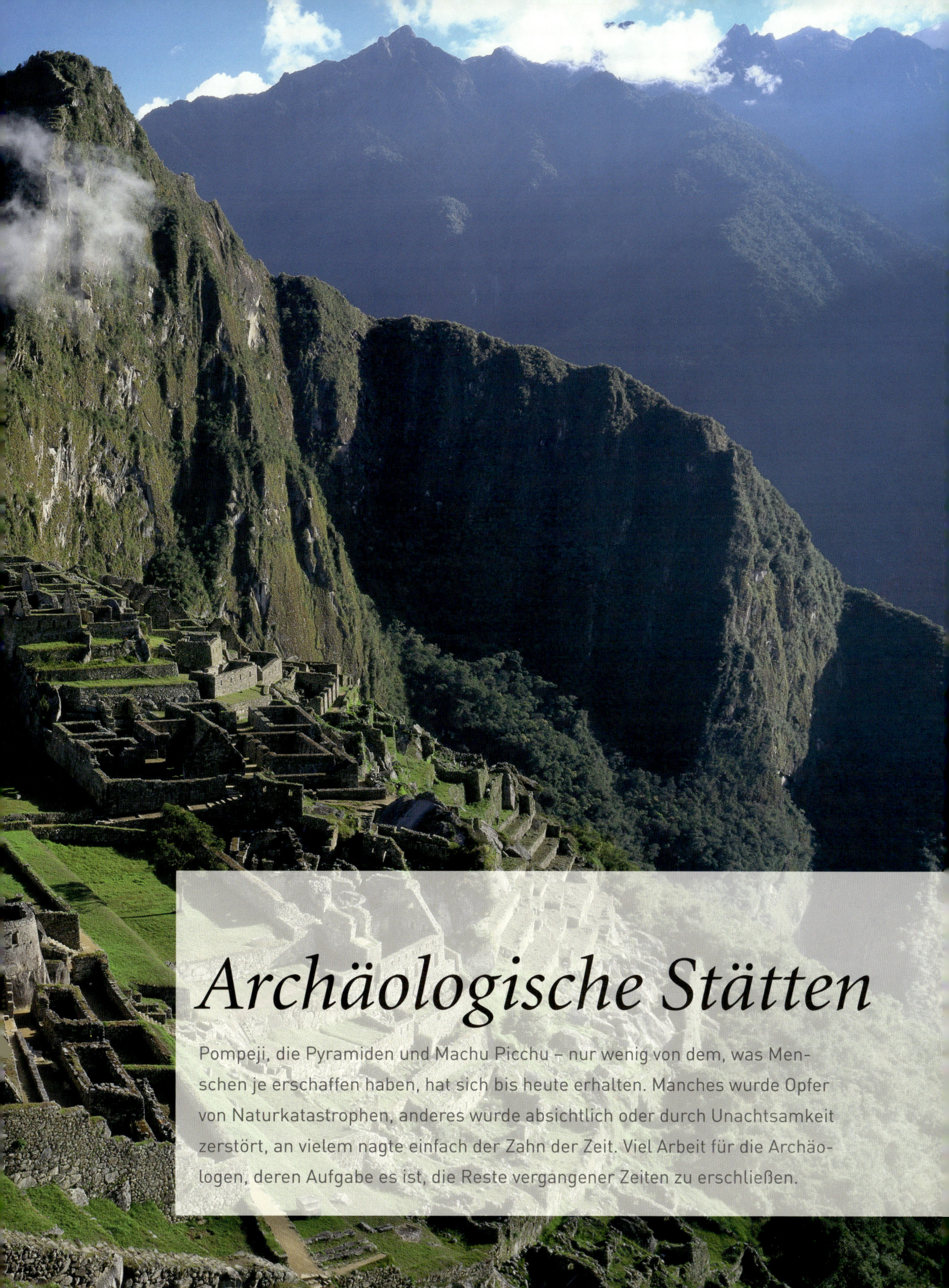

# Archäologische Stätten

Pompeji, die Pyramiden und Machu Picchu – nur wenig von dem, was Menschen je erschaffen haben, hat sich bis heute erhalten. Manches wurde Opfer von Naturkatastrophen, anderes wurde absichtlich oder durch Unachtsamkeit zerstört, an vielem nagte einfach der Zahn der Zeit. Viel Arbeit für die Archäologen, deren Aufgabe es ist, die Reste vergangener Zeiten zu erschließen.

NORDAMERIKA

Stonehenge |

Höhle von Lascaux |
Höhle von Altamira |

Aquädukt von Segovia |

ATLANTISCHER
OZEAN

Mesa-Verde-Nationalpark | *172*

Tula | *169*

Chichén Itzá | *166*

Teotihuacán | *163*

Uxmal | *169*

PAZIFISCHER
OZEAN

SÜDAMERIKA

Nazca-Linien | *162*

Machu Picchu | *170*

Moais auf der Osterinsel | *172*

Prähistorische Stätte

Altertum

Antike

Asiatische Hochkultur

Amerikanische Hochkultur

Polynesische Kultur

# Archäologische Stätten

RKTISCHER OZEAN

EUROPA

ASIEN

Hadrianswall | 151

Porta Nigra | 150

Pont du Gard | 147

Rom | 141–145
Delphi | 135
Akropolis | 136
Löwentor von Hattusa | 131

Pompeji | 146
grigent | 137
Ephesos | 140
Palast von Knossos | 132

illa Romana
Casale | 146
Olympia | 133
Baalbek | 152
Babylon | 133

Mykene | 132
Zikkurat von Ur | 131

ptis Magna | 153
Sakkara | 124
Petra | 153
Masada | 154
Persepolis | 133

Giseh | 125
Luxor | 129

Totentempel der
Hatschepsut | 126
Karnak | 130

Tal der Könige | 128
Horustempel in Edfu | 141

smalereien
Tassili n'Ajjer | 120
Abu Simbel | 130
Isistempel von Philae | 141

Chinesische Mauer | 157

Mausoleum Qin Shihuangdis | 156

PAZIFISCHER
OZEAN

AFRIKA

Sukhothai | 160

Ayutthaya | 161

Angkor Wat | 159

Sigiriya | 158

INDISCHER
OZEAN

Felsmalereien der Aborigines
im Kakadu-Nationalpark | 120

AUSTRALIEN

N

500 km
www.kartographie.de

SÜDLICHER OZEAN

ANTARKTIS

# Prähistorische Stätten

Schon lange vor den Pyramiden haben Menschen faszinierende Werke hervorgebracht, wie die Höhlen von Lascaux und Altamira mit ihren Malereien oder die Felszeichnungen der Aborigines beweisen. Wie die geheimnisvollen Steinkreise von Stonehenge zeigen sie, dass die Lust am Dekorativen und die Konstruktion komplexer Bauwerke keineswegs eine Erfindung von Ägyptern oder Sumerern ist.

Die **Höhle von Lascaux** wird auch als „Sixtinische Kapelle der Urzeit" bezeichnet. Auf dieser Felsmalerei sind Pferde und ein Stier zu sehen.

## Höhle von Lascaux

🏛 **Frankreich** Lascaux liegt im Tal der Vézère, einem Nebenfluss der Dordogne in Südwestfrankreich. Dort entdeckten Kinder auf der Suche nach ihrem Hund 1940 zufällig eine Höhle. Der Fund blieb nicht verborgen, denn bald interessierten sich die Wissenschaftler für das, was dort zu sehen war: Über 600 identifizierbare Bilder, die etwa 17 000 Jahre hervorragend überstanden hatten. Bilder von Tieren in vollem Lauf, Pferde, Hirsche, Rinder und Bisons in Ocker, Rot und mit kräftigen Holzkohlelinien verweisen auf das hohe Niveau des *Homo sapiens sapiens,* unseres Vorfahren – ein einziges Mal ist auch er zu sehen. Seit 1948 war die „Sixtinische Kapelle der Urzeit" für Besucher geöffnet, die, indem sie Algen und Pilze einschleppten, die Kunstwerke so stark beschädigten, dass die Höhle geschlossen wurde und nun nur noch eine Kopie besichtigt werden kann.

## Höhle von Altamira

🏛 **Spanien** Ein Felssturz hatte die Höhle von Altamira im nordspanischen Kantabrien davor bewahrt, schon früher entdeckt zu werden. Als es dann 1879 so weit war, wollte die Wissenschaft zuerst nicht daran glauben, dass die Einritzungen und Bilder echt sind. Inzwischen weiß man, dass die so lebendig wirkenden Malereien von Tieren etwa 15 000 Jahre alte Meisterwerke prähistorischer Künstler sind. An

Wegen der Frische ihrer Farben wurde die Echtheit der 1879 in der **Höhle von Altamira** entdeckten Bilder lange angezweifelt. Damals wehrten sich die Archäologen gegen die Vorstellung, dass diese Tierdarstellungen von „primitiven Menschen" stammen sollten. Im Bild die Decke der „polychromen Halle".

Die **Felsmalereien im Tassili n'Ajjer** lassen darauf schließen, dass hier zur Zeit ihrer Entstehung ein savannentypisches Klima herrschte.

der niedrigen Decke der „polychromen Halle" fügen sich 120 Tiergestalten zu einem bewegten Ensemble zusammen: Ein verletzter Bison, eine trächtige Hirschkuh und andere lebensechte Darstellungen, die unter geschickter Ausnutzung des Felsreliefs räumliche Dimensionen erhalten.

## Felsmalereien im Tassili n'Ajjer

**Algerien** Es sind beeindruckende Dokumente des Klimawandels, eines Klimawandels, der vor weniger als 8000 Jahren aus einer wildreichen Gegend eine Mondlandschaft werden ließ: die Felsmalereien des Tassili n'Ajjer. In diesem Teil der Sahara, einem unwirtlichen Gebirge im Südosten Algeriens, haben sich mehr als 15 000 Einritzungen und Bilder erhalten. Sie berichten von einer Zeit, als es in diesem felsigen Gelände noch Nashörner und Antilopen, Elefanten und Giraffen gab – auch merkwürdig rundköpfige Menschen sind zu sehen, die selbsternannte Experten für Marsmenschen hielten.

## Felsmalereien der Aborigines im Kakadu-Nationalpark

**Northern Territory/Australien** Die bildende Kunst ist eines der wichtigsten Ausdrucksmittel der Aborigines, der Ureinwohner Australiens, deren Kultur die bei Weitem älteste kontinuierlich fortbestehende Kultur der Menschheitsgeschichte ist. Ihre komplexen Ritzzeichnungen und Felsenmalereien, von denen sich einige Tausend in Felsen, Felsüberhängen und Höhleneingängen befinden, sind bis zu 50 000 Jahre alt.

Das Arnhemland und der angrenzende Kakadu-Nationalpark, zusammen ein Gebiet von der Größe Österreichs und der Schweiz, bieten die meisten Fundorte dieser hoch entwickelten Kunst. Sie zeigen Jagdszenen, religiöse Zeremonien, Geister und Geschichten aus der Schöpfung, der Traumzeit. Einzigartig sind die Darstellungen im Röntgenstil, der Mensch und Tier wie im Querschnitt, mit sichtbarem Skelett und Organen zeigt.

Ähnlich einem Röntgenbild erlaubt diese Felsmalerei im **Kakadu-Nationalpark** einen Blick in das Innere von Mensch und Tier.

Luftaufnahme der rätselhaften Steinkreisanlage von **Stonehenge.** ≫

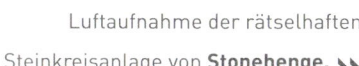

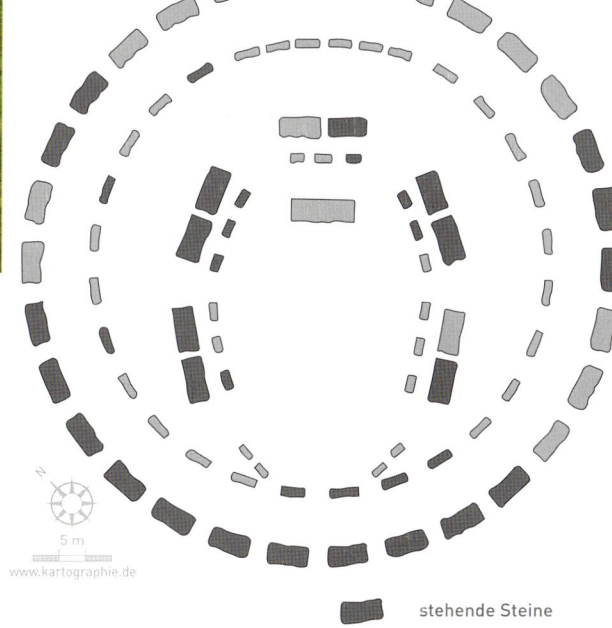

N

5 m
www.kartographie.de

stehende Steine

**Stonehenge** Blick auf den äußeren Steinkreis der Megalithstruktur von Stonehenge, die über vier Meter hohen Sarsen mit Decksteinen. ≫

## Stonehenge

🏛 **England/Großbritannien** Auch die Reste der nahe Salisbury gelegenen Anlage sind noch imposant: Die Steinkreise von Stonehenge zogen Menschen zu allen Zeiten in ihren Bann. Ihren Namen – „hängende Steine" – erhielt sie von den im Mittelalter hier ansässigen Sachsen. Es ist das bedeutendste Relikt der Jungsteinzeit. Noch immer ist es rätselhaft, was Menschen vor Tausenden von Jahren dazu bewogen hat, mit immensem Aufwand tonnenschwere Steine per Schiff und Schlitten hierher zu schleppen, sie durch Kippen von einer Rampe in zuvor gegrabene Fundamente zu bugsieren, und das alles mit einer für die Zeit unglaublichen Präzision.

Älteste Spuren verweisen auf das 8. Jahrtausend v. Chr. Die Steine, die heute noch aufrecht stehen, sind jedoch „nur" etwa 4000 Jahre alt. Als die Anlage um 1600 v. Chr. aufgegeben wurde, bestand sie aus einem äußeren Kreis von 30 über vier Meter hohen Sandsteinblöcken, den Sarsen, mit aufgelegten Decksteinen. Sie umgaben einen Kreis aus 60 bis zu zwei Meter hohen Doleritsteinen, die ihrerseits ein Hufeisen umschlossen. Es umfasste fünf Trilithen, jeweils zwei mit einem Querblock abgedeckte vier Meter hohe Sarsen, die bis zu 50 Tonnen wiegen. Vor ihnen standen wieder Doleritsteine, 19 an der Zahl. Das Zentrum der Anlage bildete schließlich ein Altarstein.

# Altertum

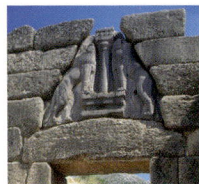

Von der Vor- und Frühgeschichte unterscheidet sich das Altertum vor allem durch die schriftlichen Quellen, aus denen Historiker zusätzlich zu archäologischen Erkenntnissen etwas über den Gang der Geschichte erfahren. Diese Epoche bezieht sich nur auf den vorderasiatisch-mediterranen Raum. Sie beginnt etwa im 4. Jahrtausend v. Chr. und wird im 5./6. Jahrhundert n. Chr. vom Mittelalter abgelöst.

Am Anfang der grandiosen Tempelanlagen und Pyramiden des Alten Ägypterreichs stehen zwei Namen: Der des genialen Baumeisters Imhotep und der seines revolutionären Werks, der **Stufenpyramide von Sakkara,** des ersten monumentalen Gebäudes, das ganz aus Kalkstein gebaut wurde.

## Stufenpyramide von Sakkara

⚐ **Ägypten** Wie muss dieser Bau wohl auf die Ägypter des Alten Reiches gewirkt haben? Imposant wächst dieses Gebirge aus Steinquadern in den Himmel von Sakkara, der Totenstadt der alten ägyptischen Hauptstadt Memphis. Er steigt aus der goldgelben Wüste auf über 60 Meter in die Höhe und kündet noch heute von der gottgleichen Macht dessen, der unter ihm bestattet wurde – Djoser, ein Pharao der 3. Dynastie, gestorben vor etwa 4600 Jahren. Sein Baumeister, der später als Gott verehrte Imhotep, hatte sich etwas ganz Besonderes einfallen lassen: In einem mit einer zehn Meter hohen weißen Kalksteinmauer umgebenen, 20 Fußballfelder großen Areal errichtete er seinem Herrn einen Palast für die Ewigkeit. Neben einem Tempel, herrschaftlichen Häusern, Säulengängen und dem Festhof erbaute er dort die erste Pyramide. Ursprünglich in der traditionellen Form der Mastaba, einem einstöckigen Bau mit abgeschrägten Seiten, angelegt, setzte er dem wohl als zu

unauffällig empfundenen Gebäude zuerst vier, später noch zwei weitere jeweils kleinere Grabhügel auf. Wie eine ins Gigantische vergrößerte viereckige Hochzeitstorte kündet die so entstandene Stufenpyramide vom Ruhm des hier Begrabenen. Pyramiden wurden für mehr als 1000 Jahre die bevorzugte Begräbnisform für Ägyptens Könige.

## Pyramiden von Giseh

⏍ **Ägypten** Die Architekten der Cheopspyramide lernten aus einem Fehler, der ihren Vorgängern beim Bau der sogenannten Knickpyramide von Cheops' Vater Snofru passiert war. Sie sorgten dafür, dass dessen „ewiges Haus" auf einem 2000 mal 1000 Meter messenden Kalksteinplateau und nicht auf weichem Untergrund wie bei der Pyramide Snofrus, der ersten mit glatten Außenwänden, zur Ausführung kam – erst viele Jahrhunderte später erhielt die Gegend ihren heutigen Namen: Giseh.

Es war ein bereits seit vielen Generationen als Begräbnisort genutztes Areal, das inzwischen fast von der zu Zeiten des alten ägyptischen Reiches noch nicht existenten Millionenstadt Kairo geschluckt wurde. Als dort eines der gigantischsten Grabmonumente gebaut wurde, das die Welt je sah, zählte Giseh – wie Sakkara – noch zu den westlich des Nil liegenden Totenstädten von Memphis, dem Vorvorgänger Kairos als Hauptstadt des Landes.

Von dem erst durch die Griechen Cheops genannten Herrscher ist nur wenig bekannt. Chufu, wie er auf Ägyptisch heißt, gilt als zweiter Pharao der 4. Dynastie und regierte vermutlich im 26. Jahrhundert v. Chr. über das Reich am Nil. Schon

Blick auf die **Pyramiden von Giseh:** links die des Mykerinos, in der Mitte die Chephrenpyramide und rechts die Cheopspyramide. Die drei niedrigeren Bauten im Bildvordergrund sind Königinnenpyramiden.

# Weltwunder

**Die sieben Weltwunder der Antike** Die Pyramiden von Giseh sind das einzige der endgültig erst in der Renaissance fixierten sieben Weltwunder der Antike, das noch existiert. Die anderen sechs, die Hängenden Gärten von Babylon, das Standbild des Zeus in Olympia, das Grabmal des Königs Mausolos in Halikarnassos, der Artemistempel von Ephesos, der Koloss von Rhodos und der Leuchtturm Pharos von Alexandria, sind längst zerstört, nur im 3. Jahrhundert v. Chr. hätte man sie alle in ihrer ursprünglichen Pracht bestaunen können.

bald nachdem er den Thron von seinem Vater erbte, begann man mit den Arbeiten an seinem Grab: Schätzungen sprechen von bis zu 25 000 Arbeitskräften, die nötig waren, um aus 2 300 000 Kalksteinblöcken in 20 bis 30 Jahren die Große Pyramide zu erbauen.

Der „Horizont des Cheops", so ihr antiker Name, ist auch heute noch mehr als beeindruckend, obwohl die äußere Verkleidung aus weißem Turakalkstein fehlt: Auf einer fast perfekt nach Norden ausgerichteten Grundfläche, auf der die Dome von Florenz und Mailand, die Peterskirche in Rom,

Westminster Abbey und St. Paul's Cathedral in London Platz fänden, wächst ein Wald aus Steinen bis auf eine Höhe von ursprünglich fast 147 Metern – die Cheopspyramide ist damit kaum niedriger als der Kölner Dom, sie war bis ins 14. Jahrhundert das höchste Gebäude der Welt. Die Mumie des Königs sollte dort, geschützt durch ein Labyrinth von Gängen, die Ewigkeit überdauern. Wie die Grabkammern der beiden anderen großen, in Giseh für Cheops' Sohn Chephren und dessen Sohn Mykerinos errichteten Pyramiden, weckte auch die des Cheops schon früh Begehrlichkeiten: Sie alle wurden wohl bereits in pharaonischer Zeit geplündert.

## *Sphinx von Giseh*

△ **Ägypten** Wahrscheinlich trägt die Sphinx von Giseh, die in der Fachsprache zur Unterscheidung von der gleichnamigen Figur aus der griechischen Mythologie mit dem männlichen Artikel versehen wird, die Züge des Pharaos Chephren, denn sie wurde wohl während dessen Herrschaft aus einem stehen gebliebenen Kalksteinblock des Plateaus von Giseh herausgeschlagen. Sie – oder, um mit den Archäologen zu sprechen, er – ist eine Kombination aus Löwenkörper und Menschenhaupt und wird als Wächterfigur gedeutet, die die Pyramiden gegen die Kräfte des Bösen verteidigen sollte. Mit einer Länge von über 72, einer Breite von 19 und einer Höhe von mehr als 20 Metern ist die Sphinx von Giseh das größte Exemplar ihrer Art. Ihre Bemalung sowie vor allem Teile ihres Kopfes, so der Kinnbart und die Nase, sind im Lauf der Zeit durch Erosion und Vandalismus abhanden gekommen.

## *Totentempel der Hatschepsut*

△ **Ägypten** Am westlichen Nilufer, gegenüber von Theben, dem heutigen Luxor, reihten sich an der Grenze zur Wüste die Totentempel der Pharaonen. Wie an einer Perlenschnur folgten einander auf einer Länge von über sechs Kilometern die „Millionenjahrhäuser" bedeutender Herrscher. In ihnen fand der Totenkult für die Verstorbenen statt – begraben

Etwa 15 Jahre betrug die Bauzeit des **Totentempels der Hatschepsut**, einer der bedeutendsten Tempelanlagen des Alten Ägypten.

Als Sphinx bezeichnet man eine Mischgestalt mit dem Körper eines Löwen und dem Kopf eines Menschen. Die **Sphinx von Giseh** ist die größte dieser Wächterfiguren.

Mehrere Dutzend Pharaonen ließen ihre Grabstätte im **Tal der Könige** anlegen. Am mittleren unteren Bildrand ist der Zugang zum Grab Tutanchamuns zu sehen.

waren sie an anderer Stelle. Etwas zurückversetzt schmiegt sich der Totentempel der Hatschepsut in den zum Nil hin offenen Felsenkessel von Deir el-Bahari. Sie war eine von wenigen weiblichen Pharaonen, eine selbst- und machtbewusste Herrscherin, in deren Heiligtum mehr als 200 ihrer Bildnisse versammelt waren. Einige von ihnen zeigten sie sogar mit dem traditionellen falschen Bart, der zum Königsornat gehörte. Ungewöhnlich ist auch die Architektur des im 15. Jahrhundert v. Chr. erbauten Tempels: Er wurde zum Teil in den Fels geschlagen, teilweise aus Kalkstein aufgeführt. Statt einer Folge von Pylonen und Höfen besitzt er Pfeilerhallen und Terrassen, an deren Seiten Kapellen angefügt sind. Hatschepsut starb in ihrem 16. Regierungsjahr eines natürlichen Todes, wie man an ihrer erst vor Kurzem identifizierten Mumie feststellen konnte.

## *Tal der Könige*

⛰ **Ägypten** Schon der Name, der im 19. Jahrhundert durch den Hieroglyphenentzifferer Champollion geprägt wurde, klingt wie ein Märchen aus Tausendundeiner Nacht. Wahrhaft märchenhaft müssen die Gräber der Pharaonen des

Neuen Reiches (etwa 16.–11. Jahrhundert v. Chr.), der glänzendsten Epoche Ägyptens, auch gewesen sein, denn die unumschränkten Herrscher des reichen Landes sollten auch im Tod auf ihren gewohnten Luxus nicht verzichten. Von den in einem verborgenen Wüstental auf der westlichen Nilseite, gegenüber Theben, dem heutigen Luxor, bisher gefundenen 62 Gräbern, dienten allein 24 den Pharaonen der 18. bis 20. Dynastie als „ewiges Haus". Sie wähnten sich in dem gut zu bewachenden, schwer zugänglichen Teil des Westgebirges sicher. Politische Wirren führten aber schon bald zur Auflösung der staatlichen Gewalt, Grabräuber hatten nun leichtes Spiel. Nur die Mumien konnte man rechtzeitig in einem Privatgrab in der Nähe von Hatschepsuts Totentempel in Sicherheit bringen, wo sie 1881 entdeckt wurden.

Begonnen hatte alles mit Thutmosis I. Er war der Erste, der sich im Tal der Könige für die Ewigkeit einrichtete. Vorausschauend hatte er für sich das bei den Ägyptern als „die grüne Weide" bekannte Wüstental ausgewählt, denn die majestätische Landschaft bot in all ihrer Schroffheit genügend Platz und war trotz ihrer Abgelegenheit nicht weit von Theben, Ägyptens Hauptstadt, entfernt. Ganz pragmatisch verfügte er eine Trennung von Totentempel, in dem die

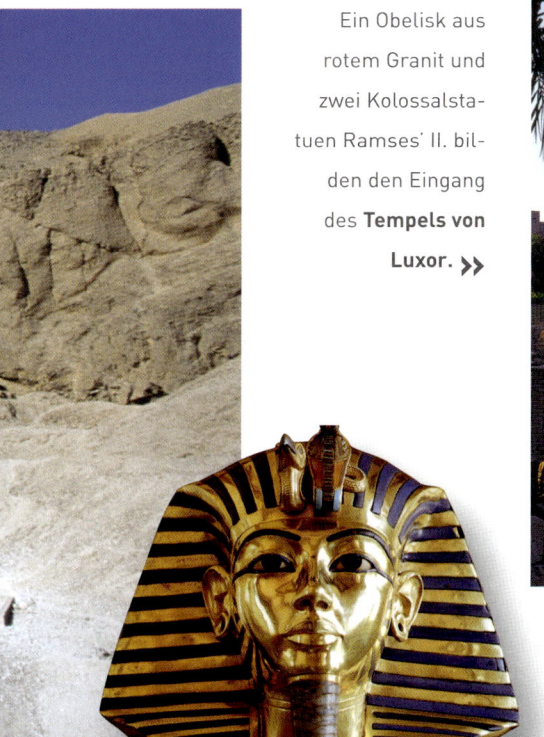

Ein Obelisk aus rotem Granit und zwei Kolossalstatuen Ramses' II. bilden den Eingang des **Tempels von Luxor.** ▶▶

Die Totenmaske des Pharaos Tutanchamun. Er hatte den Regierungssitz von Amarna wieder nach Theben verlegt und auch die Tradition der Königsgräber im **Tal der Könige** fortgesetzt. ◀◀

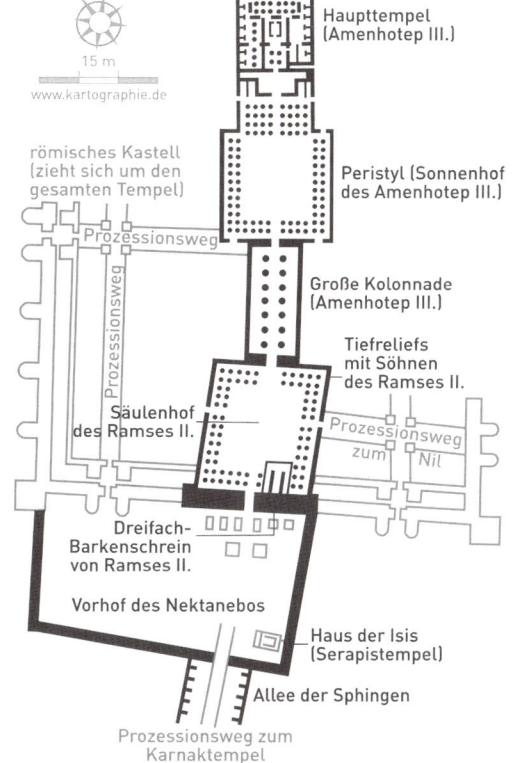

Grundrisszeichnung des **Tempels von Luxor.** ▶▶

S

15 m
www.kartographie.de

Haupttempel (Amenhotep III.)

römisches Kastell (zieht sich um den gesamten Tempel)

Peristyl (Sonnenhof des Amenhotep III.)

Prozessionsweg

Prozessionsweg

Große Kolonnade (Amenhotep III.)

Tiefreliefs mit Söhnen des Ramses II.

Säulenhof des Ramses II.

Prozessionsweg zum Nil

Dreifach-Barkenschrein von Ramses II.

Vorhof des Nektanebos

Haus der Isis (Serapistempel)

Allee der Sphingen

Prozessionsweg zum Karnaktempel

Kulthandlungen für den toten Pharao stattfanden, und Grab. Dessen relativ bescheidene Ausmaße änderten sich schnell zugunsten immer längerer Stollen, die in die Felsen getrieben wurden. Immer prächtiger wurden die Dekorationen, die Grabbeigaben immer wertvoller, die Sarkophage immer ausladender. Den Höhepunkt bildet das Grab Sethos' I.: Seine mehr als 100 Meter langen Wände sind mit bemalten Flachreliefs bedeckt, die Szenen aus Unterweltsbüchern zeigen. An Berühmtheit wird es jedoch bei Weitem von einem viel bescheideneren, dem kleinsten eines Herrschers der 18. Dynastie, übertroffen: Das Grab Tutanchamuns. Es ist das Einzige, das beinahe unberührt geblieben war. Sein Inhalt, etwa 3500 Objekte, bildet heute einen viel bestaunten Höhepunkt der Sammlungen des Ägyptischen Museums in Kairo.

## Tempel von Luxor

⚠ **Ägypten** Der riesige, dem Gott Amun geweihte Tempel von Luxor, erstreckt sich über eine Länge von 250 Metern inmitten der Stadt, die einst Theben hieß und Hauptstadt des Ägyptischen Reiches war. Seine Erbauungszeit schätzen die Fachleute auf die Jahre 1380 bis 1250 v. Chr., aber auch

unter Alexander dem Großen (4. Jahrhundert v. Chr.) und Kaiser Diokletian (3. Jahrhundert n. Chr.) wurde noch an ihm gebaut. Man betritt den Tempel durch einen großen Pylon, einen monumentalen Torbau, der von Statuen Ramses' II. und einem Obelisken aus rotem Granit flankiert wird. Dessen Gegenstück steht heute auf der Place de la Concorde in Paris. Auf dem Weg zum eigentlichen Heiligtum geht es nun durch den 57 mal 51 Meter messenden Großen Hof Ramses' II., bevor man in einen mächtigen Säulengang gelangt. Noch ein Hof und mehrere Säle müssen nun durchschritten werden, bevor das Allerheiligste erreicht

wird. Dort wurde der Schrein mit dem Bildnis des Gottes aufbewahrt, das die Priester kleideten, wuschen, salbten und dem Opfer dargebracht wurden. Das Volk hatte keinen Zutritt. Nach dem Verbot aller heidnischen Kulte wurden in dem Tempel vier christliche Kirchen und ein Kloster eingerichtet, später folgte eine Moschee – ein Umstand, der große Teile der Anlage vor der Zerstörung rettete.

## Tempel von Karnak

△ **Ägypten** Wer dem Tempel des Amun-Re bei Karnak vorstand, hatte Macht, große Macht. Denn wie die Klöster des Mittelalters war ein ägyptischer Tempel auch ein wirtschaftlicher Faktor – und hier handelte es sich um den bedeutendsten des Landes. Zu ihm gehörten Tausende Quadratkilometer Ländereien, Vieh, dessen Bestand sogar in die Hunderttausende ging, und kiloweise Gold. Vor allem aber war er eine religiöse Instanz, denn das Heiligtum des Gottes bildete während des Neuen Reiches, der glanzvollsten Epoche der ägyptischen Geschichte vor etwa 3500 Jahren, das religiöse Zentrum des Landes. Über 2000 Jahre wurde an ihm gebaut, der heilige Bezirk mit seinen Tempeln, Obelisken, Kapellen und dem Tempelsee bedeckte schließlich eine Fläche von 35 Hektar. Den architektonischen Höhepunkt der nördlich von Luxor, dem einstigen Theben, liegenden Anlage, bildet das Hypostyl Sethos' I.: ein Saal mit den Ausmaßen einer gotischen Kathedrale, mit 134 Säulen, die in 16 Reihen bis zu 21 Meter in den Himmel wachsen. Er ist Teil des eigentlichen Tempels, dessen zwei sich rechtwinklig schneidende Achsen nicht enden wollende Folgen von Pylonen, Höfen,

Säulen mit Hieroglyphen am **Tempel von Karnak**. Die Ausstattung, Pflege und Erweiterung dieses Tempels war für die Pharaonen über zwei Jahrtausende heilige Pflicht.

Säulenhallen und Kulträumen bilden. Der heute nach dem nahe gelegenen Dorf Karnak benannte Tempel ist der größte und besterhaltene aus Ägyptens großer Zeit.

## Abu Simbel

△ **Ägypten** Der Große Tempel von Abu Simbel wartet zweimal jährlich mit einem Lichtwunder auf: Am 21. Februar und am 21. Oktober bestrahlt die aufgehende Sonne eine Statue des königlichen Bauherrn Ramses II. (regierte etwa 1279 bis 1213 v. Chr.), die sich an der Rückwand des in den gewachsenen Felsen getriebenen Baus, 55 Meter von seiner Front entfernt, befindet. Ramses, der hier als lebender Gott verehrt wurde, ist gleich mehrfach zu sehen: In Form von vier sitzenden Monumentalstatuen, jede von ihnen 22 Meter hoch, bewacht er den Eingang des von Osten nach Westen ausgerichteten Sakralraums, im Inneren tragen acht Pfeiler seine Züge, Reliefs verherrlichen seine Taten. Nicht weit von

Den Eingang des Großen Tempels von **Abu Simbel** bewachen vier Kolossalstatuen Ramses' II.

Blick auf das **Löwentor von Hattusa** mit den Löwen auf beiden Seiten des Durchgangs.

dem Großen liegt der Kleine Tempel, der ebenfalls aus dem Felsen gehauen wurde. Er ist der kuhohrigen Göttin der Liebe und Freude, Hathor, und Ramses' Lieblingsfrau, Nefertari, geweiht. Auch hier wird der Eingang durch Kolossalstatuen bewacht: viermal von Ramses, zweimal von seiner Frau. Die nahezu perfekt erhaltenen Kultstätten wurden in den Jahren 1964 bis 1968 vor den Fluten des ansteigenden Nasser-Stausees gerettet, indem man sie zersägte und 64 Meter oberhalb ihres angestammten Platzes nahe der Grenze zum Sudan wieder zusammensetzte.

## Zikkurat von Ur

⛰ **Irak** Ur ist eine der ältesten Stadtgründungen der Sumerer, einem Volk, das im 3. Jahrtausend v. Chr. Südmesopotamien, das Zweistromland zwischen Euphrat und Tigris im heutigen Irak, bewohnte. Wie in jeder ihrer größeren Städte errichtete man auch in Ur einen Stufenturm, die Zikkurat. Sie wurde dem Mondgott Nanna geweiht und gilt als am besten erhaltene der Welt.

Erbaut um 2000 v. Chr. bestand der nahezu massive Turm von Ur aus drei sich verjüngenden Ebenen, die elf, 5,7 und 2,9 Meter Höhe erreichten und von einem Tempel gekrönt wurden; die Grundfläche misst 62 mal 43 Meter – etwa die Größe eines halben Fußballfelds. Der Zugang des Baus, dessen Ecken nach den vier Himmelsrichtungen weisen, lag an der Nordostseite, offene Treppen führten zu dem nicht mehr erhaltenen Heiligtum hinauf.

## Löwentor von Hattusa

⛰ **Türkei** Heute ist es nur ein kahler Hügel, früher jedoch war das im nordöstlichen Zentralanatolien gelegene Hattusa eine prächtige und mächtige Stadt, die Hauptstadt des Reiches der Hethiter, das 1450 v. Chr. etwa die heutige Türkei umfasste, jedoch bis ins 19. Jahrhundert völlig vergessen

Die **Zikkurat von Ur** im heutigen Irak gilt weltweit als besterhaltener Stufenturm dieser Art.

## Turm zu Babel

**Wolkenkratzer des Altertums** Auch den aus der Bibel bekannten Turm zu Babel muss man sich als rechteckigen Stufenturm, als Zikkurat, vorstellen. Spärliche Reste eines solchen Baus haben Archäologen in Babylon, dem Babel der Heiligen Schrift, gefunden. Er war, gemäß antiker Beschreibungen, etwa 91 Meter hoch, bestand aus sieben Ebenen und war dem Stadtgott Marduk, dem Baal der Bibel, geweiht.

Das **Löwentor in Mykene.** Die Löwen hatten einst wahrscheinlich Köpfe aus Bronze. **«**

der aufgerichtet noch bevor Heinrich Schliemann 1876 bei seinen Grabungen die sogenannte Goldmaske des Agamemnon fand, der hier als König geherrscht haben soll. Das Tor wurde vermutlich um 1250 v. Chr. aus vier Teilen errichtet, dem zwölf Tonnen schweren Türsturz, den beiden Pfosten, die ihn tragen, und einem krönenden Dreiecksstein, den das namensgebende Löwenrelief ziert.

## Palast von Knossos

⬦ **Griechenland** Einst beauftragte Minos, der König von Kreta, seinen genialen Architekten Dädalus, ihm ein Labyrinth zu errichten, in dem er den Minotaurus, ein monströses Mischwesen, einen Menschen mit Stierkopf, für immer gefangen halten wollte. Ernährt wurde das Ungeheuer mit Menschenfleisch, bis der große griechische Held Theseus, selbst als Opfer vorgesehen, dem Irrsinn ein Ende bereitete. Er tötete den Minotaurus und fand mithilfe des abgespulten Fadens der Ariadne aus dem verschachtelten Bau hinaus.

Arthur Evans, ein englischer Hobbyarchäologe, war überzeugt, in den Resten des Palasts von Knossos dieses Labyrinth aus der griechischen Mythologie gefunden zu haben und nannte die Kultur, die diesen Bau hervorbrachte, darum auch die „minoische". Heute nimmt man an, dass die ausgedehnte Anlage mit ihren über 800 Räumen das politische, religiöse und wirtschaftliche Zentrum eines Kleinstaats war. Erbaut wurde das mehrstöckige Gebäude, in dem sich tatsächlich auch Hinweise auf einen Stierkult finden lassen, aus Kalkstein, Gips, Ziegelsteinen und Holz zwischen dem 17. und 15. Jahrhundert v. Chr., nachdem ein Vorgängerbau durch die von der Explosion der nahe gelegenen Insel Santorin ausgelöste Flutwelle zerstört worden war.

blieb. Ihre einst sechs Kilometer lange Stadtmauer ist in Resten noch erhalten.

Das schönste ihrer mindestens sechs Tore ist das Löwentor, dessen Pfeiler mit zwei plastisch hervortretenden Löwenleibern geschmückt sind, die zur Abwehr von Feinden und bösen Geistern ihre Mäuler drohend aufreißen.

## Löwentor in Mykene

⬦ **Griechenland** Mykene, eine auf dem östlichen Peloponnes gelegene Stadt aus der Bronzezeit, ist berühmt für ihre mächtige Befestigungsanlage, die aus großen Steinblöcken errichtet wurde. Die Reste ihres Hauptzugangs, des Löwentors, wurden Mitte des 19. Jahrhunderts entdeckt und wie-

Rekonstruktion der Nordfront des Ischtartors, einer Öffnung in den **Stadtmauern von Babylon,** im Pergamon-Museum in Berlin. ◀◀

## Stadtmauern von Babylon

⚠ **Irak** Nebukadnezar II. (605 – 563 v. Chr.) war unumschränkter Herrscher über das Neubabylonische Reich, das sich über Mesopotamien, Syrien und Palästina erstreckte. Er widmete sich vor allem dem glanzvollen Ausbau seiner Hauptstadt Babylon, 90 Kilometer südlich von Bagdad. Es war eine Idealstadt mit rechtwinkligem Straßennetz, großartigen Tempelkomplexen und dem riesigen Palast des Königs. Umgeben und geschützt wurde sie von zwei imposanten Doppelmauern mit kunstvollen Toranlagen. Ein acht Kilometer langer Mauerzug umgab die durch den Euphrat geteilte Stadt in einem Rechteck. Deren östlich des Flusses gelegener Teil wurde durch eine weitere, 6,4 Kilometer lange Mauer geschützt, die mit dem Euphrat ein Dreieck bildete. Auf ihrer Krone befand sich eine Straße, die mit ihren mehr als 25 Metern so breit war, dass darauf ein vierspänniger Streitwagen wenden konnte. Über ihre Höhe sind sich die Fachleute nicht einig.

Der bedeutendste Rest des in manchen antiken Beschreibungen als Weltwunder genannten Bauwerks ist das nach der Liebes- und Kriegsgöttin Ischtar benannte Tor, einst Hauptzugang zur Stadt. Es war etwa 25 Meter hoch und mit blau glasierten Ziegeln verkleidet, auf denen Reliefs schreitende Löwen, Drachen und Stiere zeigten. Es ist heute rekonstruiert und ergänzt im Vorderasiatischen Museum in Berlin zu bestaunen.

Blick auf den Nordeingang des **Palastes von Knossos** mit seinen säulengeschmückten Balkonen. Dieser Gebäudetrakt wurde rekonstruiert. ◀◀

Überreste des Hauptzugangs zur Palastanlage von **Persepolis,** des „Tors aller Länder", das von sogenannten Flügelstieren bewacht wurde.

## Persepolis

⚠ **Iran** Das bedeutendste architektonische Erbe des ersten Perserreichs, das seine Blütezeit zwischen dem 6. und 4. Jahrhundert v. Chr. erlebte und vom Indus bis zum Nil reichte, ist Persepolis. Die „Stadt der Perser" lag im Zentrum des Landes, in Zentralpersien. Sie war Königsresidenz und religiöses Zentrum und wurde von Alexander dem Großen nur 130 Jahre nach ihrer Vollendung niedergebrannt.

Umrahmt von Bergen thront über einer fruchtbaren Ebene die 13 Hektar große künstliche Steinterrasse, auf die Palastanlagen der Stadt erbaut wurden – ihre Überreste vermitteln bis heute einen Eindruck von der Macht und Größe des Perserreichs. Eine breite Treppenanlage führte zu ihnen hinauf, zur Apadana, dem Audienzsaal, dessen Decke von 36 je 20 Meter hohen Säulen gestützt wurde, und zum Hundertsäulensaal, dessen Dimensionen schon aus dem Namen hervorgehen. Das prächtigste Gebäude von Persepolis war jedoch der „Hadisch", der Palast Xerxes' I.

Erhalten blieb neben der Terrasse mit ihren rekonstruierten Grundmauern, den wieder aufgerichteten Säulen und Toren und eindrucksvollen Reliefs ein ganz besonderer Schatz: 30 000 beschriftete Tontafeln aus den Archiven des Weltreichs, die die Zeitläufte dank ihrer Härtung im Flammenmeer Alexanders überdauerten.

# *Antike*

„Antiquus" bedeutet „alt" – trotzdem ist die Antike nicht einfach die „alte Zeit". Als Teil des Altertums fasst sie vielmehr die griechische, hellenistische und römische Kultur zusammen, die für 1300 Jahre im Mittelmeerraum bestimmend war. Sie umfasst etwa die Zeit von 800 v. Chr. bis 500 n. Chr., etwa vom Beginn der Olympischen Spiele über Alexander den Großen bis zum Untergang Roms.

Zur weitläufigen Anlage des Orakels von **Delphi** gehört der Tholos, ein kleiner Rundtempel aus Marmor.

Diese Skulptur aus dem antiken **Olympia** ist heute im Archäologischen Museum Olympias ausgestellt.

**Olympia** war ein Heiligtum des Zeus im Nordwesten des Peloponnes – und Schauplatz der Olympischen Spiele. Im Bild Reste der Palaistra.

## Olympia

🏛 **Griechenland** Die Erde der südlichsten Festlandspitze des Balkans, des Peloponnes, ist mit Geschichte geradezu getränkt. Im Westen der Halbinsel dehnt sich im Tal zweier Flüsse Olympia, Geburtsort der Olympischen Spiele, zwischen grünen Hügeln aus. Sie begannen ganz bescheiden: Als 776 v. Chr. erstmals der Name eines Olympioniken, eines „Olympiasiegers", festgehalten wurde, dauerten sie nur einen Tag. Koroibos, so sein Name, siegte im Stadionlauf über 192 Meter. Mindestens bis ins 4. Jahrhundert n. Chr. wurde hier dem Körperkult gefrönt, immer neue Sportarten, darunter Langlauf, Fünf- und Faustkampf, kamen hinzu. Zwei Regeln blieben jedoch unverändert: der Zeitraum zwischen zwei Spielen, die Olympiade, dauerte vier Jahre und die Athleten traten nackt zum Wettkampf an – Frauen war der Zutritt verboten.

Die Spiele waren Zeus, dem obersten der Götter, gewidmet. Ihm war der größte der Tempel geweiht, die neben den Sportstätten – Stadion, Gymnasion, Palaistra – auf dem Gelände entstanden; die in ihm verehrte 13 Meter hohe Statue des Gottes aus Elfenbein und Gold galt als eines der sieben Weltwunder. Das „Olympische Dorf", das außerdem noch Gäste- und Schatzhäuser sowie Bäder umfasste, versank im Lauf der Zeit unter einer vier Meter dicken Schlammschicht, erst 1875 wurde mit der Freilegung begonnen.

## Delphi

🏛 **Griechenland** Delphi galt bei den Griechen als Nabel der Welt, denn hier trafen sich – so der Mythos – zwei Adler, die Göttervater Zeus von den beiden Weltenden aufeinander zufliegen ließ. Auch der Stein, der diesen Punkt im Apollontempel des

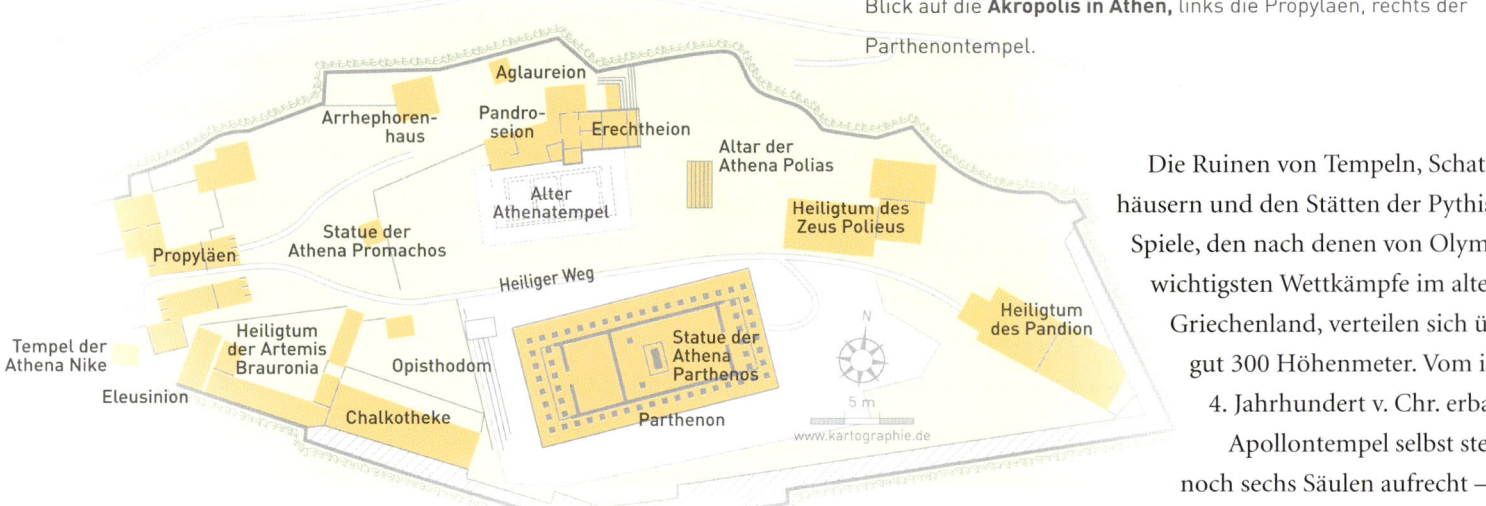

Blick auf die **Akropolis in Athen,** links die Propyläen, rechts der Parthenontempel.

Die Ruinen von Tempeln, Schatzhäusern und den Stätten der Pythischen Spiele, den nach denen von Olympia wichtigsten Wettkämpfe im alten Griechenland, verteilen sich über gut 300 Höhenmeter. Vom im 4. Jahrhundert v. Chr. erbauten Apollontempel selbst stehen noch sechs Säulen aufrecht – auch der Omphalos, der Nabel der Welt, blieb erhalten.

Heiligtums markierte, der Omphalos, war ein besonderer: Es war jener, den die Mutter des Zeus dessen Vater Kronos anstelle ihres Sohnes reichte, als er seine Kinder verschlang.

Delphi galt als berühmtestes Orakel der Antike. Gelegen in Mittelgriechenland, an einem Abhang des Parnassgebirges, verkündete hier die Pythia, üblicherweise auf Befragen und gegen eine angemessene Entlohnung, die Orakelsprüche des Gottes Apollon, des Gottes der Weissagung und der Künste, dessen Priesterin sie war. Dabei saß sie Lorbeerblätter kauend an einer Erdspalte, aus der berauschende Dämpfe aufstiegen.

## Akropolis in Athen

🏛 **Griechenland** Uneinnehmbar überragt ein mächtiger, etwa 150 Meter hoher Kreidefelsen die auf drei Seiten durch Gebirge, auf der vierten durch das Meer begrenzte Ebene von Attika. Ideal für die Anlage einer Siedlung mit dem Felsen als Adlernest für eine Festung. Als solche wurde die Akropolis, die „Oberstadt" von Athen, zunächst auch genutzt. Von ihr hat sich nichts erhalten, denn 480 v. Chr. zerstörten die Perser die Stadt. Perikles (um 490 – 429 v. Chr.), der führende Politiker der athenischen Stadtrepublik,

nahm dieses Ereignis als Chance: Unter seiner Regierung entstanden fast alle Bauten, deren Reste heute auf der Akropolis zu sehen sind. Waren die Vorgängerbauten meistens aus Holz, so wurde nun Marmor verwendet, bedeutende Baumeister wurden beschäftigt, innovative Techniken eingesetzt. Der Burgberg wurde zur – auch architektonischen – Kultstätte.

Das dominierende Bauwerk auf der Akropolis ist der Parthenon, ein etwa 70 mal 31 Meter messender dorischer Tempel mit je acht Säulen an den Schmal- und 17 an den Längsseiten. In ihm wurde eine Kolossalstatue der Göttin Athene verehrt, ein Werk des Phidias aus Elfenbein und Gold. Auch die überlebensgroßen Figuren an den Giebeln, wie die der umlaufenden Friese bunt bemalt, waren berühmt für ihre Qualität – von ihnen ist heute nichts mehr an Ort und Stelle zu sehen. Ähnlich gut erhalten wie der Parthenon ist auch das Erechtheion, das das Grab des sagenhaften Königs Erechtheus umschloss. Dessen außergewöhnlichster Teil ist die vorspringende Korenhalle, deren Gebälk statt von Säulen von sechs Karyatiden, Mädchengestalten mit korbförmigem Kopfputz, getragen wird. Neben diesen beiden Tempeln verteilten sich noch eine große Toranlage, die Propyläen, verschiedene andere Heiligtümer und ein neun Meter hohes Bronzestandbild der Stadtgöttin auf dem etwa 320 mal 156 Meter großen Plateau.

## Concordiatempel von Agrigent

🏛 **Italien** Akragas, von griechischen Kolonisten um 580 v. Chr. im Süden Siziliens gegründet und erst seit Mussolini mit seinem heutigen Namen Agrigent versehen, stieg im 5. Jahrhundert v. Chr. zur neben Syrakus zweitmächtigsten Stadt der Insel auf. In diese Zeit fällt auch der Bau des Concordia-

## Athene

**Beschützerin Athens** Athene, die Göttin der Künste, des Handwerks und der Weisheit, war eine Kopfgeburt: Der Sage nach entsprang sie, erwachsen und in voller Rüstung, dem Haupt ihres Vaters, Zeus. Sie war in besonderer Weise mit der heutigen Hauptstadt Griechenlands verbunden, ihr größtes Heiligtum, der Parthenon auf der Akropolis von Athen, war ihr, der jungfräulichen, der „Athena parthenos" geweiht. Ihr heiliges Tier war die Eule.

Der **Concordiatempel von Agrigent** zählt zu den besterhaltenen Tempeln der Antike.

30 000 Zuschauern bot das **Theater von Ephesos** Platz.
Ephesos war zur Zeit seiner Errichtung die zweitgrößte
Stadt im Osten des Römischen Reiches. ⊲⊲

tempels, des besterhaltenen dorischen Tempels überhaupt.
Seine fabelhafte Erhaltung verdankt er dem Umstand, dass
er bereits im 6. Jahrhundert n. Chr. in eine christliche Kirche
umgewandelt wurde. Der 39 mal 17 Meter große Tempel
steht – ganz auf Fernwirkung berechnet – auf dem Kamm
einer Hügelkette im fälschlicherweise so genannten „Tal der
Tempel".

## Theater von Ephesos

🏛 **Türkei** Das 75 Kilometer südlich von Izmir an der West-
küste der Türkei gelegene Ephesos wurde, von ionischen
Griechen besiedelt, im 6. Jahrhundert v. Chr. zur blühenden
Handelsstadt. Hier stand mit dem Artemision eines der sie-
ben Weltwunder der Antike, hier predigte Paulus, als das zur
Hauptstadt der Provinz Asia gewordene Ephesus, wie die
Stadt nun hieß, zur zweitgrößten Stadt des römischen
Ostens geworden war. Unter seinen Gebäuden herausragend
ist das unter Kaiser Trajan (98 – 117) vollendete Große
Theater, das mit etwa 30 000 Sitzplätzen in 66 Reihen das

Die Göttin Isis hatte in der ägyptischen Mythologie mehrere Funktionen inne, unter anderem die einer mächtigen Zauberin. Im **Isistempel von Philae** dienten ihr ausschließlich Priesterinnen.

größte seiner Art war. Hier wurden griechische Dramen ebenso gezeigt wie Gladiatorenkämpfe. Es ist hervorragend erhalten, von der einst dreistöckigen Schauwand des Bühnenhauses steht allerdings nur noch das Erdgeschoss.

## Horustempel in Edfu

🏛 **Ägypten** Als besterhaltenes Heiligtum der antiken Welt gilt der Tempel in Edfu, der dem falkengestaltigen Gott Horus geweiht war und unter den Ptolemäerkönigen von Ägypten zwischen 237 und 57 v. Chr. errichtet wurde. Mitten in der modernen, zwischen Assuan und Luxor gelegenen Stadt am Nil erhebt sich der größte Sakralbau seiner Zeit. Schon der Pylon, der monumentale Torbau, ist 74 Meter breit und 36 Meter hoch. Hinter ihm folgen ein Säulenhof, der Pronaos, die dem eigentlichen Tempelhaus vorgelagerte Vorhalle, die große Halle und schließlich das Allerheiligste mit mehreren es umgebenden Räumen und Kapellen.

Der **Horustempel von Edfu** wurde von den makedonischen Königen Ägyptens errichtet, den Nachfolgern Alexanders des Großen. Im Bild der monumentale Torbau.

## Isistempel von Philae

🏛 **Ägypten** Die ägyptische Mutter- und Schutzgöttin Isis war so populär, dass sie auch unter den Römern zahlreiche Anhänger fand. Darum hielt sich ihr Kult in ihrem Tempel auf der Nilinsel Philae länger als der jeder anderen Gottheit in Ägypten. Erst im 6. Jahrhundert wurde das Heiligtum, dessen Anlage aus dem 3. Jahrhundert v. Chr. stammt, in eine christliche Kirche umgewandelt. Es hat sich dadurch bis in die Gegenwart gut erhalten. Heute steht die „Perle des Nil", wie der Isistempel genannt wurde, allerdings nicht mehr auf Philae – er wurde samt den anderen Gebäuden der Tempelstadt in den 60er-Jahren des 20. Jahrhunderts wegen eines Staudammprojekts auf eine höhere Nachbarinsel umgesetzt.

## Forum Romanum

🏛 **Italien** Das einst prachtvolle Zentrum nicht nur Roms, sondern des ganzen Römischen Reiches, gelegen am Fuß zweier der sieben Hügel der Stadt, Kapitol und Palatin, vermittelt dem Betrachter heute nur noch schwer einen Eindruck seines einstigen Glanzes. Ursprünglich war die außerhalb (lat. „foris", daher vielleicht der Name) der ersten Siedlungen liegende, rund 480 Meter lange und 180 Meter breite Senke ein

Den nach ihm benannten sehr gut erhaltenen Triumphbogen ließ
Kaiser Septimius Severus nach einem Sieg über die Parther auf dem
**Forum Romanum** errichten.

Sumpfgebiet. Nach der Entwässerung im 6. Jahrhundert
v. Chr. trafen sich hier die Bewohner der umliegenden
Hügel, um zu handeln und Geschäfte abzuschließen. Ver-
waltungs- und Regierungsgebäude entstanden, das Forum
entwickelte sich auch zum religiösen Zentrum, während die
Märkte in andere Stadtteile verlegt wurden. Immer mehr
Gebäude und Denkmäler verengten den Raum dermaßen,
dass um die Zeitenwende zuerst Cäsar und nach ihm auch
Augustus und andere Kaiser eigene Foren gründeten. Dennoch wurden die prächtigen Bauten weiter gepflegt und
auch nach verheerenden Bränden immer wieder aufgebaut.
Als letztes klassisches Bauwerk wurde 608 n. Chr. die Pho-
kassäule errichtet, eine Gedenksäule, die noch immer
aufrecht steht. Es folgte eine Zeit des Verfalls, Päpste
und Stadtadel bedienten sich an den Ruinen, die
bestenfalls zu Kirchen oder Wohntürmen umge-
nutzt oder – bei einem schlechteren Schicksal –
als Steinbruch genutzt wurden. Zuletzt war das
einstige Zentrum der Welt eine Kuhweide, auf
der zwölf Meter hohen Trümmerschicht
wuchs Gras. Nach 200 Jahren archäologischer
Arbeit präsentieren sich heute als eindrucksvollste
Reste unter anderem die vollständig erhaltene Kurie, der
Versammlungsort des römischen Senats, der dreibogige
Triumphbogen des Septimius Severus, Teile des Rund-
tempels der Vesta, der Titusbogen und die sechs Säulen
des Saturntempels.

## Trajanssäule in Rom

🏛 **Italien** Um sich selbst in ihrer Hauptstadt zu verewigen,
ließen Cäsar und die römischen Kaiser Augustus, Vespa-
sian, Nerva und Trajan (98 – 117) nördlich des Forum
Romanum nach ihnen benannte Foren erbauen, die
mehr oder minder aus einem großen Platz bestanden,
der von öffentlichen Gebäuden, Basiliken, Tempeln und
Säulengängen umgeben war. Das prächtigste dieser
Foren war das des Trajan. Es wurde in den Jahren 107
bis 143 von Apollodorus aus Damaskus erbaut. Sein
bedeutendster Rest ist die knapp 30 Meter hohe Sieges-
säule Trajans, die gleichzeitig als Grab des Kaisers
diente. Um sie herum windet sich spiralförmig ein
200 Meter langer Fries, der mit 2500 Figuren von den
Kriegen des Herrschers gegen die Daker erzählt.

Die Reliefs der **Trajanssäule** schil-
dern die Feldzüge des römischen
Kaisers gegen die Daker, die etwa in
der Region des heutigen Rumänien
lebten. «

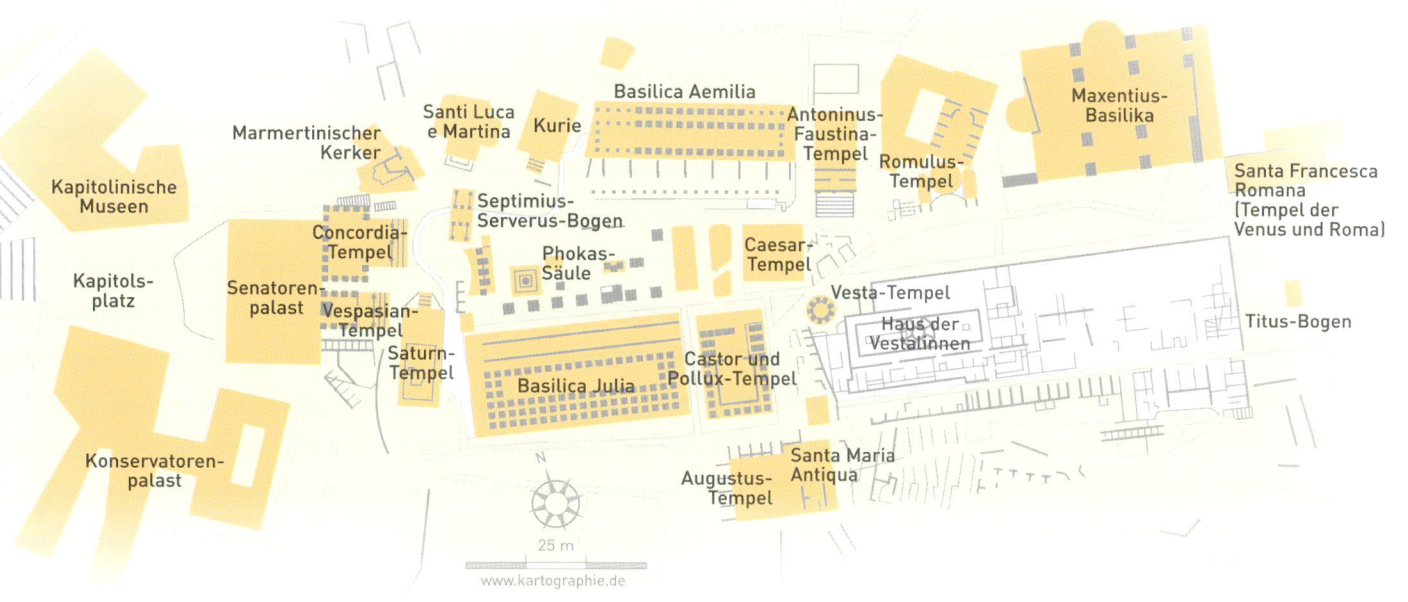

Kapitolinische
Museen

Kapitols-
platz

Konservatoren-
palast

Marmertinischer
Kerker

Senatoren-
palast

Concordia-
Tempel

Vespasian-
Tempel

Saturn-
Tempel

Santi Luca
e Martina

Kurie

Septimius-
Serverus-Bogen

Phokas-
Säule

Basilica Julia

Augustus-
Tempel

Santa Maria
Antiqua

Basilica Aemilia

Antoninus-
Faustina-
Tempel

Romulus-
Tempel

Caesar-
Tempel

Castor und
Pollux-Tempel

Vesta-Tempel

Haus der
Vestalinnen

Maxentius-
Basilika

Santa Francesca
Romana
(Tempel der
Venus und Roma)

Titus-Bogen

N

25 m

www.kartographie.de

Das **Kolosseum** war mit seinem Fassungsvermögen von etwa 50 000 Zuschauern das größte Amphitheater des Römischen Reiches. «

Eine von einem wassergraben umgebene Insel war angeblich der Lieblingsort Kaiser Hadrians in der **Villa Adriana bei Tivoli.**

## *Kolosseum*

🏛 **Italien** Sein heute geläufiger Name geht wohl auf die Kolossalstatue des Kaisers Nero zurück, die einst neben dem Amphitheater der Flavier, wie das Kolosseum nach der kaiserlichen Erbauerfamilie offiziell hieß, stand. Es war in seiner Vielseitigkeit durchaus mit den modernen Sportarenen vergleichbar: Man konnte es für sportliche Wettkämpfe, Tierhatzen, Gladiatorenkämpfe und sogar für Wasserschlachten nutzen, denn es ließ sich fluten. Ein über die Arena zu spannendes Segel schützte bei Bedarf vor Sonne oder Regen. Nur für Wagenrennen war es trotz seiner enormen Größe zu klein: Das wie ein verdoppeltes („amphi" = doppelt) griechisches Theater angelegte, 50 Meter hohe Bauwerk mit elliptischem Grundriss maß 186 Meter in der Längs- und 156 Meter in der Querachse. Nach dem Motto „panem et circenses", Brot und Spiele, ließ es Kaiser Titus im Jahre 80 mit hunderttägigen Festspielen eröffnen. Der Eintritt war kostenlos und so war das 50 000 Menschen fassende Rund immer gut gefüllt, während 5000 wilde Tiere zu

Die **Caracalla-Thermen** – hier ein Blick auf den Kern der gewaltigen Anlage – werden heute für Freilichtaufführungen genutzt.

Tode gebracht wurden. Das Innere des aus Travertin, Tuff und Zement erbauten Amphitheaters beherbergte ein komplexes System von Gängen, die gemeinsam mit 76 nummerierten Eingängen dafür sorgten, dass jeder Zuschauer in fünf Minuten seinen Platz erreichen konnte.

## Caracalla-Thermen

🏛 **Italien** Die Badekultur war bei den Römern hoch entwickelt. Thermen, große Badeanstalten, dienten wie die heutigen Spaßbäder nicht nur zum Baden, sondern auch zur Ausübung verschiedener Sportarten, zum Entspannen und als Treffpunkt, allerdings durch unterschiedliche Öffnungszeiten für Männer und Frauen streng nach Geschlechtern getrennt. Die größten unter ihnen verfügten über Bibliotheken und Läden, medizinische Bäder, Massage- und Salbräume. Zur Basisausstattung der mit Heißluft beheizten Anlagen zählten jedoch ein lauwarmes Bad, die große Halle mit dem Warmbad und das Kaltbad.

Die größten Thermen des Römischen Reiches befanden sich in Rom, wo sich die Kaiser mit der Errichtung luxuriöser Badetempel die Gunst der Bevölkerung sichern wollten. Besonders nötig hatte dies Caracalla (regierte 211 – 217), der zumeist als grausam und skrupellos geschildert wird. Die nach ihm benannten Thermen waren die größten ihrer

Zeit. Allein das prunkvolle Hauptgebäude bedeckte eine Fläche von 218 mal 112 Meter und bot Platz für ein Schwimmbecken mit olympischen Maßen. Hier gab es Luxus pur: Kostbare Säulen trugen weit ausladende Bogen, die Wände waren mit vielfarbigem Marmor, Stuck und Mosaiken bedeckt, überall luden wertvolle Statuen zur Betrachtung ein. Spätestens 537 hatte es mit dem Vergnügen ein Ende, denn in diesem Jahr zerstörten die Goten mit den Aquädukten die Wasserleitungen der Stadt.

## Villa Adriana bei Tivoli

🏛 **Italien** Die fast 100 Fußballfelder große Anlage 28 Kilometer östlich von Rom war die größte Villa auf römischem Boden. Benannt nach ihrem Erbauer, dem Kaiser Hadrian (regierte 117 – 138), dessen Alterssitz sie war, bestand sie neben Wohngebäuden, Thermen, einem Stadion und verschiedenen Zweckbauten aus einem Sammelsurium von Bauwerken und Landschaften, die den Kaiser an seine Reisen in alle Teile des Römischen Reiches erinnern sollten. So finden sich hier Nachbauten der Stoa Poikile, einer Säulenhalle in Athen, oder des Kanopus mit dem Serapis-Heiligtum, einer berühmten Wallfahrtsstätte bei Alexandria. Zur Zeit der Völkerwanderung wurde der Komplex zerstört und in der Renaissance wiederentdeckt.

# Das Römische Reich

**Aufstieg und Fall eines Weltreichs** 753 v. Chr. wurde Rom der Sage nach am Tiber gegründet. 510 v. Chr. wurde die Republik ausgerufen. Bald schon war Mittelitalien römisch, drei Kriege gegen Karthago dehnten Roms Herrschaft um das westliche Mittelmeer aus. Neue Provinzen kamen hinzu: Makedonien, Kleinasien, Spanien, Gallien. Um die Zeitenwende wurde die Monarchie wieder eingeführt. Kaiser Augustus und seine Nachfolger erweiterten das Reich um Britannien, Rumänien, Mesopotamien und Arabien. Kaiser Konstantin tolerierte 313 das Christentum, 380 wurde es Staatsreligion. Er verlegte seine Residenz nach Byzanz, das zur Hauptstadt des östlichen Teils des 395 in ein Ost- und ein Westreich geteilten Reiches wurde. Den von Osten kommenden Völkern hatten die schwachen Kaiser nichts mehr entgegenzusetzen, das Weltreich zerfiel, der letzte Kaiser Westroms dankte 476 ab – damit endete die Antike.

Blick auf die Überreste des Forums von **Pompeji.** »

Das „Mosaik der Mädchen im Bikini" (Ausschnitt) in der **Villa Romana del Casale** zeigt junge Frauen beim Sport.

## Villa Romana del Casale

🏛 **Italien** Die Villa aus der Römerzeit, sechs Kilometer südlich von Piazza Armerina auf Sizilien gelegen, ist für ihre Mosaiken berühmt. Sie bedecken mehr als 6000 Quadratmeter Fläche, mehr als in irgendeinem anderen Gebäude des Römischen Reiches. Heute sind noch 42 Räume der vielleicht einst in kaiserlichem Besitz befindlichen Villa aus dem 4. Jahrhundert erkennbar. Fast alle verfügen über einen Fußbodenbelag aus Mosaiken, die entweder figürliche Motive aus dem Alltag und der Mythologie, sinnbildliche Motive wie Tierköpfe und Allegorien oder aufwendige Ornamente zeigen. Die Alltagsszenen überwiegen und illustrieren kunstvoll das Leben der römischen Oberschicht.

## Pompeji

🏛 **Italien** Es geschah am Vormittag des 24. August 79. Völlig unvermittelt erschütterte ein heftiger Stoß die Erde, der Himmel wurde schwarz, es regnete Asche, Bimssteine prasselten auf die Dächer. Innerhalb weniger Stunden hatte der Vesuv die an seinem Fuß liegende Handels- und Hafenstadt Pompeji mit einer sechs Meter dicken Schicht aus Asche und Steinchen bedeckt, von den 20 000 Einwohnern erstickten viele oder wurden erschlagen. Ein Zufallsfund in der Mitte des 18. Jahrhunderts führte zur Wiederentdeckung des Ortes und in der Folge zu Ausgrabungen, die bis heute andauern.

Nirgendwo sonst tritt den Besuchern das antike Leben mit seiner Wohnkultur in Luxus- und Bürgerhäusern, auf dem Forum und in den Straßen, in Bädern, öffentlichen Bedürfnisanstalten, Theatern und Tempeln so unmittelbar entgegen wie in diesem mumifizierten Ort. Was und wie die Römer gewohnt, geliebt, gegessen und gearbeitet haben, tritt plastisch vor unsere Augen. Besonders erschütternd sind die Gipsabgüsse der Hohlräume in der Verschüttungsmasse, die einst von den Toten ausgefüllt waren und die Bewohner Pompejis im Moment ihres Todes zeigen.

## Pont du Gard

🏛 **Frankreich** Der Pont du Gard, die „Brücke über den Gard", ist eines der am besten erhaltenen Brückenbauwerke der Römer. Sie war Teil eines fast 50 Kilometer langen Systems aus Aquädukten, Tunneln und Gräben, die die Stadt Nîmes mit Trinkwasser aus der Eurequelle bei Uzès versorgten. Dabei nutzten die genialen Erbauer ein Gefälle von nur zwölf Metern zwischen Quelle und Verteiler. Die dreistö-

Die Mysterienvilla von **Pompeji** gilt wegen der dort erhalten gebliebenen Fresken als einer der bedeutendsten Fundorte der klassischen Archäologie.

Der **Pont du Gard** überspannt zwischen Nîmes und Avignon das Tal des Gard. ≫

# Aquädukt

**Wasserleitungen der Antike** Aquädukte (lat. „Wasserleitungen") nennt man die brückenartigen Steinbauwerke der Römer, mit deren Hilfe offene oder geschlossene wasserführende Kanäle Täler und andere Bodenunebenheiten überwanden. Sie führten das kostbare Nass von den Quellen oder Seen bis zu der zu versorgenden Stadt – oft kilometerweit – und nutzten dafür das natürliche Gefälle. Einige von ihnen sind noch heute in Betrieb.

Im Zentrum von **Segovia** verläuft der dortige **Aquädukt** sogar in Doppelbogen. «

ckige, über 49 Meter hohe Brücke wurde im 1. Jahrhundert n. Chr. aus gelbem Muschelkalk erbaut, die bis zu sechs Tonnen schweren Steine wurden ohne Mörtel zusammengefügt.

## Aquädukt von Segovia

**Spanien** Die Stadt Segovia, 90 Kilometer nordwestlich von Madrid, bestritt bis in die 70er-Jahre des 20. Jahrhunderts einen Teil ihrer Wasserversorgung durch ein Aquädukt, das die Römer um das Jahr 100 n. Chr. erbauten, um Wasser aus der 17 Kilometer entfernten Fuenfría-Quelle in die 200 Jahre zuvor gegründete Stadt zu führen. In Segovia verlaufen 728 Meter der antiken Wasserleitung über 167 Bogen,

von denen 44 als übereinanderstehende, bis zu 28 Meter hohe Doppelbogen konstruiert sind. Der Aquädukt ist das größte erhaltene Bauwerk der Römer in Spanien.

## Porta Nigra

**Deutschland** Trier ist die älteste Stadt Deutschlands. Gegründet wohl um 16 v. Chr. wurde sie nach Kaiser Augustus und dem hier ansässigen Volksstamm der Treverer Augusta Treverorum genannt. Schon bevor die an der Mosel gelegene Stadt um 300 zur Residenz der Kaiser des Westreichs aufrückte, wurde sie mit einem schützenden Mauerring umgeben, den verschiedene Stadttore unterbrachen. Das nördliche hat die Zeiten überdauert, da es um 1040 in ein Gotteshaus umgewandelt wurde. Seit 200 Jahren von den Umbauten befreit, zeigt sich der niemals vollendete, ganz ohne Mörtel errichtete Torbau fast wieder so, wie er um 180 erbaut wurde, wobei die namensgebende Schwärzung der Steine – Porta Nigra heißt „Schwarzes Tor" – dem Zahn der Zeit zuzuschreiben ist. Die 36 Meter lange, 21 Meter breite und 29 Meter hohe Toranlage konnte stadt- und feldseitig geschlossen werden, sie ist die am besten erhaltene ihrer Art.

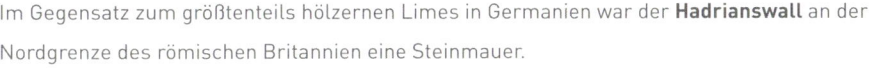

Im Gegensatz zum größtenteils hölzernen Limes in Germanien war der **Hadrianswall** an der Nordgrenze des römischen Britannien eine Steinmauer.

Gegen Ende des 2. Jahrhunderts wurde in Trier die **Porta Nigra** errichtet, eines der besterhaltenen römischen Bauwerke in Deutschland. «

## Hadrianswall

🏛 **England/Großbritannien** Eine seiner Reisen in die entlegensten Teile des Römischen Reiches führte Kaiser Hadrian 122 n. Chr. auch in die nördlichste Provinz des Riesenreichs, Britannien. Während seines Aufenthalts fasste er den Entschluss, ähnlich wie in Germanien, wo schon 100 Jahre zuvor der Limes entstanden war, eine Grenzanlage zu errichten, um das Land vor den im Norden siedelnden Völkern zu schützen.

Man entschied sich dafür, an der schmalsten Stelle der britischen Insel mit der Landnahme Halt zu machen und

Der sehr gut erhaltene prachtvolle Bacchustempel in **Baalbek** stammt aus der Mitte des 2. Jahrhunderts.

Ihre Blütezeit erlebte die direkt am Mittelmeer gelegene Stadt **Leptis Magna** unter Kaiser Septimius Severus, der hier zur Welt kam. »

dort von Küste zu Küste eine Mauer zu bauen. Die zwischen 15 und 110 Kilometer von der schottischen Grenze entfernte Anlage befindet sich vollständig auf englischem Boden. Sie verläuft von Bownes-on-Solvay im Westen bis Wallsend an der Mündung des Tyne im Osten. Sie bestand vor allem aus einer 117 Kilometer langen, fünf Meter hohen und drei Meter breiten Mauer und einem Wall. Es war ein gigantisches Unternehmen: Etwa eine Million Kubikmeter Stein mussten behauen und verbaut werden. Trotzdem dauerte es weniger als zehn Jahre, bis die Befestigung fertiggestellt war. Nachdem die römischen Legionen 410 n. Chr. Britannien verlassen hatten, verfiel der Hadrianswall, eines der eindrucksvollsten Baudenkmäler des römischen Imperiums.

## Baalbek

🏛 **Libanon** In der fruchtbaren Hochebene Bekaa, zwischen dem Libanongebirge und dem Antilibanon, liegt Baalbek, die eindrucksvollste römische Ruinenstadt des Orients. Nie ganz vergessen, begann die Erforschung der antiken Stätte, die seit 15 v. Chr. römische Garnison war, im 13. Jahrhundert eine arabische Festung und im 18. Jahrhundert durch ein Erdbeben zerstört wurde, bereits vor 250 Jahren. Das Interesse an der ausgedehnten Anlage ist seitdem nie mehr versiegt.

Skulptur auf dem Neuen Forum in **Leptis Magna,** das auch Severisches Forum genannt wird. »

Einen Höhepunkt römischer Architektur bilden die zwei Heiligtümer des Tempelbezirks der auch Heliopolis genannten Stadt: der gigantische, ein Rechteck von 88 mal 49 Meter bedeckende Jupitertempel und der nicht minder imposante Tempel des Bacchus. Von Ersterem stehen noch das Podest, die Zugangstreppe und sechs von ursprünglich 54 fast 20 Meter hohen Säulen – es war der größte Tempel der Römer. Die drei mächtigsten, für seinen Unterbau genutzten Steinblöcke haben mit ihrem geschätzten Gewicht von jeweils 800 Tonnen zu der Legende geführt, Riesen hätten bei seinem Bau ihre Hände im Spiel gehabt. Weit besser erhalten ist der Bacchustempel, fast alle seine Säulen stehen noch. Selbst die Cella, das fensterlose von Mauern umschlossene Gehäuse des Tempels, ist bis auf das Dach noch weitgehend intakt.

## Leptis Magna

🏛 **Libyen** Leptis Magna – die größte erhaltene antike Stadt –
liegt direkt am Mittelmeer, 120 Kilometer östlich der libyschen Hauptstadt Tripolis. Ursprünglich eine phönizische
Gründung, war Leptis bereits eine alte Stadt, als sie im
1. Jahrhundert v. Chr. römisch wurde. Ihren Reichtum ver-
dankte sie zum einen dem damals für die Landwirtschaft
günstigen Klima in der Küstenebene Nordafrikas, das die
Provinz in Verbindung mit einer weit entwickelten Bewässe-
rungstechnik zur Kornkammer Roms werden ließ, zum
anderen dem florierenden Handel mit exotischen Tieren, die
von hier für Zirkusspiele ins ganze Reich geliefert wurden.
Leptis Magna, das „Große Leptis" – ein kleines existierte in
Tunesien –, zählte etwa 100 000 Einwohner, bevor die Vandalen und 642 schließlich die Araber die Stadt endgültig in
Trümmer legten.

Von der ausgedehnten Stadt sind bisher lediglich fünf
Prozent freigelegt, darunter ein Theater, ein Circus und ein
Amphitheater, der Triumphbogen des in Leptis Magna
geborenen Kaisers Septimius Severus (regierte 193 – 211),
die Hadriansbäder und eine Palaestra, eine Art Sportarena
der damaligen Zeit.

Eindrucksvoll sind die großen Plätze, der Marktplatz, das
Alte und das Neue Forum, das, 100 mal 60 Meter groß, noch
immer mit Marmorplatten belegt ist.

## Petra

🏛 **Jordanien** Ein Schweizer war der erste Europäer, der ins
geheimnisvolle Petra kam. Als arabischer Scheich verkleidet,
gelang es Johann Ludwig Burkhardt 1812 die fast vergessene
Hauptstadt der Nabatäer zu bereisen, die er für eine Nekro-
pole, eine Stadt der Toten, hielt. Gelegen am Kreuzungs-
punkt zweier Karawanenstraßen, die Ägypten mit Syrien
beziehungsweise Arabien mit dem Mittelmeer verbanden,
zählte die von den Griechen Petra („Fels") genannte Stadt in
ihrer Blütezeit, den Jahrhunderten um Christi Geburt,
20 000 Einwohner. Wie alle anderen Städte des Vorderen
Orients wurde auch sie römisch und erlitt im 4. und 6. Jahrhundert durch Erdbeben so große Zerstörungen, dass sie
schließlich aufgegeben wurde.

Erst unmittelbar bevor man die Felsenstadt **Petra** erreicht, geben Schluchten und Engpässe den Blick auf die aus dem Stein gehauenen Bauwerke frei. »

Blick aus der Luft auf das Bergplateau und die Überreste der Festung **Masada**.

Dennoch haben sich von der in einen Talkessel gebetteten, von Felswänden umgebenen Stadt, die nur durch einen schmalen Gebirgspfad oder eine tiefe Schlucht zu erreichen war, etwa 800 Baudenkmäler erhalten. Die meisten von ihnen, darunter ein Theater, Tempel und Fassadengräber, wurden direkt in den Sandstein der Felsen geschnitten. Ursprünglich verputzt und farbig angelegt beeindrucken sie noch heute neben ihrer Entstehungsweise durch die Vielfalt ihrer Formen, die auf arabische, griechische und römische Einflüsse zurückzuführen sind. Exaktestes Arbeiten war unabdingbar, denn Fehler ließen sich kaum korrigieren.

Das berühmteste und besterhaltene Bauwerk Petras ist das „Schatzhaus des Pharaos": 40 Meter hoch und 25 Meter breit ist seine durch Säulen, Giebel und einen Rundtempel gegliederte Fassade im römisch-hellenistischen Stil. Beduinen vermuteten dort einen Schatz, tatsächlich handelt es sich um ein Felsengrab mit Sargnischen im schlichten Innenraum.

## Masada

🏛 **Israel** Auf einem bis zu 440 Meter hohen Bergplateau nicht weit entfernt vom Toten Meer thront eine riesige Festung (aramäisch „m'sada" = Burg). Sie war Residenz und Fluchtburg, Herodes der Große, König von Judäa, ließ sie sich zwischen 37 und 31 v. Chr. erbauen. Im ersten jüdischen Aufstand gegen Rom diente sie einer Gruppe von Zeloten, Angehörigen einer radikalen jüdischen Partei, als letzter Zufluchtsort. Da sie sich auch nach sechs Jahren nicht ergab, begann der römische Provinzstatthalter damit, eine – noch heute gut erhaltene – Rampe bis zum Plateau aufzuschütten. Dadurch war es den Römern im Folgejahr möglich, eine Bresche in die Festungsmauer zu schlagen. Ihnen bot sich ein Bild des Grauens: Die Belagerten, 960 Männer, Frauen und Kinder hatten Selbstmord begangen – nur zwei Frauen und fünf Kinder hatten überlebt. Für das heutige Israel sind die Geschehnisse des Jahres 73 n. Chr. in Masada ein Symbol für die Widerstandskraft des jüdischen Volkes.

# Asiatische Hochkulturen

Gänzlich unbeeinflusst von den frühen Hochkulturen Mesopotamiens, Ägyptens und Griechenlands entwickelten sich im Fernen Osten mächtige Reiche, deren Existenz im Westen lange völlig unbekannt war. Mausoleen, größer als die Pyramiden, Mauern, länger als der Limes, und Städte reich an Tempeln wie das antike Rom zeigen noch als Ruinen den Formenreichtum asiatischer Baukunst.

Im Jahr 1974 stieß man bei Arbeiten an einem Brunnenschacht auf die Terrakottarmee in der Totenstadt des **Qin Shihuangdi.**

Ein gepanzerter Offizier der tönernen Armee im **Mausoleum des Qin Shihuangdi,** des „Ersten Kaisers von China".

## Mausoleum Qin Shihuangdis

**China** Xi'an, eine Zweimillionenstadt im Zentrum Chinas, war über ein Jahrtausend Hauptstadt des riesigen Reiches im Fernen Osten. Der „Erste Kaiser von China", Qin Shihuangdi (259 – 210 v. Chr.), hatte sie ein Jahr vor seinem Tod dazu bestimmt. In ihrer Nähe ließ er bereits 247 v. Chr. mit der Anlage seines Grabmals beginnen, das sogar die ägyptischen Pyramiden in den Schatten stellt: Um das

eigentliche, acht Quadratkilometer bedeckende Mausoleum erschufen 70 000 Zwangsarbeiter, Künstler und Architekten in 37 Jahren eine ober- und unterirdische Welt aus Flüssen, Seen und Modellen von Palästen. Bewacht wird sie von einer in 14 Gruben untergebrachten, ursprünglich vollständig bewaffneten, tönernen Armee, die dem Kaiser die Macht im Jenseits sichern sollte.

Kein einziger der rund 8000 lebensgroßen Krieger aus Terrakotta des „Ersten Erhabenen und Göttlichen", die man, in Millionen von Scherben zerschlagen, in den drei bisher freigelegten Gruben fand, gleicht dem anderen. Obwohl die sorgfältig aufgetragenen Farben, die die Unterschiede in ihren Gesichtsausdrücken und den Uniformen noch betonten, inzwischen verblasst sind, wirken die Tonkrieger noch immer so, als wären sie bereit, morgen in die Schlacht zu ziehen.

## Chinesische Mauer

China Die Idee, die barbarischen, in Zentralasien beheimateten Stämme, die für das eben erst geeinte Reich eine ständige Gefahr bedeuteten, mit einem Schutzwall auf Distanz zu halten, wird Chinas Reichsgründer, Qin Shihuangdi, zugeschrieben. Er ließ bereits existierende Wälle zu einem 3000 bis 5000 Kilometer langen System verbinden. Einzelne Abschnitte dieser ältesten „Mauer", die bis ins 11. Jahrhundert gepflegt wurde, sind noch zu sehen. Die Kaiser der Ming-Dynastie griffen die Idee im 15. Jahrhundert auf und begannen mit dem Bau einer neuen Mauer, die vom

Als Festungswall und Transportweg durchzog die **Chinesische Mauer** – in China wird sie „10 000 Li lange Mauer" (ein Li = 575,5 Meter) genannt – schon zu Zeiten Qin Shihuangdis mit mehreren Tausend Kilometer Länge das Land.

Einst führte der Weg zum Königspalast von **Sigiriya** durch das Maul eines steinernen Löwen. Die erhaltenen Tatzen lassen dessen ursprüngliche Dimension erahnen.

«

Gelben Meer über das nordchinesische Bergland, entlang der Wüste Gobi bis zum Jiayuguan-Pass in der Provinz Gansu reicht. Dieses mit allen Abzweigungen und Dopplungen nach neuesten Angaben 8852 Kilometer lange Bollwerk, von denen ihr chinesischer Name „10 000 Li lange Mauer" spricht, wurde aus dem jeweiligen Material erbaut, das vor Ort verfügbar war. Mehr als 20 000 Wehr- und 10 000 Wachtürme unterbrachen den vier bis acht Meter breiten und sechs bis neun Meter hohen Bandwurm, der bereits im 17. Jahrhundert seine Bedeutung verlor und in einen Dornröschenschlaf fiel, aus dem ihn erst die Öffnung Chinas und der damit einhergehende Tourismus weckte.

## Sigiriya

Steinernes Relief einer Apsara, einer halbgöttlichen Frau, an einer Mauer in **Angkor Wat**.

**Sri Lanka** Obwohl die Reste spärlich sind, gilt das im Zentrum Sri Lankas gelegene Sigiriya (dt. „Löwenmaul") als Asiens besterhaltene Stadt aus dem 1. Jahrtausend n. Chr. Es war der ältere von zwei Söhnen des Königs Dhatusena, der im 5. Jahrhundert seinen Regierungssitz an diesen markanten Ort verlegte, der von einem 200 Meter hohen Felsblock dominiert wird. Aus Furcht vor seinem Bruder, dem eigentlichen Thronfolger, ließ sich Kassyapa I., so die Legende, auf diesem eine Festung errichten. Der Aufgang zu dem Plateau, auf dem sich der 1,2 Hektar große Königspalast erstreckte, erfolgte auf halber Höhe durch das weit geöffnete Maul eines frontal aus dem Felsen gemeißelten Löwen, von dem

jedoch nur die Vordertatzen erhalten sind. Erstaunlich gut konserviert präsentieren sich nicht weit davon die berühmtesten Wandmalereien Sri Lankas. Von einem Überhang geschützt, gelegen an der Westseite des Felsens, zeigen sie 19 weibliche Wesen, die „Wolkenmädchen von Sigiriya". Einige von ihnen erscheinen barbusig, doch in Wirklichkeit ist ihre Blöße von hauchdünnen Gewändern bedeckt. Flankiert wird der zentrale Felsen von ausgedehnten, symmetrisch angelegten Gartenanlagen, die ein höfisches Paradies bildeten.

In einer Teichanlage spiegeln sich die Türme von **Angkor Wat.** Der Hauptturm symbolisiert den hinduistischen Weltenberg Meru, der wiederum als Zentrum des Kosmos galt.

## Angkor Wat

**Kambodscha** Das Reich der Khmer umfasste in den ersten Jahrhunderten des 2. Jahrtausends Kambodscha, Teile Vietnams, Laos' und Thailands. Die Hauptstadt dieses nach China zweitgrößten asiatischen Reiches, Angkor Thom, wurde von mehr als einer Million Menschen bewohnt und war voller Tempel und Heiligtümer, die den Khmer göttlichen Beistand sichern sollten. Der großartigste unter ihnen ist der dem Gott Vishnu geweihte „Angkor Wat", dessen Bau eine enorme Kraftanstrengung bedeutete. An ihm sollen neben Hunderttausenden von Arbeitern auch 40 000 Elefanten beteiligt gewesen sein. Auf einer Grundfläche von einem Quadratkilometer erhebt sich, ganz ohne Bogen und Mörtel konzipiert, eine Art Stufenpyramide bis auf eine Höhe von 65 Metern. In ihrem Mittelpunkt steht ein zentraler Turm mit lotosförmiger Spitze, der einen Reliquienschacht enthält. Er symbolisiert mit seinen vier Nebentürmen vermut-

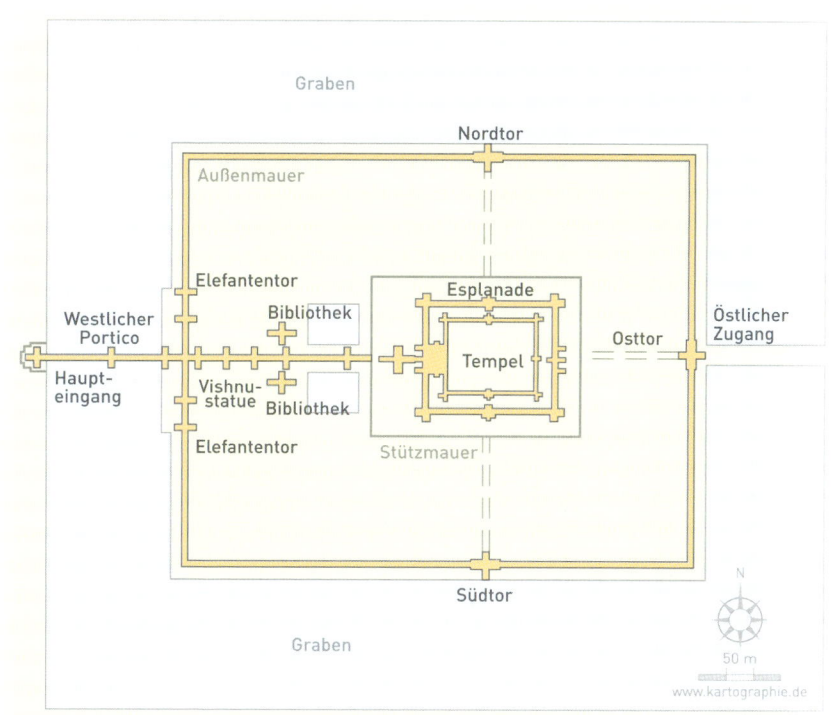

Überreste des einst mehr als 40 000 Quadratmeter großen Wat Mahathat in der Ruinenstadt **Sukhothai** in Thailand.

Buddhastatue im Wat Traphang Ngoen, einer der 21 Tempelanlagen in **Sukhothai**. ≪

## *Sukhothai*

**Thailand** Acht Könige folgten einander im 13. und 14. Jahrhundert in der Herrschaft über das Reich von Sukhothai, das während seiner größten Ausdehnung etwa zwei Drittel des heutigen Staatsgebiets von Thailand umfasste. Seine gleichnamige Hauptstadt liegt etwa 400 Kilometer nördlich von Bangkok. Der Legende nach eine Gründung des 6. Jahrhunderts, begann ihr Niedergang mit der Eroberung durch den benachbarten König von Ayutthaya im Jahr 1378. 400 Jahre später wurde Sukhothai ganz aufgegeben.

Das rechteckige, 1810 mal 1400 Meter messende Zentrum der alten Stadt wurde von drei Erdwällen und zwei Wassergräben geschützt, die durch vier teilweise von Forts gesicherte Tore passiert werden konnten. Außer dem königlichen Palast wurden bisher 21 Tempelanlagen freigelegt, die sich auf fast 200 summieren, wenn man die nähere Umgebung der Stadt miteinbezieht. Am prachtvollsten war der Wat (thai. „Tempel") Mahathat, der allein 40 000 Quadratmeter im Zentrum Sukhothais bedeckte. Während von seinen einst aus Holz errichteten Gebäuden nichts erhalten ist, stehen noch die Säulen des fünfschiffigen Bot sowie ein hochragender feingliedriger Chedi aufrecht.

lich die Gipfel des Berges Meru, auf dem nach hinduistischem Glauben die Stadt der Götter ruht. Vermutlich diente der reich verzierte Sandsteinbau auch gleichzeitig als Mausoleum König Suryavarmans II. (regierte 1113 – etwa 1150), während dessen Regierungszeit der größte Teil der Anlage entstand.

Auch nach der Eroberung der Stadt durch die Thais und der Etablierung einer neuen Hauptstadt im Süden wurde der beschädigte Tempel weiter genutzt. Heute ziert er die kambodschanische Nationalflagge.

Der Wat Phra Si Sanphet war der Tempel der königlichen Familie auf dem Gelände ihres alten Königspalasts in **Ayutthaya.** Auf dem Foto sind eine Buddhaskulptur sowie zwei der drei erhaltenen großen Chedis zu sehen.

## Ayutthaya

**Thailand** Nördlich von Bangkok in einer fruchtbaren Ebene an drei Flüssen gelegen, war Ayutthaya, von 1350 bis 1767 Hauptstadt eines gleichnamigen Königreichs, ein blühendes Handelszentrum, in dem es sogar eine katholische Kathedrale gab. 33 Könige regierten von hier aus das Land, das in Europa als Siam bekannt war. Französische Gesandte verglichen Ayutthaya mit Paris, so prächtig erschien ihnen die Millionenstadt, die allein in ihrem von Wasser umspül-

ten Zentrum drei Königspaläste, 375 Tempelanlagen und 94 Stadttore zählte. Weder ihre naturbegünstigte Lage noch die Besatzungen ihrer 29 Forts konnten die Birmanen 1767 von der Plünderung und vollkommenen Zerstörung der Metropole abhalten. Bangkok wurde zur neuen Hauptstadt, Ayutthaya blieb – bis auf wenige Ausnahmen – ein Ruinenfeld, das erst seit 1956 von Archäologen systematisch freigelegt und gesichert wird.

Im Wurzelwerk einer Würgefeige eingewachsen ist dieser Kopf einer Buddhafigur im Zentrum des alten **Ayutthaya.**

## Wats: religiöse Anlagen

**Die Tempelanlagen Thailands** Wie die Klöster des europäischen Mittelalters sind die Wats Stätten der Zuflucht und der inneren Einkehr, daneben Schulen, Kranken- und Waisenhäuser. Sie bestehen aus dem heiligen Bezirk und den Wohnanlagen der Mönche. Zu einer Anlage gehören, je nach Bedeutung des Wats, ein oder mehrere Viharns (Versammlungssäle), Salas (offene Hallen) und Chedis, Kultbauten, die überdimensionalen Glocken mit aufgesetzter Spitze ähneln – sie überragen alle anderen Gebäude. Der eigentliche Tempel, das heiligste Gebäude des Tempelbezirks, ist der Bot. In ihm befindet sich die verehrungswürdigste Buddhafigur der Anlage.

# Amerikanische Hochkulturen

Die Geschichte Amerikas beginnt nicht erst mit Kolumbus. Schon früher bauten Tolteken, Maya und Azteken in Mittelamerika, die Inka in Südamerika beeindruckende Städte, die spätestens mit der Eroberung ihrer Reiche durch die europäischen Kolonialisten zugrunde gingen. Ihre Ruinen erzählen noch heute von mächtigen Kriegern, grausamen Ritualen und hoch entwickelten Kulturen.

Nur aus der Luft kann man die riesigen **Nazca-Linien** – hier das Scharrbild eines Affen – ohne perspektivische Verzerrung betrachten.

## Nazca-Linien

🔺 **Peru** Die Nazca-Kultur ist eine altindianische Hochkultur (ca. 100 – 600 n. Chr.), die besonders für ihre hoch entwickelte Weberei und Töpferei bekannt ist. Während die mit vielfarbigen Malereien bedeckten Tongefäße und bestickten Gewebe in den großen völkerkundlichen Museen der Welt zu finden sind, muss, wer die außergewöhnlichsten Zeugnisse dieser Kultur in Augenschein nehmen will, eine Reise nach Nazca auf sich nehmen. In der Nähe dieser in einer trockenen Ebene gelegenen peruanischen Provinzstadt erkannte ein US-Amerikaner 1939 erstmals eine Figur im Wüstensand, einen Vogel, als er das Gebiet überflog. Mit der Zeit wurden in einem 350 Quadratkilometer großen Gebiet immer mehr dieser monumentalen, nur aus der Luft zu erfassenden Zeichnungen gesichtet, geometrische Gebilde, Spiralen und Tierfiguren, darunter eine Eidechse, ein Kolibri, eine Spinne und ein Hund. Eines der Prunkstücke ist ein Kondor mit einer Flügelspannweite von fast 200 Metern. Die Technik, mit der diese sogenannten Scharrbilder entstan-

Die Hauptachse **Teotihuacáns** war die etwa zwei Kilometer lange Straße der Toten. Hinten links ist die Sonnenpyramide zu sehen.

den, ist einfach: Man trug die dunkelbraune Erdkruste ab und legte die darunter liegende sandiggelbe Schicht frei. Als Orientierung dienten gespannte Seile.

Welche Aufgabe die Linien von Nazca erfüllten, ist umstritten, am wahrscheinlichsten scheint eine rituelle oder astronomische Funktion.

## Teotihuacán

⛰ **Mexiko** Nur drei Prozent der 40 Kilometer nordöstlich von Mexiko-Stadt liegenden ersten großen Stadt Altmexikos sind bisher ausgegraben. Viel Arbeit liegt noch vor den Archäologen, denn Teotihuacán war zu seiner Glanzzeit, im 3. bis 6. Jahrhundert, größer als das antike Rom, dessen Alter die mexikanische Metropole fast erreichte. Ihren heutigen Namen mit der Bedeutung „der Ort, an dem man zum Gott wird" erhielt sie jedoch erst im 13. Jahrhundert, nachdem sie beinahe 600 Jahre in Vergessenheit geraten war, durch die Azteken, die sie als religiöses Zentrum und Wallfahrtsort wiederbelebten – auch das eine Parallele zu Rom. Mit der Zerstörung der aztekischen Kultur durch die spanischen Eroberer war auch das Schicksal der einstigen Metropole für immer besiegelt, zurück blieben Ruinen.

Die imposante **Sonnenpyramide** in **Teotihuacán** hat eine Seitenlänge von 225 Metern und ist 63 Meter hoch. ❯❯

Herzstück der Anlage von **Chichén Itzá** ist die Pyramide des Maya-Gottes Kukulkán.

# Kalender

**Die Zeitrechnung der Maya** Die Maya benutzten drei verschiedene Kalender: Tzolkin- und Haab-Kalender sowie die Lange Zählung. Tzolkin, ein Weissagungskalender zu 260 Tagen, ergab sich aus dem Lauf der Venus; das Datum erschien als eine Kombination aus den Zahlen 1 bis 13 und einem von 20 Tagesnamen. Das Haab ähnelte unserem Kalender, es diente zivilen Zwecken und umfasste 18 Monate zu je 20 Tagen, an die fünf „Unglückstage" gehängt wurden, zusammen also 365 Tage. Alle 52 Haab-Jahre beziehungsweise alle 73 Tzolkin-Jahre wiederholen sich die Datenkombinationen beider Kalender, darum benötigten die Maya noch die „Lange Zählung", die auf einem Zwanzigersystem beruhend allen Tagen einer Epoche (ca. 5125 Jahre) einen eindeutigen Wert zuordnen konnte.

Die wichtigsten Gebäude Teotihuacáns wurden in den ersten drei Jahrhunderten unserer Zeitrechnung errichtet und liegen fast alle an der zwei Kilometer langen und 45 Meter breiten „Straße der Toten". Dort wegen ihrer Größe am auffälligsten ist die ursprünglich vierstufige Sonnenpyramide, mit ihrer Höhe von 63 und einer Grundfläche von 225 mal 225 Metern ist sie die zweitgrößte in Mittelamerika.

## Chichén Itzá

**Mexiko** Die Maya, eine heute noch in Mittelamerika lebende indianische Stammesgruppe, erlebten ihre Blütezeit zwischen dem 4. und 9. Jahrhundert. In diese Zeit fällt auch die Besiedlung ihrer bedeutendsten Stadt auf der mexikanischen Halbinsel Yucatán, Chichén Itzá. Sie wurde im 5. Jahrhundert angelegt und dehnte sich, im Osten, Norden und Westen etwa gleich weit vom Meer entfernt, rund um zwei mit Grundwasser gefüllte Kalksteinlöcher, sogenannte Cenoten, auf einer Fläche von etwa einem Quadratkilome-

Vor dem Eingang zum Tempel der Krieger in **Chichén Itzá** liegt ein Chac Mool, ein Altar in Form eines liegenden Menschen. »

Die Form des „Hauses des Zauberers" in **Uxmal** weicht von der anderer Pyramiden ab: Die einzelnen Ebenen sind oval angelegt.

ter aus. Dabei diente der eine als Brunnen, der andere, der „Mund des Brunnens der Itzá" (so auch die Übersetzung des Städtenamens), als heiliger Ort, an dem man den Göttern Menschenopfer darbrachte – man ertränkte sie dort. Im 10. Jahrhundert fielen die Tolteken hier ein und vertrieben die Maya, im 13. Jahrhundert wurde die Stadt dem Verfall überlassen. Das zentrale Bauwerk ist eine 30 Meter hohe, von einem Tempel gekrönte Stufenpyramide „El Castillo", deren Seiten nach den vier Himmelsrichtungen ausgerichtet sind. Treppen mit 365 Stufen führen an ihre Spitze. Für Mayastädte typisch ist der große Ballspielplatz, hier wurde, im Dienste der Religion, um das Leben der Spieler Pelota gespielt. Außer den religiösen Zwecken dienenden Bauten haben sich in Chichén Itzá keine Überreste erhalten.

Sonnenskulptur im Museum von Mérida im mexikanischen Bundesstaat Yucatán. ◄◄

Der Komplex des **Nonnenvierecks von Uxmal** besteht aus mehreren Gebäuden, die um einen großen Innenhof angeordnet sind. Die spanischen Eroberer hielten die Anlage wegen der zellenartigen Räume für ein Kloster und nannten es „Nonnenviereck".

## Uxmal

🔺 **Mexiko** Das „Haus des Zauberers" in Uxmal ist nicht nur der höchste, sondern auch der ungewöhnlichste Bau, der von dieser Mayastadt auf Yucatán, die zwischen dem 8. und 11. Jahrhundert zu einem Kultzentrum ausgebaut wurde, erhalten ist. Anders als bei anderen Stufenpyramiden der Maya sind hier die einzelnen Ebenen nicht rechteckig oder quadratisch, sondern oval. Die gängige Praxis, alte Pyramiden durch Ummantelung zu vergrößern, wurde auch beim „Haus des Zauberers" angewendet, doch verschob man das Zentrum der Pyramide bei der Überbauung nach Osten. So konnte der alte krönende Tempel erhalten bleiben, der neuere steht leicht erhöht direkt dahinter. Andere bedeutende Gebäude in Uxmal sind der „Palast des Gouverneurs", das „Nonnenviereck" und der Ballspielplatz.

## Tula

🔺 **Mexiko** 65 Kilometer nordwestlich von Mexiko-Stadt liegen die Ruinen von Tula („Ort der Binsen"), der alten Hauptstadt der Tolteken. Die bisher bekannten Bauwerke der etwa

## Tolteken

**Das Volk von Tollan** Die Tolteken wanderten im 9. Jahrhundert aus Norden in Zentralmexiko ein und gründeten das wahrscheinlich mit Tula identische Tollan, das ihre Hauptstadt wurde. Möglicherweise waren die Tolteken (dt. „Volk von Tollan") die Zerstörer, sicher die Erben der Kultur von Teotihuacán. Ein Teil von ihnen verließ um das Jahr 1000 das Hochland und zog an die Golfküste und nach Yucatán, wo ihr Einfluss auf das Gebiet der Maya vor allem in deren Stadt Chichén Itzá greifbar wird. Bürgerkrieg und Dürre sowie einfallende Völker aus dem Norden beschleunigten das Ende der Tolteken im späten 12. Jahrhundert.

Ursprünglich trugen die **Atlanten von Tula** wohl das Dach des Tempels auf der Plattform der Pyramide des Gottes Quetzalcóatl.

16 Quadratkilometer großen Stadt zeigen die enge Verbindung zu der Bauweise von Teotihuacán, wenn auch die Regelmäßigkeit der dortigen Paläste fehlt.

Typisch sind die großen Säulenhallen mit eckigen reliefgeschmückten Pfeilern, die bewaffnete Krieger darstellen – man nennt sie wie ihre europäischen Pendants Atlanten – männliche Gestalten, die anstelle einer Stütze das Gebälk tragen. Sie zeigen keine individuellen Züge und tragen mit Federn und Jadeplättchen geschmückte zylindrische Kopfbedeckungen. Die wohl erst im 9. Jahrhundert gegründete Stadt wurde nach ihrer Zerstörung um 1200 von ihren Bewohnern verlassen.

## Machu Picchu

**Peru** Es war kein Zufallsfund, den der US-amerikanische Geschichtsprofessor Hiram Bingham am 24. Juli 1911 machte, denn er war bereits seit Längerem auf der Suche nach der Stadt, in die sich die letzten Inka flüchteten, nachdem Pizarro 1533 deren Hauptstadt Cusco erobert hatte. Allerdings entpuppte sich die am „Alten Gipfel", dem „Machu Picchu", hoch über dem Urubambatal gelegene Siedlung nicht als das gesuchte sagenhafte Vilcabamba. Wozu das nur auf etwa 1000 Einwohner ausgelegte, auf einem 800 Meter langen und 500 Meter breiten Bergsattel in knapp 2400 Metern Höhe erbaute Städtchen diente, ist unbekannt. Die Ruinen von 260 steinernen Gebäuden, die durch ein System aus Treppen mit mehr als 3000 Stufen erschlossen wurden, werden ihr Geheimnis vermutlich für immer bewahren. Von unterschiedlichen Beweisen gestützt sind Mutmaßungen, dass es sich um eine Tempelanlage von Sonnenjungfrauen, einen ländlichen Altersruhesitz des Adels oder ein astrologisches Zentrum handelte. Gesichert scheint hingegen, dass der in atemberaubender Lage errichtete, nie ganz vergessene Ort nur 100 Jahre besiedelt war und – ohne den spanischen Eroberern je in die Hände gefallen zu sein – im 16. Jahrhundert verlassen wurde.

Ruinen von **Machu Picchu.** Insgesamt lebten hier nur etwa 1000 Menschen.

**Machu Picchu** liegt über dem Tal des Urubamba in unwegsamem Gelände hoch in den Anden. Die Stadt wird vom Gipfel des Huayna Picchu überragt.

# Inka

**Ein südamerikanisches Großreich** Ursprünglich nur der Name eines indigenen Stammes, der um Cusco einen Kleinstaat bildete, ging die Bezeichnung schließlich auf alle Bewohner des sich immer weiter ausdehnenden Staatsgebiets über, soweit sie die Reichssprache Ketschua sprachen. Das Reich der Inka erstreckte sich schließlich von Kolumbien bis Chile und bedeckte ein Areal von der Größe Deutschlands und Frankreichs. Der Alleinherrscher über das durch ein hervorragendes Straßensystem erschlossene Reich, das vom 13. bis zum 16. Jahrhundert bestand, wurde Sapa Inka, „alleiniger Inka", genannt. 1572 wurde der letzte Träger dieses Titels von den Spaniern hingerichtet.

— Straßen der Inka

○ Orte des Inkareiches

## Mesa-Verde-Nationalpark

**Colorado/USA** Im Südwesten von Colorado erstreckt sich der über 100 Jahre alte Mesa-Verde-Nationalpark. Die von den Navajo-Indianern in ihrer Sprache „Anasazi" („die Alten") genannten Bewohner der Gegend haben hier seit etwa 1200 kunstvolle Behausungen gebaut, die wie Schwalbennester unter Felsüberhängen oder in Felsnischen der waldbedeckten Gebirgstafel, der „Mesa Verde" („Grüne Tafel") kleben.

Bereits Ende des 13. Jahrhunderts wurden die Lehmbauten wieder verlassen und erst im 19. Jahrhundert neu entdeckt. Am spektakulärsten ist der unter einem Felsüberhang errichtete „Cliff Palace" („Klippenpalast"), der mit seinen mehr als 200 Räumen etwa 250 Menschen Platz bot.

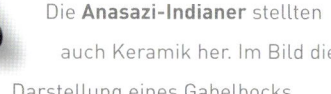

Die **Anasazi-Indianer** stellten auch Keramik her. Im Bild die Darstellung eines Gabelbocks.

## Moais auf der Osterinsel

**Osterinsel/Chile** Man schrieb den 5. April 1722, Ostersonntag, als Jakob Roggeveen, ein holländischer Seefahrer, jene Insel entdeckte, die er, dem Datum gemäß, Osterinsel taufte. Schon etwa 1000 Jahre zuvor wurde die isoliert gelegene Insel – das nächste Eiland befindet sich über 2000 Kilometer entfernt – von polynesischen Siedlern in Besitz genommen. Sie sind die Schöpfer der monumentalen Steinskulpturen, für die „Rapa Nui", wie die nur 180 Quadratkilometer große Insel in der Sprache der einheimischen Bevölkerung heißt, berühmt ist.

Von den vielleicht schon seit dem 8. Jahrhundert, sicherlich jedoch vom 11. bis 17. Jahrhundert gefertigten Moais, menschlichen Figuren, die wahrscheinlich verehrungswürdige Ahnen darstellen, sind 887 erhalten geblieben. Einst standen sie alle auf bis zu 150 Meter langen und drei Meter hohen steinernen Plattformen, die die Küste der Osterinsel säumen, und blickten zum Meer. Als James Cook die Insel 1774 besuchte, waren jedoch viele von ihnen, 100 Jahre später dann alle, umgestürzt – vermutlich im Ergebnis von Stammesfehden.

Inzwischen wurden etwa 50 der bis zu zehn Meter hohen beinlosen Riesenbildnisse restauriert und wieder aufgestellt.

Der **„Klippenpalast"** im **Mesa-Verde-Nationalpark** entstand etwa im 12. Jahrhundert und hatte den Charakter einer Festung. ◀◀

Die meisten der **Kolossalstatuen auf der Osterinsel** wurden auf „Ahu" genannten Zeremonialplattformen errichtet, die bis zu 150 Meter lang und drei Meter hoch waren. ▶▶

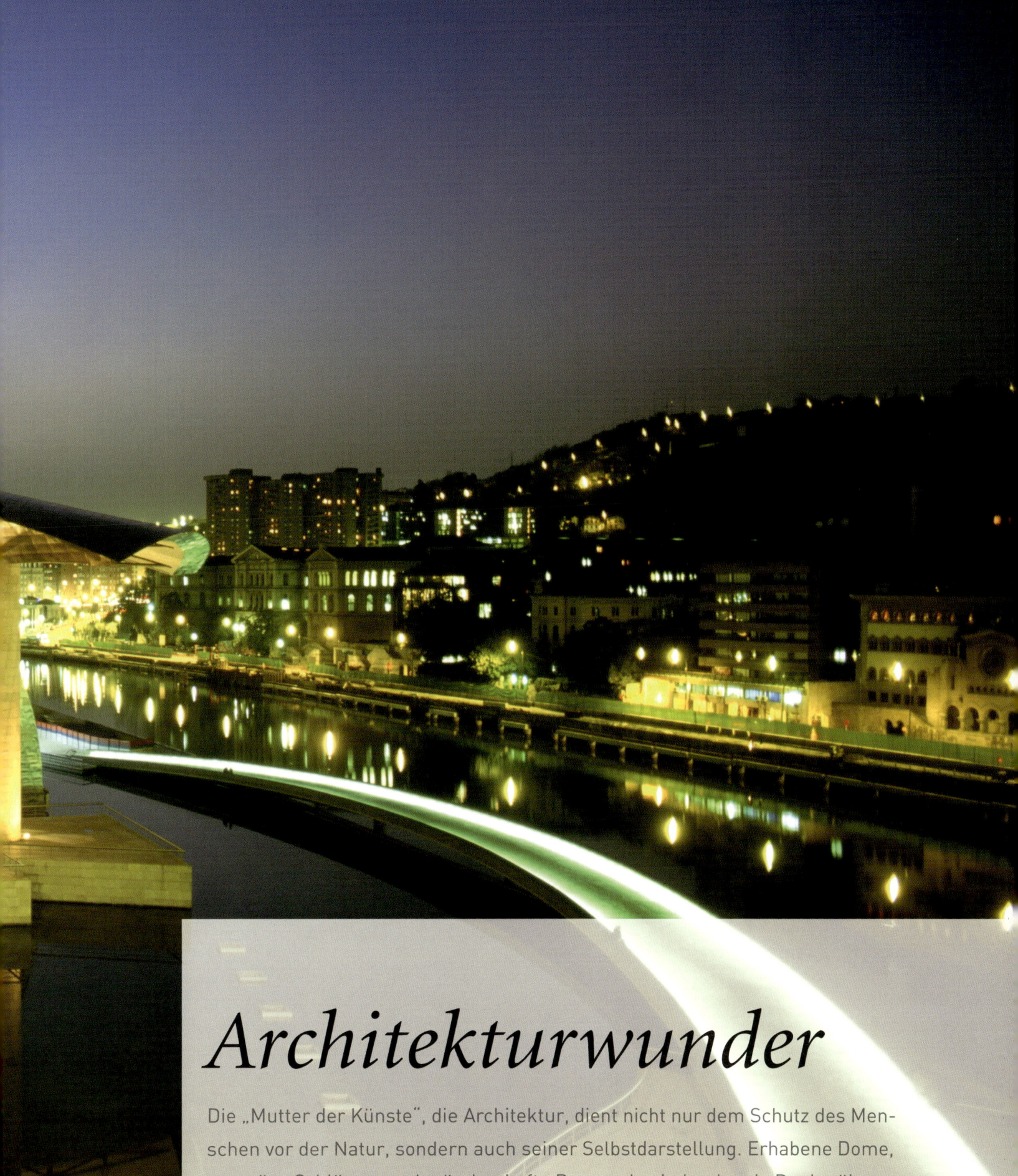

# Architekturwunder

Die „Mutter der Künste", die Architektur, dient nicht nur dem Schutz des Menschen vor der Natur, sondern auch seiner Selbstdarstellung. Erhabene Dome, pompöse Schlösser und märchenhafte Burgen, beeindruckende Denkmäler, kühne Brückenkonstruktionen und Türme führen uns vor Augen, zu welchen Wunderwerken Menschen fähig sind, ob in Mali, Usbekistan oder Brasilien.

Kirche, Kloster, Moschee, Tempel

Burg, Schloss, Palast, Garten

Stadtbild

öffentliches Bauwerk

Denkmal

technisches Bauwerk

Turm, Hochhaus

*N o r d s e e*

*A T L A N T I S C H E R*

*O Z E A N*

*M i t t e l -*

Stabkirche von Borgund | 186

Forth Bridge | 288

Blenheim Palace | 236
Windsor Castle | 224
Bodleian Library | 270
Stourhead | 242
Royal Pavilion | 243

Westminster Abbey | 193
Tower | 220
Houses of Parliament | 272
Tower Bridge | 288
Big Ben | 298

Kathedrale von Canterbury | 194

Grand-Place | 259
Atomium | 284

Kathedrale von Beauvais | 190
Kathedrale von Reims | 190

Kölner Dom | 194

Schloss Sanssouci | 237
Wörlitzer Park | 242
Wartburg | 221
Prager Burg | 225
Prag | 253

Mont Saint-Michel | 198
Schloss und Park von Versailles | 235
Kathedrale von Chartres | 190
Vaux-le-Vicomte | 235
Schloss Chambord | 232
Magdalenenkirche von Vézelay | 186

Sainte-Chapelle | 192
Opéra Garnier | 272
Arc de Triomphe | 280
Eiffelturm | 299

Dom zu Speyer | 184
Würzburger Residenz | 2...
Rothenburg ob der Tauber | 256
Walhalla | 281

Place Stanislas in Nancy | 259

Notre-Dame-du-Haut in Ronchamp | 205
Zisterzienserabtei von Fontenay | 186
Klosterbibliothek St. Gallen | 271

Wieskirche | 202
Neuschwanstein | ...

Venedig | 252
Markusdom | 1...
Rialtobrücke | ...

Villa La Rotonda | 233

Viadukt von Millau | 289
Papstpalast von Avignon | 232

Frühchristliche Kirchen von Ravenna | 181

Schiefer Turm von Pisa | 296
Florenz | 256
Ponte Vecchio

Guggenheim-Museum in Bilbao | 276

Carcassonne | 250

Geschlechtertürme von San Gimignano | 297
Piazza del Ca... in Siena | 253

Villa d'Este in Tivoli | 23...

Sagrada Familia | 205

El Escorial | 233
Toledo | 254
Palácio da Pena | 244

Pantheon | 178
Sixtinische Kapelle | 198
Peterskirche | 200
Piazza del Campidoglio | 258
Trevibrunnen | 292

La Mezquita | 208
Giralda in Sevilla | 297
Alhambra und Generalife | 224

# Architekturwunder

**Peterhof** | 240
**Sankt Petersburg** | 260
**Winterpalast** | 240
**Katharinenpalast** | 240

**Tallinn** | 255
**Kirchen von Weliki Nowgorod** | 183

**Dreifaltigkeitskloster in Sergijew Possad** | 184

**Kreml in Moskau** | 228
**Moskauer Metro** | 294

**Marienburg** | 223

**Krakau** | 257

**Ringstraße in Wien** | 261
**Kapuzinergruft** | 280

**Melk** | 202

**Dubrovnik** | 254

**Castel del Monte** | 222

**Metéora-Klöster** | 195

**Selimiye-Moschee** | 209

**Hagia Sophia** | 179
**Blaue Moschee** | 209

**Höhlenkirchen von Göreme** | 182

*t s e e*

*Schwarzes Meer*

*m e e r*

### Innermap (Weltkarte)

NORDAMERIKA

**Verklärungskirche auf Kischi Pogost** | 202

EUROPA

**Shalimar-Gärten in Lahore** | 246

**Goldener Tempel von Amritsar** | 218

**Mount Rushmore** | 284
**CN Tower** | 299
**Empire State Building** | 299
**Freiheitsstatue** | 283

**Hängendes Kloster** | 212

**Burg Matsumoto** | 230
**Burg Himeji** | 230
**Kenroku-en** | 248

**Golden Gate Bridge** | 288
**Washington Monument** | 282
**Hassan-II.-Moschee** | 211

ASIEN

**Registanplatz in Samarkand** | 264
**Imam-Platz in Isfahan** | 264

**Potala-Palast** | 247
**Verbotene Stadt** | 246
**Nara** | 214

**Fès** | 263
**Felsendom** | 206
**Sueskanal** | 292
**Aït-Ben-Haddou** | 263

**Burj al-Arab** | 300
**Burj Dubai** | 301

**Skyline von Hongkong** | 267
**Kuthodaw-Pagode** | 219

ATLANTISCHER OZEAN

**Kaaba in Mekka** | 206
**Palm Islands** | 295

**Großer Palast in Bangkok** | 248
**Shwedagon-Pagode** | 218

**Panamakanal** | 292
**Große Moschee in Djenné** | 209
**Sanaa** | 262

**Petronas Towers** | 300

SÜDAMERIKA

AFRIKA

**Felsenkirchen von Lalibela** | 187

**Salvador da Bahia** | 266

**Kailasha-Tempel in Ellora** | 213
**Palast der Winde** | 248

**Heiligtum von Borobodur** | 214

PAZIFISCHER OZEAN

**Brasilia** | 267

**Tadsch Mahal** | 278

**Mamallapuram** | 212
**Brihadishvara-Tempel** | 214

AUSTRALIEN

INDISCHER OZEAN

**Opernhaus in Sydney** | 273

N
1500 km
www.kartographie.de

N
50 km
www.kartographie.de

# Kirchen, Moscheen und Tempel

Religiöse Stätten sind oft herausragende Bauwerke ihrer Zeit. Schon immer suchten Menschen Zuflucht beim Heiligen, Übernatürlichen, verehrten Götter und opferten Dämonen in besonderen Gebäuden. Ob in Mekka, Jerusalem, Amritsar oder Rom – mit viel Aufwand, oft hohem künstlerischem Anspruch und unter Einsatz aller Kräfte versuchten sie, sich der himmlischen Gunst würdig zu erweisen.

Die vielen Deckenkassetten verringerten das Gewicht der Kuppel des **Pantheon.** Außerdem hat man unter den Beton (opus caementicium) Tuff- und Bimsstein gemischt, um das Material leichter zu machen.

## Pantheon

🏛 **Italien** „Quod non fecerunt barbari, fecerunt Barberini" – was die Barbaren nicht getan haben, taten die Barberini. Dieser im barocken Rom kursierende Spottvers kritisierte versteckt eine Praxis, die den Päpsten schon lange zu eigen war: das Sichvergreifen an alter Bausubstanz. Urban VIII. (regierte 1623–1644), der als Maffeo Barberini geboren worden war, hatte die bronzenen Beschläge aus den Deckenbalken der Säulenhalle des Pantheon einschmelzen lassen, um neue Kanonen gießen zu können. Trotz des Appetits der Kirchenfürsten auf Teile des als Tempel errichteten Gebäudes, gilt das Pantheon (griech. „Allgöttliches") als am besten erhaltenes Überbleibsel der römischen Antike. „M AGRIPPA L F COS TERTIUM FECIT" (errichtet von Marcus Agrippa, Sohn des Lucius, in seinem dritten Konsulat), ver-

Von vorn wirkte das **Pantheon** auf die Römer der Antike wie einer der gängigen Rechteck-tempel mit Säulenvorhalle. Die Rotunde dahinter war kaum sichtbar, da das Straßen-niveau deutlich tiefer lag.

kündet auch nach 2000 Jahren noch stolz die Giebelinschrift. Wahrscheinlich hatte es der Schwiegersohn des Augustus den sieben Planetengöttern Sol, Luna, Merkur, Venus, Mars, Jupiter und Saturn zugeeignet. Die Vorhalle des Gebäudes, das seit 1400 Jahren als Kirche dient, führt durch antike Bronzetüren in den eigentlichen Rundbau, einen Zylinder mit aufgesetzter Halbkugel. Die aus einer Art Beton gegossene Kuppel war bis zum Barock die größte der Welt. Ihr Durchmesser von 43,4 Metern ist gleichzeitig die Höhe des scheinbar schwerelosen Raumes, der nur durch eine knapp neun Meter messende kreisrunde Öffnung an seinem Scheitel-punkt Licht erhält.

## Hagia Sophia

**Türkei** Sie war über 800 Jahre die Haupt- und Krönungskirche des Byzantinischen Reiches und galt als achtes Weltwunder: die Hagia Sophia (griech. „heilige Weis-heit"). Der bedeutendste Kaiser des Oströmischen Reiches, Justinian I. (regierte 527–565), ließ den 82 Meter langen, 75 Meter breiten und 56 Meter hohen Zentral-bau in nur fünfjähriger Bauzeit errichten. Ein statisches Problem war die auf einem Ring mit 40 Fenstern ruhende, im Durchmesser 31 Meter messende Kuppel: Der

Die Kuppel der **Hagia Sophia** wölbt sich über einer Grundfläche von 7570 Quadratmetern – etwa der Fläche eines Fußballfelds.

Das Bildnis Jesu als Pantokrator ziert die Fläche über dem Kaiserportal im inneren Narthex der **Hagia Sophia.** Es ist eines der wenigen noch erhaltenen Mosaiken.

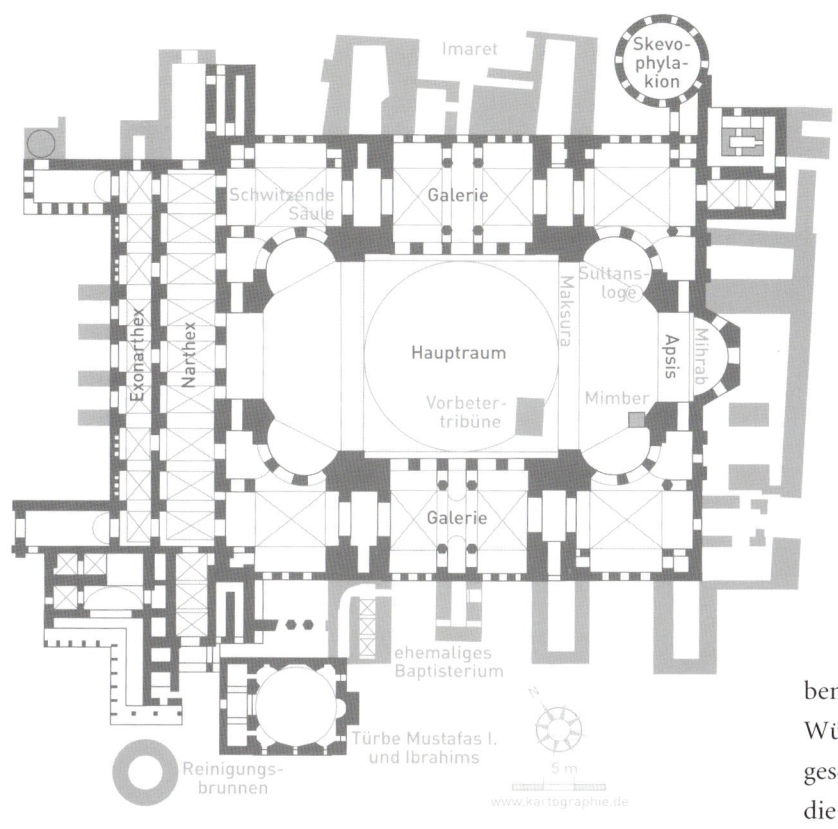

## Frühchristliche Kirchen von Ravenna

🏛 **Italien** Ravenna, die Stadt an der Adria, erlebte während ihrer 2000-jährigen Geschichte drei Blütezeiten: die erste, als der weströmische Kaiser Honorius die Stadt 395 zu seiner Residenz erhob, die zweite, als der Ostgotenkönig Theoderich 493 bis 526 von hier aus über Italien herrschte, und von 540 bis 751 eine dritte, als die Stadt Vorposten der oströmischen Kaiser in Italien war. Berühmt ist Ravenna für seine frühchristlichen, im 6. Jahrhundert erbauten Kirchen San Vitale, Sant' Apollinare in Classe und Sant' Apollinare Nuovo. Ihnen sind vor allem die farbenprächtigen Mosaiken gemein. Sie wurden aus in kleine Würfel geschlagenem Glas zusammengesetzt, dem in geschmolzenem Zustand Metalloxide beigegeben wurden, die die Farbtöne erzeugten. Mithilfe von Vorzeichnungen wurden die Mosaikteilchen schnell verarbeitet, da das Mörtelbett dazu noch feucht sein musste. Der Grund ist meistens mit Gold unterlegt, auf eine dreidimensionale Darstellung wird verzichtet – ein typisch byzantinischer Stil, der sich vom Naturalismus antiker Vorgänger sichtbar unterscheidet. Am eindrucksvollsten zeigt er sich rechts und links des Hauptaltars von San Vitale, dort sind Kaiser Justinian I. und seine Gemahlin Theodora samt Gefolge zu sehen.

sehr massiv wirkende Außenbau ist ein Resultat der Bemühungen, sie zu stützen, nachdem sie schon 20 Jahre nach Vollendung des Baus erstmals eingestürzt war.

Mit der Eroberung Konstantinopels durch die Türken (1453) kam das Ende der Hagia Sophia als christliches Gotteshaus, sie fungierte danach als Moschee. Trotzdem blieb ein Teil des ursprünglichen Wandschmucks erhalten – wegen des islamischen Bilderverbots hatte man Malereien und Mosaiken bloß übertüncht. Die liturgische Ausstattung wurde hingegen zerstört, an ihre Stelle traten Freitagskanzel und Sängertribüne. Vier Minarette kündeten auch nach außen von der neuen Funktion des Gebäudes. Seit 1934 ist die Hagia Sophia ein Museum.

Das **Mausoleum des Theoderich** in Ravenna gehört heute zum Weltkulturerbe der UNESCO.

Die Säulen, die die Schiffe von **Sant' Apollinare in Classe** trennen, sind aus gestreiftem griechischem Marmor. «

181

## Höhlenkirchen von Göreme

🏛 **Türkei** Göreme, 70 Kilometer westlich von Kayseri im Zentrum von Kappadokien, ist ein kleines Dorf inmitten einer bizarren Tuffsteinlandschaft. Die Namen der Täler, die es umgeben, klingen paradiesisch: „Tal der Tauben", „Rosental", „Honigtal", „Tal der Liebe". Doch nicht immer war es hier so ruhig wie heute. Eroberer kamen und gingen, Perser, Araber, Seldschuken und Mongolen herrschten zeitweise über das Land. Bereits zuvor, während der Zeit der Römer, wurde Kappadokien zum Zufluchtsort früher Christen. Die christliche Religion erlebte hier ihre Blüte im 4. bis 11. Jahrhundert und wurde auch von den späteren Machthabern mehr oder weniger toleriert. Dennoch lebten die Gläubigen zum Teil in schwer kontrollierbaren unterirdischen Städten und schlugen ihre Kirchen in das weiche Tuffgestein. Die bedeutendste Ansammlung dieser Felsenkirchen befindet sich rund um Göreme. Schon gegen Ende des 4. Jahrhunderts entstanden die ersten von ihnen. Meist waren sie mit kreuzförmigem Grundriss angelegt und mit einer oder mehreren Kuppeln, Tonnengewölben oder Flachdecken versehen; oft wurden sogar Altar, Taufstein, Säulen und Sitzbänke aus dem Felsen geschlagen. Von außen sind die Gotteshäuser normalerweise nur dank ihrer Türöffnung sichtbar, die häufig der einzige Lichteinlass ist.

## Markusdom in Venedig

🏛 **Italien** Vor 1200 Jahren wurde der Evangelist Markus zum Schutzpatron der Republik Venedig, die seither sein Symbol, den geflügelten Löwen, in ihrem Wappen führt. Die Legende besagt, dass er auf Wunsch des Apostels Petrus Nordostitalien missionierte. Sein Martyrium erlitt er jedoch in Alexandria und dort bewahrte man auch seine sterblichen Überreste auf. Um sie vor dem Zugriff der Sarazenen zu retten, beschlossen zwei venezianische Händler, den Leichnam „in Sicherheit" zu bringen, nahmen ihn an sich und schmuggelten ihn, mit Schweinefleisch bedeckt, an den muslimischen Zöllnern vorbei aus Ägypten. Am 31. Januar 829 erreichten sie Venedig. Dort errichtete man eine erste Kirche, der an

Die eigenartigen Felsenkegel, in denen sich Kirchen, Kapellen und Klöster verbergen, sind Teil des **Freilichtmuseums Göreme**, das zum Weltkulturerbe der UNESCO gehört. ◀◀

In der **Çarıklı Kilise** (Sandalenkirche) in **Göreme** sind noch farbenfrohe Fresken zu sehen. Die Kirche verdankt ihren Namen den Fußabdrücken im Boden unter der Abbildung der Himmelfahrt Christi. ▶▶

Das architektonische Vorbild des **Markusdoms** ist die im 16. Jahrhundert zerstörte Apostelkirche in Konstantinopel – Venedig hatte enge Beziehungen zur Hauptsatdt des Byzanitinischen Reiches.

gleicher Stelle im 11. Jahrhundert die heutige Basilika folgte. Sie entstand nach byzantinischem Vorbild als Zentralbau mit fünf Kuppeln über dem Grundriss eines griechischen Kreuzes, eines Kreuzes mit vier gleichlangen Armen. Später wurden Veränderungen vorgenommen, sodass auch gotische Merkmale ihr Äußeres prägen. Das Innere des als Staatskirche der bis 1797 selbstständigen venezianischen Republik dienenden Markusdoms wirkt durch die alle fünf Kuppeln bedeckenden Mosaiken aus dem 12. und 13. Jahrhundert wie ein kostbarer Schrein, wie er den Reliquien eines Evangelisten würdig ist.

## Kirchen von Weliki Nowgorod

🏛 **Russland** Als eine der ersten Städte Russlands wurde das heute mit dem Zusatz „Weliki" (russisch „Groß-")versehene Nowgorod bereits 859 gegründet. Die 180 Kilometer südöstlich von Sankt Petersburg gelegene Großstadt war im Spätmittelalter eine Stadtrepublik, die, auch wegen ihrer Konkurrenz zu Moskau, ihrem Reichtum durch Kunst und Architektur Ausdruck gab. Das älteste Bauwerk ist die

Die **Sophienkathedrale in Weliki Nowgorod** war ursprünglich aus Holz gebaut, ist dann jedoch abgebrannt. Mitte des 11. Jahrhunderts errichtete man die Kirche, die noch heute zu sehen ist.

Sophienkathedrale. Sie stammt aus der Mitte des 11. Jahrhunderts und besitzt eine in Magdeburg gegossene Bronzetür. Die Kirche beherrscht das westliche Ufer des Flusses Wolchow. Am östlichen Ufer, im ehemaligen Handelsviertel, und in der Umgebung sind außerdem zahlreiche Kirchen aus dem 12. bis 14. Jahrhundert erhalten.

## Dreifaltigkeitskloster in Sergijew Possad

🏛 **Russland** Eine der Städte des Goldenen Rings nordöstlich von Moskau ist Sergijew Possad. Dort gründete um das Jahr 1340 der heilige Sergius ein Dreifaltigkeitskloster, das schon bald darauf zum russischen Nationalheiligtum wurde – der Patriarch von Moskau, der höchste Priester der russisch-orthodoxen Kirche, fungierte nominell als sein Abt. Von den

13 Kirchen des mit einer Mauer umgebenen Klosters im Zentrum der Stadt ist die Dreifaltigkeitskathedrale aus dem Jahr 1422 die älteste. Unter den übrigen rund 30 Klostergebäuden ragen das Gebäude mit den Zarengemächern und die Familiengruft der Godunows heraus. In Letzterer liegt ein großer Förderer des Klosters, Zar Boris Godunow (regierte 1598–1605), begraben.

## Dom zu Speyer

🏛 **Deutschland** Der Dom zu Unserer lieben Frau in der am Rhein gelegenen Stadt Speyer ist die größte romanische Kirche der Welt. Kaiser Konrad II., ein Salier, stiftete das 134 Meter lange Bauwerk und bestimmte es zur Grablege seiner Familie. 1025 legte er den Grundstein in dem bei Worms gelegenen Ort, der damals nicht mehr als ein kleiner Markt-

Obwohl die polnisch-litauischen Invasoren zu Beginn des 17. Jahrhunderts mit etwa 30 000 Mann anrückten, hielten die Mauern des **Dreifatigkeitsklosters in Sergijew Possad** dem Angriff stand. ◀◀

Mit einer Gesamtlänge von 134 Metern und einer Höhe von 71,2 Metern ist der **Dom zu Speyer** die größte romanische Kirche der Welt.

Am Westportal des **Speyerer Doms** sind die fünf Schutzpatrone der Kirche zu sehen. Einer von ihnen ist der Erzengel Michael, der als Symbol der wehrhaften Kirche angesehen wird. ◀◀

flecken war. Sein Enkel, Heinrich IV., heute noch wegen seines Streits mit dem Papst und seines Ganges nach Canossa im kollektiven Gedächtnis, weihte den Bau 1061, ließ ihn danach jedoch umbauen: Er beließ es zwar bei einer dreischiffigen Pfeilerbasilika mit einer Kuppel über der Vierung, der Stelle, an der sich Lang- und Querhaus kreuzen, veränderte jedoch die Decke. War sie ursprünglich flach, so wagten sich die Architekten nun – erstmals seit der Antike bei einem so großen Bau – an ein großzügiges Kreuzgratgewölbe. Aus statischen Gründen mussten deshalb die tragenden Elemente verstärkt werden. Der Kaiserdom, der diesen Namen wegen der vier Kaiser trägt, die in seiner Krypta begraben liegen, erlebte unruhige Zeiten. Nach kriegsbedingten Zerstörungen im 17. Jahrhundert dachte man darüber nach, ihn abzureißen; erst 1854 erhielt er seine heutige Fassade.

## Romanik

**Der römische Stil** Die in Anlehnung an die „Romanischen Sprachen" seit etwa 1820 sogenannte Romanik trägt ihren Namen nicht zu Unrecht, denn dieser in der gesamten abendländischen Kunst zwischen 1000 und 1250 verbreitete Stil übernahm tatsächlich Formelemente der römischen Kunst. Typisch für die romanische Architektur sind Rundbogen, dicke festungsartige Mauern, relativ kleine Fenster, Kreuzgrat- bzw. Kreuzrippengewölbe und würfelförmige, nach unten abgerundete Kapitelle. Ein allmählicher Übergang zur auf die Romanik folgenden Gotik erfolgte ab 1140.

## Stabkirche von Borgund

🏛 **Norwegen** Von den einst etwa 1000 norwegischen Stabkirchen stehen nur noch 28. Das schönste und am besten erhaltene Beispiel für diese typischste Architekturform des Landes ist die aus dem ausgehenden 12. Jahrhundert stammende Stabkirche von Borgund in der Nähe des Sognefjords. Das in eine grüne Gebirgslandschaft eingebettete Gotteshaus erinnert mit seinen sechsfach übereinandergetürmten, zum Schutz vor Regen und Schnee mit Teer bestrichenen Holzschindeldächern an fernöstliche Pagoden, sein Inneres dagegen an die Spanten, Planken und Masten eines Wikingerschiffs. Ihren Namen verdanken die ganz aus Holz gearbeiteten Stabkirchen ihrer Bauweise: Mit Querhölzern verbundene, überdimensionale „Stäbe" – mächtige, vom Boden bis zum Dachstuhl aufragende Fichtenstämme – bilden ihr Grundgerüst.

Der Gegensatz könnte kaum größer sein: Anders als die reich verzierten romanischen Kirchen ist die **Zisterzienserabtei von Fontenay** schmucklos, fast von asketischer Schlichtheit.

## Magdalenenkirche von Vézelay

🏛 **Frankreich** Die Blütezeit von Vézelay ist schon lange Vergangenheit. Im 12. Jahrhundert war der burgundische Wallfahrtsort Schauplatz weltpolitischer Ereignisse: Der Zweite Kreuzzug wurde 1146 hier ausgerufen und 1190 zogen der französische und der englische König, Richard Löwenherz, von hier aus ins Heilige Land, um in einem Dritten Kreuzzug Jerusalem von den Sarazenen zu befreien. Ebendort nahm die Magdalenenlegende ihren Ausgang, der Vézelay eines der Meisterwerke der Romanik verdankt. Sie besagt, dass Maria Magdalena, von der die Evangelien berichten, nach dem Tod Jesu aus Judäa nach Marseille geflohen und in Südfrankreich bestattet worden sein soll. Die Reliquien gelangten ins Benediktinerkloster von Vézelay und wurden dort als wundertätig verehrt, bis 1280 herauskam, dass es sich um Fälschungen handelte. Die der Heiligen geweihte Kirche ist ein prachtvolles Werk des 12. Jahrhunderts, das insbesondere für seine Säulenkapitelle und das mit Figurenschmuck reich verzierte innere Portal berühmt ist.

## Zisterzienserabtei von Fontenay

🏛 **Frankreich** Fontenay, 60 Kilometer nordwestlich von Dijon, ist das älteste noch erhaltene Zisterzienserkloster,

Die **Stabkirche von Borgund** stammt aus der Übergangszeit vom heidnischen Glauben zum Christentum.

eine von 70 Gründungen, die auf den heiligen Bernhard von Clairvaux zurückgehen. Bis auf das Abtshaus stammen alle Gebäude des 1119 gegründeten Klosters aus dem 12. Jahrhundert. Den Idealen des Ordens – Weltabgeschiedenheit, Armut und Demut – gemäß liegen sie in einem ruhigen Tal und sind äußerst schmucklos und schlicht. Mit dem weitgehenden Verzicht auf Malereien, Figurenschmuck, plastische Kapitelle und farbige Fenster stellt Fontenay den Prototyp zisterziensischer Klosterbaukunst dar.

## Felsenkirchen von Lalibela

🏛 **Äthiopien** Lalibela, eine Stadt mit 20 000 Einwohnern, scheint an den steilen Lasta-Bergen etwa 350 Kilometer nördlich der äthiopischen Hauptstadt Addis Abeba zu kleben. Ihren Namen hat sie von König Lalibela, „dem von den Bienen Erkorenen" – bei seiner Geburt um das Jahr 1176 sollen den später als Heiligen verehrten Herrscher jene fleißigen Insekten umschwärmt haben. Es soll Gott selbst gewesen sein, der ihm im Traum befahl, ein zweites Jerusalem „aus einem einzigen Stein" zu erbauen – das erste war soeben von den Sarazenen erobert worden. Mit einer enormen Kraftanstrengung entstanden in den folgenden Jahrzehnten elf vertikal in das weiche rote Tuffgestein gehauene Kirchen, deren steinerne Bauteile alle aus gewachsenem Fels bestehen. Eine von ihnen, die „Kirche des Welterlösers", eine fünfschiffige Pfeilerbasilika, ist mit ihren Maßen von 33 mal 23 Metern und 11 Meter Höhe die größte monolithische Kirche der Erde.

Die Plastiken in den Tympana der **Magdalenenkirche von Vézelay,** den Giebelflächen über den Portalen, gehören zu den schönsten und ausgefeiltesten der Romanik. Auch die Säulenkapitelle weisen figürliche Verzierungen auf.

Zu den aus dem Fels herausgemeißelten, bis zu zehn Meter hohen Kirchen im äthiopischen Wallfahrtsort **Lalibela** pilgern auch heute noch viele Christen. »

Wenn die Sonne durch die Fenster der **Kathedrale von Chartres** fällt, strahlen die Farben intensiv. «

Ihre gigantische Höhe machte die **Kathedrale von Beauvais** einzigartig, wurde ihr aber auch zum Verhängnis. »

Meter, das Langhaus ist 39 Meter hoch – Dimensionen, die erklären, warum die Bauarbeiten über 100 Jahre lang dauerten. Obwohl die reich verzierte Westfassade unvollendet blieb – die Türme sollten noch Helme erhalten – gilt sie als harmonischste ihrer Art. In ihr ist das gotische Streben nach oben, gen Himmel, besonders dynamisch ausgeprägt.

## Kathedrale von Chartres

**Frankreich** Die nordfranzösische Kleinstadt ist noch immer vom Mittelalter geprägt. Sie wird von den zwei ungleichen Türmen ihres mächtigsten Bauwerks, der zwischen 1194 und 1220 errichteten Kathedrale, überragt. Die der Jungfrau Maria geweihte Kirche gilt als ältestes und am besten erhaltenes Beispiel der französischen Hochgotik. Sie ist bereits der sechste Bau an dieser Stelle, von ihren Vorgängern sind die Krypta, die Westfassade und der 105 Meter hohe Südturm, der höchste im Stil der Romanik, erhalten. Berühmt ist die Kathedrale vor allem für ihre 176 einzigartigen Glasfenster. Sie bilden etwa 2500 Quadratmeter aus Farben und Licht und stammen zum größten Teil aus dem 13. Jahrhundert.

## Kathedrale von Reims

**Frankreich** Die Kathedrale Notre-Dame in Reims war von 1180 bis 1825 die Krönungskirche der französischen Könige. Als die Bischofskirche nach einem Brand 1211 neu konzipiert wurde, plante man, sie nun im Stil der Hochgotik mit einem besonders geräumigen Querhaus und Chor zu bauen, um Platz für die Krönungszeremonien zu haben. Die großflächigen Fenster, deren Felder erstmals durch Maßwerk unterteilt wurden, verstärken den weitläufigen, luftigen Eindruck. Man wollte klotzen, nicht kleckern: Der Innenraum misst 139

Das Hauptportal der **Kathedrale von Reims** wird durch die große, mit Maßwerk verzierte Rosette dominiert.

## Kathedrale von Beauvais

**Frankreich** Auch der Bischof von Beauvais, einer Stadt 40 Kilometer nördlich von Paris, wünschte sich eine gotische Kathedrale. Zum Ruhme Gottes sollte sie, was ihre Größe betraf, unter den 80 gotischen Bischofskirchen Frankreichs den ersten Rang einnehmen. Man begann mit dem Chor, der unglaubliche 48 Meter hoch wurde. 1284, zwölf Jahre

nach Fertigstellung, stürzte er ein. Der Wiederaufbau war eine finanzielle Kraftanstrengung, die die Stadt an den Rand des Ruins brachte; an eine Fortsetzung der Bauarbeiten war nicht zu denken. Ein Querschiff wurde im 16. Jahrhundert noch angefügt, dann ruhte der Bau – nun für immer. Was blieb, ist ein Torso, ein grandioses Denkmal der Überheblichkeit, das Besucher jedoch auch noch in Zeiten der Wolkenkratzer in Staunen versetzt.

## Sainte-Chapelle

🏛 **Frankreich** Der Architekt dieses Kleinods gotischer Architektur mitten in Paris ist unbekannt. Der Auftraggeber der als Teil der Palastanlage der französischen Könige auf der Seine-Insel errichteten Kapelle war der König, Ludwig IX. (regierte 1226–1270). Er hatte sie als Aufbewahrungsort der Dornenkrone Christi vorgesehen, die er vom finanziell

klammen König von Byzanz erworben hatte. Nach drei Jahren Bauzeit wurde die aus zwei übereinanderliegenden Kapellen bestehende Sainte-Chapelle 1248 der Heiligen Jungfrau Maria bzw. der Heiligen Krone und dem Heiligen Kreuz geweiht. Die äußerliche Strenge setzt sich in der den einfacheren Mitgliedern des Hofes vorbehaltenen Unterkirche fort. Niedrige, schwere Gewölbe lasten fast drückend auf den Mauern des ornamental verzierten Raumes. Ganz anders die dreimal so hohe, durch schlanke Strebepfeiler gegliederte Oberkirche, in der die Wände völlig aufgelöst scheinen: Acht 15 Meter hohe und vier Meter breite, bunt verglaste Fenster und sieben schmalere in der Apsis erzeugen hier eine Sinfonie aus Licht und Farben. Die Fenster erzählen in 1134 Szenen Geschichten aus dem Alten und dem Neuen Testament. Zwei Drittel haben die Zeit nach der Revolution überdauert, in der die „Heilige Kapelle" als Kornspeicher und Archiv zweckentfremdet worden war.

# Gotik

**Der Stil der „Goten"** Typisch für die gotische Architektur ist das Streben in die Höhe, was durch sichtbare Strebebogen statisch ermöglicht wird. Spitzbogen leiten die Druckkraft von den Gewölberippen nach unten, dadurch können die Außenwände dünn gebaut und von großen vielfarbigen Fenstern durchbrochen werden. Die Fenster, besonders die riesigen Fensterrosetten, werden durch Maßwerk in kleinere Flächen unterteilt. Der Stil entstand um 1140 in Frankreich und wurde ausgehend von Italien nach 1420 von der Renaissance abgelöst.

Ihre Helligkeit lässt die Oberkirche der **Sainte-Chapelle** fast überirdisch erscheinen. «

Die neogotische Westfassade von **Westminster Abbey**, ist ein Werk des 19. Jahrhunderts. »

## Westminster Abbey

 **England/Großbritannien** Was Reims für die französischen Könige und Frankfurt für die deutschen Kaiser war, ist London noch immer für die Herrscher Englands – ihr Krönungsort. Seit man Wilhelm dem Eroberer 1066 in Westminster Abbey, der „Kollegiatkirche von St. Peter", wie der mit 170 Metern Länge zweitgrößte Sakralbau der britischen Inseln offiziell heißt, die Krone aufgesetzt hat, werden Könige hier gekrönt. Außerdem fanden hier 19 englische Monarchen und viele berühmte Briten wie Darwin, Dickens oder Newton ihre letzte Ruhestätte. Von der westlich („Westmünster") der City von London in der Mitte des 11. Jahrhunderts erbauten Kirche ist nur wenig erhalten geblieben. Das heutige Bauwerk ist vor allem ein Werk der Gotik und ist zwischen dem 13. und 16. Jahrhundert gebaut worden, die zweitürmige Westfassade erst im 19. Jahrhundert.

## Kathedrale von Canterbury

🏛 **England/Großbritannien** Vier Ritter des Königs waren am 29. Dezember 1170 nach Canterbury geeilt, um Heinrich II. von England von einem ihm unliebsamen Kritiker zu befreien. Es war kein Geringerer als Thomas Becket, des Königs Lordkanzler und zudem Erzbischof der südostenglischen Diözese. Ohne Rücksicht auf den geheiligten Ort zu nehmen, stachen sie ihn direkt in seiner Kathedrale nieder. Dieser politische Mord blieb nicht ohne Folgen. In Rekordzeit – schon drei Jahre später – sprach der Papst Becket heilig, sein Schrein wurde bis zur Trennung der englischen Kirche von Rom hoch verehrt. Die Kathedrale von Canterbury blieb auch danach der spirituelle Mittelpunkt des Landes; ihr Hausherr, der Erzbischof, ist geistliches Oberhaupt der Kirche von England und Ehrenoberhaupt der anglikanischen Kirche. Seine Bischofskirche ist nicht mehr der Bau, in dem Thomas Becket starb. 1175 legte man den Grundstein für einen Neubau, der, was neu war in England, im Stil der Gotik entstand. 1405 waren mit der Einwölbung des Hauptschiffs die wesentlichen Arbeiten beendet.

Das Kloster Agía Triáda (heilige Dreifaltigkeit) ist eines der wenigen **Metéora-Klöster**, die auch heute noch bewohnt sind. Die Treppe hinauf wurde erst 1925 gebaut. ➤➤

## Kölner Dom

🏛 **Deutschland** Wahrscheinlich hatte man sich überschätzt. Köln war zwar eine der reichsten Städte des Mittelalters, der Handel florierte, die Einnahmen sprudelten und die Pilger, die dem Schrein mit den Überresten der Heiligen Drei Könige nahe sein wollten, kamen in Strömen, doch der neue Dom brauchte Zeit – sehr viel Zeit. 1248 hatten die Arbeiten mit der Errichtung des Chores begonnen, obwohl der Erzbischof lange gezögert hatte, denn die vorhandene vorromanische Bischofskirche war bereits ein ansehnlicher Bau. Aber wenn schon ein Neubau, dann sollte es einer sein, der mit den kühnen Werken der Franzosen mithalten, sie gar übertrumpfen konnte. Erst 74 Jahre später war er fertig – der Chor, nicht der Dom! Ungewöhnlicherweise begann man nun am anderen Ende der Kirche mit den Bauarbeiten: Noch bevor das Querhaus zur Ausführung kam, sollten die beiden Türme im Westen in den Himmel wachsen. Die weltweit größte Fassade einer Kirche zu bauen, überforderte die Stadt, die Arbeiten kamen 1560 zum Erliegen. Zwar konnten im notdürftig geschlossenen Chor Messen gefeiert werden, doch das blieb eine unbefriedigende Notlösung, bis die Nationalbewegung im 19. Jahrhundert den Dom für sich entdeckte und alle Kräfte mobilisierte, um den Torso nach

Der höchste Turm der **Kathedrale von Canterbury** erhebt sich über der Vierung und trägt den Namen seiner Glocke, Bell-Harry-Turm. ◀◀

alten Plänen doch noch zu vollenden. Es dauerte noch einmal 38 Jahre, bis man 1880 in Anwesenheit Kaiser Wilhelms I. zur Weihe des 157 Meter hohen und 145 Meter langen Sakralbaus schreiten konnte.

Der **Kölner Dom** ist nicht nur das dritthöchste Kirchengebäude der Welt, sondern besitzt auch die größte freischwingende Kirchenglocke.

## Metéora-Klöster

🏛 **Griechenland** Früher war es oft mehr als beschwerlich, die 120 Kilometer südwestlich von Thessaloniki „in der Luft Schwebende" – so die Bedeutung des griechischen Wortes „Metéora" – über Saumpfade oder mithilfe von Strickleitern und Seilwinden zu erreichen. Es gab zwei Gründe, warum ausgerechnet auf diesen von der Erosion stehen gelassenen Felskegeln Menschen siedelten: War es ersten Bewohnern, einigen einsam lebenden Eremiten, noch ein Bedürfnis, Gott möglichst nahe zu kommen, nutzten die ihnen folgenden Mönche die Unzugänglichkeit als Schutz in unruhigen Tagen. Das 14. Jahrhundert war für Thessalien eine kriegerische Zeit, zuerst übernahmen die Serben, später dann die Osmanen das einst zu Byzanz gehörige bergige Land. Die neuen islamischen Herren waren tolerant. Sie erlaubten, in den inzwischen 24 Klöstern weiterhin die Messe nach griechisch-orthodoxem Ritus zu feiern. Doch mit deren Blüte war es trotzdem schon bald vorbei. Der Verfall begann im 16. Jahrhundert. Griechische Rebellen nutzten die Klöster später im Freiheitskampf gegen die Türken als Zufluchtsort. Heute sind noch drei von ihnen von Mönchen und zwei von Nonnen bewohnt, darunter auch das größte, das Große

145 Meter lang ist das Kirchenschiff des **Kölner Doms.** 2008 hat man eine computergesteuerte Lichtanlage installiert, um es zu erhellen. ≫

Metéoron, das 1344 als Erstes gegründet wurde. Berühmt sind sie außer für ihre Lage auch für ihre wertvollen Fresken und die Bücherschätze, die die Jahrhunderte in den Bibliotheken überdauert haben.

## Mont Saint-Michel

🏛 **Frankreich** Der Erzengel Michael persönlich soll Bischof Aubert den Auftrag erteilt haben, ihm auf der Spitze eines vor der Küste der Normandie aufragenden Berges, der noch bis ins 5. Jahrhundert mit dem Festland verbunden war, eine Kapelle zu bauen. Nach anfänglichem Zögern schritt Aubert vor 1300 Jahren zur Tat. Schließlich siedelten sich hier Benediktiner an und begannen, den gesamten Bergkegel mit Gebäuden zu umbauen. Aus Platzgründen stapelten sie die üblichen Räumlichkeiten eines Klosters übereinander. Die krönende Kirche, ein im Kern romanischer Bau mit Ergänzungen aus späterer Zeit, verleiht dem Berg das Aussehen

einer „Pyramide der Meere". Die Französische Revolution machte auch vor diesem Kleinod nicht Halt: Die Mönche wurden vertrieben, der Klosterberg zum Gefängnis. Dann brach das Mittelalterfieber aus, das sich für die Insel als segensreich erwies: Sie wurde samt Kloster und Kirche, dem kleinen Dorf, das sich an die imposanten Gebäude schmiegt, und den wehrhaften Mauern von allem neumodischen Tand befreit. Seitdem wirkt sie, als wäre die Zeit hier vor 500 Jahren stehen geblieben.

## Sixtinische Kapelle

🏛 **Italien** 1505 beauftragte Papst Julius II. den Bildhauer, Maler und Architekten Michelangelo Buonarroti (1475–1564) mit der Übermalung der 550 Quadratmeter großen Decke der Sixtinischen Kapelle, der Hauskapelle der Päpste im Vatikan, die Julius' Onkel Papst Sixtus IV. 1477 bis 1480 hatte erbauen lassen. Bisher war der schlichte, 41 Meter lange, 13 Meter

Die Altarwand und die Decke in der **Sixtinischen Kapelle** wurden ab 1982 restauriert. Man entfernte Verschmutzungen und hellte die nach-gedunkelten Stellen auf, sodass die Farben nun wieder leuchten.

Einst war der **Mont Saint-Michel** ohne Boot nur bei Ebbe erreichbar, doch seit 1879 gibt es einen Damm zu der felsigen Insel.

breite und 21 Meter hohe Raum schon mit Werken der bedeutendsten Maler aus der Toskana und Umbrien geschmückt, an der nachtblauen Decke glänzten jedoch nur goldene Sterne. In vier Jahren Knochenarbeit, auf einem Gerüst stehend, Kopf und Schultern nach hinten geneigt, schuf Michelangelo eine von mehr als 150 Figuren bevöl-kerte Scheinarchitektur, die den Rahmen für neun Szenen aus dem Schöpfungsbericht der Bibel bildet, mit der berühmten „Erschaffung Adams" an zentraler Stelle. Die Kapelle gälte allein deswegen bereits als Höhepunkt der Renaissance, doch umso mehr, da der Künstler Jahrzehnte später dort erneut ans Werk ging: Auch die 170 Quadratme-ter der Altarwand bedeckte er nun noch mit einem Fresko, dem „Jüngsten Gericht". Die vielen nackten Gestalten erreg-ten den Unmut der frommen Männer der Kirche. Die monierten Stellen wurden schließlich mit gemalten Tüchern verdeckt und davon erst bei der Ende des 20. Jahrhunderts erfolgten Restaurierung der Kapelle wieder befreit.

## Fresken

**Die hohe Kunst der Wandmalerei** Die Fresko-technik verlangt, die Farben auf den frischen (italienisch „a fresco"), noch feuchten Putz auf-zubringen und nur solche zu verwenden, die keine chemische Reaktion mit der Kalkunter-lage mehr eingehen. Da alles sehr schnell gehen muss, werden vorher üblicherweise Kar-tons angefertigt, Vorzeichnungen der zu malen-den Szenen, deren Umrisse dann mit Nadeln, die man durch das Papier – den Karton – sticht, auf den Untergrund übertragen werden. Fehler bei der Freskomalerei lassen sich nur korrigie-ren, indem man den trockenen Putz wieder abschlägt.

Der **Petersplatz** vor der Peterskirche wird links und rechts von Kolonnaden begrenzt, die aus 284 je 15 Meter hohen Säulen bestehen. Die Säulengänge sollen auf die Menschen wie mütterlich ausgebreitete Arme wirken, die alle Gläubigen schützend umschließen.

## *Peterskirche in Rom*

🏛 **Italien** Kaiser Nero suchte Sündenböcke für den großen Stadtbrand, der das Zentrum Roms verwüstet hatte, und fand sie in den Christen, die sich seit einigen Jahren in Rom zu einer Gemeinde zusammengeschlossen hatten. Ihr Führer, ein gewisser Simon Petrus, ein Fischer aus Galiläa, wurde eingekerkert und schließlich im Jahr 64 zur Belustigung der Menge im Stadion des Kaisers auf dem Vatikanischen Hügel gekreuzigt. Ob Petrus überhaupt je in Rom

## Vatikan

**Der kleinste Staat der Erde** Die 44 Hektar große Vatikanstadt ist das religiöse und politische Zentrum der römisch-katholischen Kirche. Seit 1929 gilt sie als völkerrechtsfähiger Staat und wird als absolute Monarchie vom Heiligen Vater, dem Papst, regiert. Sie ist Nachfolger des Kirchenstaats, der bis 1870 den größten Teil Mittelitaliens umfassend die weltliche Basis des Papsttums bildete. Ihren Namen hat die Vatikanstadt von einem Hügel im Westen Roms, auf dem der Legende nach die Martyriumsstätte des Apostels Petrus lag. Die Päpste erhoben den dortigen Palast neben der Peterskirche nach ihrer Rückkehr aus ihrem Exil in Avignon 1378 zu ihrer ständigen Residenz.

Die **Pietà** schuf Michelangelo im Alter von 25 Jahren. Sie steht in der ersten Seitenkapelle des rechten Seitenschiffs.

«

Der Entwurf für die prächtige Kuppel der **Peters-kirche** stammt von Michelangelo, wurde aber nach dessen Tod von seinen Schülern geändert. »

war, ist nicht zu beweisen, doch ein im 20. Jahrhundert gefundenes Grab auf dem Vatikanischen Hügel wurde schon früh als seines verehrt. Kaiser Konstantin, der sich als erster römischer Kaiser zum Christentum bekannte, ließ etwa 324 darüber eine Basilika errichten, die im 16. Jahrhundert so baufällig war, dass für Papst Julius II. nur noch ein Abriss in Frage kam.

3,2 Meter über dem alten Niveau wurde 1506 nach Plänen von Bramante mit dem Neubau begonnen – der so entstandene „Keller", die sogenannten Vatikanischen Grotten, wurde als Krypta für Päpste, Kaiser und Könige genutzt. 1590 war der Renaissancebau fertig. Gekrönt von der Kuppel Michelangelos, war Sankt Peter im Vatikan – so der offizielle Name der Kirche – der höchste Kirchenbau der Renaissance (132 Meter). Zum größten christlichen Gotteshaus wurde die auf dem Grundriss eines griechischen Kreuzes errichtete Basilika erst durch eine Verlängerung des östlichen Kreuzarmes. Bei einer äußeren Länge von 211 Metern fanden nun 60 000 Gläubige in ihr Platz. Nachdem Urban VIII. sie 1626 seinem fernen Vorgänger Petrus geweiht hatte, sollte es noch 41 Jahre dauern bis auch der Platz vor dem imposanten Kirchenbau, der Petersplatz, durch Bernini seine heutige Form erhielt.

## Verklärungskirche auf Kischi Pogost

🏛 **Russland** „So eine gab es nie, es gibt keine zweite und es wird nie eine geben." Mit diesen Worten soll Nestor, der Baumeister der Verklärungskirche, 1714 nach deren Vollendung seine Axt in den Onegasee geschleudert haben. Dieses auf einer kleinen Insel des zweitgrößten europäischen Binnengewässers errichtete sakrale Bauwerk ist tatsächlich einzigartig, gilt als kühnster Holzbau Russlands und als einziger weltweit, der mehrere Kuppeln vorweisen kann. Gleich 22 sind es, die sich treppenartig bis zur 35 Meter hohen Spitze aufreihen. Im Inneren des ohne einen Nagel zusammengefügten Bauwerks ruft eine mit über 100 Ikonen geschmückte Ikonostase, eine für orthodoxe Kirchen typische Bilderwand, zum Gebet.

## Stift Melk

🏛 **Österreich** Die kleine Stadt am westlichen Ausgang der Wachau war im 11. Jahrhundert ein Machtzentrum der Babenberger, die vor den Habsburgern über Österreich herrschten. Das von ihnen 985 bei ihrer Burg auf einem Fel-

sen über der Donau gegründete Chorherrenstift wurde 1089 von Benediktinern bezogen, denen das Kloster auch heute noch gehört. Zwischen 1702 und 1736 legte man einen barocken Neubau an, der das mittelalterliche Kloster ersetzte. Er gilt als Hauptwerk Jakob Prandtauers, der sich mit der 320 Meter langen Anlage ein beeindruckendes Denkmal setzte. Insbesondere die Stiftskirche und die Bibliothek, der zweitwichtigste Raum eines Benediktinerklosters, gelten als Meisterwerke des Barock.

## Wieskirche

🏛 **Deutschland** In Bayern wurden zwischen den Jahren 1620 und 1770 zahlreiche Klöster und Wallfahrtskirchen neu errichtet. Ihre Zwiebeltürme und ihr verschwenderischer, oft von farbigem oder vergoldetem Stuck umrahmter Fresken-

Der Chor der **Wieskirche** ist im Rokokostil ausgeschmückt, der sich durch die verspielte Verzierung auszeichnet. Die Rocaille, ein muschelförmiges Ornament, ist hierbei ein wichtiges Element. »

Neben der **Verklärungskirche** gehören noch etwa 60 weitere Holzgebäude zum Freilichtmuseum auf **Kischi Pogost.** «

1738, zwei Jahre nachdem der Neubau des **Stifts Melk** fertiggestellt war, zerstörte ein Brand einen großen Teil der Anlage. Man begann sofort mit dem Wiederaufbau und die neue Klosterkirche konnte 1746 geweiht werden.

und Figurenschmuck prägen die Landschaft zwischen Donau und Alpen – kennzeichnende Merkmale des Barock und seiner die letzten Jahrzehnte bestimmenden verspielteren Variante, des Rokoko. Als Höhepunkt dieses Stils gilt eine abgelegene, von Wald und Mooren umgebene Wallfahrtskirche in der Nähe von Steingaden, etwa 20 Kilometer nördlich von Füssen. Es waren neben religiösen auch wirtschaftliche Gründe, die den Abt des Klosters in Steingaden dazu veranlassten, auf einer Waldwiese bei dem kleinen Weiler Wies eine Kirche bauen zu lassen. Dort war nämlich ein Wunder geschehen: Eine Heilandsfigur hatte Tränen vergossen. Pilgerströme setzten ein, was durch eine ansprechende Präsentation unterstützt werden sollte, denn die Pilger bedeuteten willkommene Einnahmen für die arme Gegend. In neun Jahren, zwischen 1745 und 1754, schuf Dominikus Zimmermann auf dem Höhepunkt seines Könnens einen äußerlich schlichten Bau, dessen Inneres, eine Sinfonie aus Architektur, Stuck und Malerei, einen würdigen Rahmen für den „Gegeißelten Heiland" bildet.

Der Weiterbau an der **Sagrada Familia** ist schwierig, denn es können keine vorgefertigten Teile verwendet werden, jeder Stein muss einzeln angepasst werden. «

Mit **Notre-Dame-du-Haut in Ronchamp** zeigte Le Corbusier, dass auch die Moderne fähig ist, faszinierende Kirchenbauten hervorzubringen. »

## Sagrada Familia

🏛 **Spanien** Die allein durch Spenden finanzierte Sühnekirche der Heiligen Familie, die Sagrada Familia, wurde 1882 nördlich der Altstadt Barcelonas im neogotischen Stil begonnen. Es war die große Zeit der Neostile: Neoromanik, Neogotik, Neorenaissance, Neobarock, alle Stile der Vergangenheit wurden aus der Mottenkiste geholt und beliebig kombiniert oder einfach kopiert. Doch nicht alle Architekten schwammen auf dieser Retrowelle mit. In Katalonien gab es eine entschiedene Gegenbewegung, den Modernismo, der sich mit dem deutschen Jugendstil oder dem französischen Art Nouveau vergleichen lässt. Geschwungene Linien und organische Formen in Kombination mit bunten Kacheln und Mosaiken sowie Gebäude wie aus Ton geknetet oder aus nassem Sand geformt waren die Kennzeichen der jungen Wilden, zu deren vorderster Front Antoni Gaudí i Cornet (1852–1926) gehörte. Er drückte der Sagrada Familia ab 1883 seinen Stempel auf und machte sie zu jenem bizarren, oft fast kitschigen Wunderwerk. 2026, im 100. Todesjahr des Architekten, soll sie fertig sein, bisher stehen beide Querhausfassaden mit den zugehörigen acht Türmen, Krypta, Apsis und Mittelschiff. Weitere zehn Türme, darunter der mit 170 Metern höchste Kirchturm der Welt, sind noch geplant.

## Notre-Dame-du-Haut in Ronchamp

🏛 **Frankreich** Sie ist eine Ikone des 20. Jahrhunderts: die Wallfahrtskirche Notre-Dame-du-Haut. Zwischen 1953 und 1955 von Le Corbusier (1887–1965) erbaut, dem vielleicht bedeutendsten Architekten seiner Zeit, blickt sie, wie schon zwei Vorgängerinnen an dieser Stelle, von einem Hügel in den Südvogesen 20 Kilometer von Belfort entfernt auf dichte Wälder und saftige Wiesen. Der für seine funktionalistische Strenge bekannte Baumeister hat sich bei diesem Bau viele Freiheiten erlaubt: So gestaltete er die von kleinen Fenstern durchbrochene, von einem Glockenturm flankierte Südwand flügelartig geschwungen und entwarf aus zwei verbundenen Betonschalen ein organisch geformtes Dach, das – seinen Worten zufolge – einem Krebspanzer nachempfunden ist. Durch seine graue Farbe setzt es einen markanten Akzent auf den sonst strahlend weißen Bau. Das Innere wirkt durch eine geschickte Lichtführung offen und lebendig, der Raum weitet sich zum Altar hin in Breite und Höhe. Das kleine, nur 200 Gläubige fassende Gotteshaus wird seiner Aufgabe auch bei großen Wallfahrten gerecht: Zu diesem Zweck hat Le Corbusier außen vor die Altarwand einen steinernen Altar und eine Kanzel gesetzt – so können unter freiem Himmel bei Bedarf Tausende die Messe feiern.

Zum Hadsch kommen jedes Jahr über zwei Millionen Pilger nach Mekka, um dort die **Kaaba** zu umrunden.

Der **Felsendom** mit seinem achteckigen Grundriss ist der älteste islamische Sakralbau. »

diese Nische normalerweise die Richtung zur Kaaba anzeigt, ist sie hier überflüssig.

## Felsendom

🏛 **Israel** Schon von Weitem leuchtet die Kuppel des Felsendoms den Besuchern der Heiligen Stadt golden entgegen. Das Wahrzeichen Jerusalems wurde bereits ab dem Jahr 687, 55 Jahre nach dem Tod Mohammeds, im Auftrag des neunten Kalifen Abd al-Malik durch syrische und byzantinische Baumeister auf dem Tempelberg im Osten der jüdischen Metropole errichtet. Zuerst gab es nur eine von vier Pfeilern und zwölf Säulen getragene offene „Kuppel über dem Felsen" – so die Bedeutung von „Qubbet es-Sakhra", des arabischen Namens dieses ältesten Werkes islamischer Architektur –, dann wurde der Bau durch Wände nach unten geschlossen. Seitdem blieb das nie als Moschee genutzte Gebäude im Wesentlichen unverändert, auch wenn es während der Kreuzzüge zeitweise als Kirche diente. Die 45 000 blau-grün-weißen Fliesen, die das Äußere des Felsendoms

## Kaaba in Mekka

🏛 **Saudi-Arabien** Jeder gläubige Muslim soll, sofern er es sich leisten kann und körperlich dazu in der Lage ist, einmal in seinem Leben eine Pilgerfahrt nach Mekka gemacht haben, den Hadsch. Sein Höhepunkt ist die siebenmalige Umrundung der Kaaba, des wichtigsten Heiligtums des Islam. Dieser aus graublauen Steinblöcken auf nicht ganz rechtwinkligem Grundriss aufgemauerte Kubus (arab. „Kaaba") misst nur zwölf mal zehn mal 15 Meter. Er wird von einem Vorhang aus schwarzem Brokat verdeckt, der jedes Jahr erneuert wird. In seinem Inneren gibt es außer einem abgetrennten „Bußeraum" drei Säulen aus Holz, die die mit Leuchtern aus Gold und Silber behängte Decke stützen. An der Ostecke der Kaaba ist der laut Legende ehemals weiße, durch das Küssen der Gläubigen und der damit erfolgten Übertragung ihrer Sünden schwarz gewordene Stein „Hadschar" eingemauert – ihn soll der Erzengel Gabriel einst dem Propheten Ibrahim, dem Abraham der Bibel, geschenkt haben. Schon 630, als Mohammed nach Mekka kam, gab es die Kaaba, allerdings stammt der heutige Bau aus dem 17. Jahrhundert. Umgeben wird er von der Al-Haram-Moschee, der mit 38 Hektar größten Moschee der Welt. Um sie herum stehen gleich sieben Minarette, jedoch fehlt die obligatorische Gebetsnische: Da

# Moschee

**Das islamische Gebetshaus** Moscheen dienen als Lehrstätte, Gerichtsort, Obdachlosenasyl, Hospital und Versammlungsort, in erster Linie jedoch als Ort des gemeinsamen islamischen Gebets. Sie folgen damit ihrem Urbild, dem Haus des Propheten Mohammed in Medina. Ihr Inneres wird durch die Ausrichtung nach Mekka bestimmt, die durch eine Gebetsnische (Mihrab) gekennzeichnet wird. Rechts neben ihr ist die Kanzel (Minbar) aufgestellt. Daneben verfügen Moscheen über Waschgelegenheiten und, vor allem die größeren unter ihnen, über ein oder mehrere Minarette, Türme, von denen aus zum Gebet aufgerufen wird.

prägen, sowie das vergoldete Aluminium der Kuppel, wurden 1561 bzw. 1960 ergänzt. Im Zentrum des in würdevolles Dämmerlicht getauchten Inneren ist der Heilige Felsen zu sehen, der der islamischen Überlieferung nach dem Paradies entstammen und Grundstein der Welt sein soll. Von ihm aus soll Mohammed in den Himmel aufgefahren sein – ein Fußabdruck von ihm wird dort noch heute gezeigt.

## La Mezquita

🏛 **Spanien** Wie ein steingewordenes Märchen aus 1001 Nacht erhebt sich die Mezquita (span. „Moschee") im Zentrum von Córdoba, der einstigen Hauptstadt von el-Andalus, dem im Mittelalter unter arabischer Herrschaft stehenden größten Teil der Iberischen Halbinsel. Ein Wald von ursprünglich 1400 Säulen, von denen noch 856 an Ort und Stelle stehen, empfängt den Besucher der drittgrößten Moschee der Welt. Ein Abkömmling der Kalifen von Damaskus begann 785 mit

Die **Blaue Moschee** besitzt sechs Minarette, von denen aus die Gläubigen zum Gebet gerufen werden. Nur die Hauptmoschee in Mekka hat noch mehr Minarette, nämlich sieben. ≫

Bekannt ist die **Selimiye-Moschee** wegen ihrer marmornen Kanzel und der kunstvollen Fliesendekoration.

einem elfschiffigen Bau. Seinem Grundschema, parallel stehenden Säulen, die in rot-weißem Wechsel aus Kalkstein und Ziegeln gemauerte Doppelbogen in Hufeisenform tragen, blieb man in immer neuen Erweiterungen treu. Die Gebäudelänge von 179 Metern bei einer Breite von 134 Metern ergibt eine Grundfläche, die der der Peterskirche in Rom kaum nachsteht. Von den Christen wurde ein Teil der Mezquita nach der Vertreibung der Mauren aus Spanien zu einer Kathedrale umgebaut, was den Raumeindruck zwar beeinträchtigt, jedoch nicht gänzlich zerstört.

## Selimiye-Moschee

⌂ **Türkei** Die auf einem Hügel im Ostteil der Altstadt von Edirne gelegene Selimiye-Moschee entstand zwischen 1567 und 1574 auf Befehl des Türkensultans Selim II. Sie gilt als eine der schönsten Moscheen und als ausgereifteste Schöpfung des bedeutendsten osmanischen Architekten, Sinan (um 1489–1588), der sie selbst als sein Meisterwerk bezeichnete. Vier über 70 Meter hohe Minarette flankieren den Bau, der von einer 43 Meter hohen Kuppel gekrönt wird. Besonders prachtvoll und für die farbigen Fliesen berühmt ist der Innenraum, den Granit-, Porphyr- und Marmorsäulen ebenso zieren wie vergoldete Kalligrafien und reiche Ornamente.

**La Mezquita** ist mit ihren rund 24 000 Quadratmeter Fläche das größte Moscheengebäude in Europa. ≪

## Blaue Moschee

⌂ **Türkei** Mit dem Bau der prächtigen, offiziell nach ihrem Stifter benannten Moschee wollte sich Sultan Ahmed I. in der osmanischen Hauptstadt ein Denkmal setzen. Sie sollte ein Gegengewicht zu der nahen, 1000 Jahre zuvor errichteten Hagia Sophia bilden und diese an Schönheit und Größe noch übertreffen. Mehmet Ağa, ein Schüler des bewunderten Sinan, erhielt den Auftrag – bereits 1616, nach sieben Jahren, war sie fertiggestellt. Seinen gängigen Namen trägt der heute als Hauptmoschee Istanbuls genutzte Bau aufgrund der Zehntausenden blau-weißen Kacheln, die sein Inneres schmücken. Gleich sechs Minarette stehen um den Komplex herum, zu dem auch noch ein großer Vorhof, eine Koranschule und verschiedene Türben (islamische Grabmonumente) gehören.

## Große Moschee in Djenné

⌂ **Mali** Mittelpunkt von Djenné, der alten Handelsstadt an einem Nebenfluss des Niger, ist die Große Moschee. Sie wurde um 1240 erbaut, 1830 zerstört und 1907 in ihrem alten Stil und Umfang wieder errichtet. Der aus Lehmziegeln zusammengefügte festungsartige Bau wirkt wie eine ins monumentale vergrößerte Sandburg. Drei nach vorne versetzte, gestufte Minaretttürme gliedern die Fassade. Sie ragen nur um wenige Meter über das 20 Meter hohe Gebäude hinaus. Aus den Wänden hervorstehende Holzbal-

Nur sechs Jahre brauchten die Handwerker, um die **Hassan-II.-Moschee** in Casablanca zu errichten – doch dafür arbeiteten sie auch Tag und Nacht.

Faszinierend anders: Die **Große Moschee in Djenné** ist der größte sakrale Lehmbau der Welt. Weil der Lehmputz bei Regen leidet, muss die Moschee nach jeder Regenzeit frisch verputzt werden. «

kenbündel sind nicht nur Zierelement, sondern dienen auch als Gerüststütze für die häufig anfallenden Reparaturen. Der nur spärlich erhellte Gebetsraum, dessen Dach von 90 mit arabischen Spitzbogen verbundenen Lehmsäulen getragen wird, bietet 1000 Gläubigen Platz.

## Hassan-II.-Moschee

🏛 **Marokko** Mit ihrem 200 mal 100 Meter messenden Gebetsraum, der 25 000 Menschen Platz bietet, ist diese 1993 vollendete Moschee die zweitgrößte der Welt, die Höhe ihres Minaretts, 200 Meter, ist unübertroffen. Dieser „Leuchtturm des Islam" weist mit einem Laserstrahl die Richtung nach Mekka. Zwei Drittel des neun Hektar großen Komplexes sind über dem Meer erbaut. Er vereinigt moderne Technik mit traditioneller Handwerkskunst – Mosaiken, Zedernholzschnitzereien, Marmorfußböden und Kristalllüster prägen das pompöse Monument, das anlässlich des 60. Geburtstags des marokkanischen Königs Hassan II. in Casablanca erbaut wurde.

Um die für das **Hängende Kloster** benötigten Steine an die richtige Stelle zu bringen, fertigte man sie am Fuß des Felsens vor, zog sie auf den Gipfel und ließ sie zur Baustelle hinunter.

## Hängendes Kloster

🏯 **China** 72 Kilometer südöstlich von Datong im Norden der Provinz Shanxi ragt der heilige Nordberg Hengshan, einer der fünf mythischen Berge Chinas, über 2000 Meter in die Höhe. An einer seiner Felswände klebt seit dem 6. Jahrhundert das Hängende Kloster. Es wurde geschickt durch an Seilen hängende Arbeiter dort angebracht, die natürliche Felsvorsprünge ausnutzten. 30 Meter über dem Talboden und von Stelzen abgestützt umfasst es 40 kleine Räume, deren hintere Felswände teilweise ausgehöhlt wurden, um Platz für Statuen zu schaffen. Außer für die einzigartige Lage und seinen Alter ist das Kloster aber auch noch für etwas anderes bekannt: In einem seiner Räume werden die drei wichtigsten traditionellen Religionen der Chinesen, Konfuzianismus, Taoismus und Buddhismus vereint.

## Mamallapuram

🏛 **Indien** Mamallapuram ist eine verschlafene Kleinstadt an der Koromandelküste im Südosten Indiens, etwa 60 Kilometer südlich von Chennai, dem früheren Madras. Sie wurde durch den Pavallakönig Narasimhavarman I. im 7. Jahrhun-

dert gegründet, sein Beiname Mamalla, „großer Kämpfer", gab ihr den Namen. Seine Nachfolger statteten die Stadt, die an der Stelle gegründet wurde, an der Gott Vishnu den Dämonenkönig Bali bezwungen haben soll, mit zahlreichen Tempeln aus, die teilweise aus dem Felsen geschnitten wurden, so eine Gruppe von fünf sogenannten Rathas (Tempelwagen), die ihren Namen ihrer Ähnlichkeit mit bei Tempelfesten benutzten Prozessionswagen verdanken. Der aus Granit erbaute Shivatempel am Strand, der mit zwei Vimanas, (südindischen Tempeltürmen) geschmückt ist, besticht durch seine harmonischen Proportionen. Inmitten der Stadt befindet sich eines der größten Reliefs der Welt, das gleich zwei Deutungen zulässt. Die verwirrende Vielfalt von Figuren stellt, so die Meinung der einen, die Herabkunft der Flussgöttin Ganga vom Himmel auf die Erde dar, um den Menschen Wohlstand und Reichtum zu bringen. Andere halten die in der Mitte durch eine große Spalte, aus der früher Wasser herunterfloss, in zwei Teile getrennte Szenerie für die „Buße des Arjuna" – eine Episode aus Indiens bekanntestem Epos, dem Mahabharata. Auf alle Fälle ist der Realismus der Darstellung faszinierend; vor allem die fast lebensgroßen Elefanten gehören zum Schönsten, was die Bildhauerkunst Indiens hervorgebracht hat.

hundert mit diesem ersten Versuch, einen kompletten hinduistischen Tempel mit all seinen Teilen, den Türmen, Terrassen, Säulen und Figuren, aus einem einzigen Felsen zu hauen. Nur das ewige Gestein schien den Erbauern würdig, die Wohnung Shivas zu sein. Die Arbeiten nahmen mehr als 200 Jahre in Anspruch, 200 000 Tonnen Stein wurden entfernt, ehe das fußballfeldgroße Heiligtum 968 vollendet war. Der Grundriss weicht nicht vom üblichen Schema ab: Auf ein Eingangstor folgen nach einer Brücke der Nandi-Pavillon für das Bild des Reittiers Shivas, einen Stier, dann die Mandapa, eine weiträumige Stützenhalle, und schließlich das Gehäuse mit dem phallischen Symbol für den Gott selbst. Darüber erhebt sich ein 32 Meter hoher, dreistöckiger, reich verzierter Turm, ein Vimana. Der Kailasha-Tempel, den in den Felsen gehauene zwei- bis dreistöckige Klöster umgeben, ist zwar das beeindruckendste Heiligtum in Ellora, aber nicht das einzige: Weitere 33 aus der Felsmasse herausgemeißelte Glaubensstätten, zum Teil buddhistisch, zum Teil hinduistisch oder auch jainistisch, wurden hier zwischen dem 4. und dem 11. Jahrhundert angelegt.

Rund um die Elefanten in **Mamallapuram** sind unter anderem Szenen aus dem indischen Dorfleben in den Stein gemeißelt.

## Kailasha-Tempel in Ellora

🏛 **Indien** Der größte monolithische Bau der Welt steht im mittelindischen Bundesstaat Maharashtra, 30 Kilometer von Aurangabad entfernt beim Dorf Ellora. Der den Kailash im Himalaja, den heiligen Götterberg der Hindus und den Sitz Shivas, darstellende Tempel wurde von oben nach unten aus einer fast zwei Kilometer langen, nach Westen gerichteten Felsabbruchkante herausgeschlagen. Man begann im 8. Jahr-

# Hinduismus

**Eine der ältesten Religionen der Welt** Mit 900 Millionen Anhängern ist der Hinduismus die drittgrößte Weltreligion. Hinduismus ist eigentlich eine europäische Sammelbezeichnung für die vielfältigen Glaubensvorstellungen des indischen Subkontinents, daher ist eine Definition schwierig – für viele ist er eher eine Lebensweise als eine Religion. Die Glaubenspraxis beruht auf Traditionen; zwei Götter, Vishnu und Shiva, werden neben anderen besonders verehrt. Leben und Tod werden als wiederkehrender Kreislauf betrachtet. Es gibt keinen Gründer oder Propheten, kein allgemein gültiges Glaubensbekenntnis und keine oberste Instanz.

Im Gegensatz zu den anderen Heiligtümern in Ellora hat man beim **Kailasha-Tempel** nicht nur eine, sondern alle Seiten ausgearbeitet.

Das Torhaus des **Brihadishvara-Tempels.** Er ist ein Beispiel für den Dravida-Stil, den ersten mittelalterlichen hinduistischen Architekturstil.

## Brihadishvara-Tempel

🏛 **Indien** Der dem Gott Shiva geweihte Tempel liegt am Rand der südindischen Großstadt Thanjavur, der einstigen Hauptstadt des Chola-Reiches, das um das 10. Jahrhundert die südliche Spitze des indischen Subkontinents umfasste. Er beeindruckt außer durch seinen künstlerischen Reichtum vor allem durch seine Größe, die den Ruhm seines Stifters Rajaraja I. (regierte 985–1012) mehren sollte. Der 1000 Jahre alte Tempel steht in der Mitte eines 152 mal 76 Meter großen, rechteckigen Hofes, der von Kolonnaden mit kleinen Schreinen umgeben ist. Durch zwei Torbauten, Gopurams, gelangt man zu dem drittgrößten Nandi Indiens, einem monolithischen Stier, dem Reittier Shivas. Eine doppelte Säulenvorhalle führt in das eigentliche Heiligtum mit dem Lingam, dem phallischen Symbol des Gottes. Über ihm erhebt sich ein innen hohler, 13-stöckiger Pyramidenturm,

dem mit 61 Metern höchsten seiner Art. Er wird von einer halbkugelförmigen Kuppel gekrönt, deren Abschluss ein von Rajaraja persönlich aufgesetzter Kupferkessel bildet. Um an die Spitze des Turmes zu gelangen, benutzte er vielleicht dieselbe sechs Kilometer lange Rampe auf einem Bambusgerüst, die – so die Theorie – gebaut wurde, um den tonnenschweren Kuppelstein an Ort und Stelle zu hieven.

## Nara

🏛 **Japan** Den Gebäuden dieser Stadt, die südlich von Osaka auf der japanischen Hauptinsel Honshu liegt, ist es zum Glück nicht so ergangen wie den Bauwerken anderer Metropolen, die nach einem glanzvollen Kapitel ihrer Geschichte zur Normalität oder gar bedeutungslos geworden sind. Obwohl die große Zeit Naras bereits mehr als 1200 Jahre zurückliegt – sie fungierte von 710 bis 785 als Japans Hauptstadt –, haben zahlreiche Bauten die Zeit überdauert. Der alte Kaiserpalast dieser nach chinesischem Vorbild planmäßig angelegten Stadt ist zwar längst zerfallen, doch von den teilweise mehr als 100 Einzelbauten umfassenden buddhistischen Tempelanlagen sind viele erhalten, so zum Beispiel der Horyu-ji, der „Tempel des erhabenen Gesetzes" im Süden der Stadt. Seine drei Hauptgebäude stammen aus dem 7. Jahrhundert. Das mittlere Tor, Chumon, die fünfstöckige Pagode sowie Kondo, die „Goldene Halle", gelten als älteste Holzgebäude der Welt. Nur wenig jünger ist der Todai-ji, der „östliche Großtempel". Er galt als buddhistischer Haupttempel des Landes. In seiner größten Halle, der Daibutsu-den, die 1709 grundlegend erneuert wurde und ebenfalls mit einem Superlativ aufwarten kann – sie gilt als größter reiner Holzbau der Welt – sitzt der über 16 Meter hohe, aus Bronze gegossene Buddha Vairocana. Ungewöhnliches ist über die östliche Pagode des Yakushi-ji zu berichten: Sie wurde 697 erbaut, doch nicht in Nara, sondern in Fujiwara, der Vorgängerin Naras als Hauptstadt des Landes. Als der Kaiserhof umzog, nahm man sie kurzerhand mit – verständlich, denn nicht umsonst gilt die 34 Meter hohe, dreistöckige Pagode als schönste des Landes.

## Heiligtum von Borobodur

🏛 **Indonesien** Der Name „Tempel auf dem Berg" verrät schon einen Teil der Konstruktionsweise der von einem Stupa gekrönten Stufenpyramide: Sie ist nämlich nicht massiv, und sie umschließt mit ihren sechs rechteckigen Stufen und den drei darüber liegenden runden Terrassen auch keinen Raum, sondern einen natürlichen Hügel. Vielleicht ist er der

Die östliche Pagode des Yakushi-ji in **Nara** verfügt nur scheinbar über sechs Stockwerke – eigentlich sind es nur drei, die durch kleinere Dächer nochmals gegliedert sind. »

Der große Bronze-Buddha Vairocana im Todai-ji in **Nara** wiegt 452 Tonnen und ragt inklusive Sockel beeindruckende 30 Meter hoch auf. »

Auf drei Terrassen des **Heiligtums von Borobodur** umgeben insgesamt 72 Stupas den großen Hauptstupa. Seine vier Elemente, Basis, (Halb-)Kugel, Spitze und Juwel, symbolisieren den Buddhismus. »

Die Anlage des **Goldenen Tempels von Amritsar** wird sehr sorgfältig gepflegt, das Tempelinnere wischt man sogar täglich mit Milch. «

## Goldener Tempel von Amritsar

**Indien** Amritsar ist eine Millionenstadt im Punjab, nur 26 Kilometer von Pakistan entfernt. Sie wurde vom vierten religiösen Führer der Sikhs Ende des 16. Jahrhunderts auf Land gegründet, das ihm der Mogulherrscher Akbar der Große geschenkt hatte. Amritsar ist Standort des Goldenen Tempels, des spirituellen Mittelpunkts des Sikhismus, einer Religion, die islamische mit hinduistischen Elementen verbindet. Wie der Islam ist sie monotheistisch und bildlos, kennt wie der Hinduismus den Wiedergeburtsglauben, lehnt jedoch die Existenz von Wundern und das Kastensystem ab. Der heutige Bau stammt aus dem 18. Jahrhundert, seinen Namen, Hari Mandir, „Goldener Tempel", erhielt er 1830, als er vom Erdgeschoss aufwärts mit vergoldeten Kupferplatten verkleidet wurde. Er liegt in dem fast quadratischen, künstlichen „See des Unsterblichkeitsnektars" und ist mit dessen Westufer durch eine 60 Meter lange Marmorbrücke verbunden. In dem kompakten, durch Erker und Pavillons aufgelockerten Gebäude wird das Heilige Buch der Sikhs aufbewahrt, das Guru Granth Sahib, eine Sammlung von über 3000 Hymnen zu Ehren des einen Gottes.

## Shwedagon-Pagode

**Myanmar** Rangun, die ehemalige Hauptstadt Birmas, heißt heute Yangon, das Land Myanmar – ihr weithin sichtbares Wahrzeichen, die Shwedagon („Goldener Hügel")-Pagode, erhebt sich, von solchen Änderungen völlig unbeeindruckt, weithin sichtbar schon seit mindestens 1000 Jahren auf einem 60 Meter hohen Hügel inmitten der Stadt. Der Legende nach war es der Buddha Siddharta Gautama selbst, der zwei birmanischen Kaufmannssöhnen im 6. Jahrhundert v. Chr. acht seiner Haare schenkte. Zurück in der Heimat beschloss ihr Landesherr, diese Reliquien in einem Schrein aufzubewahren.

Grund, warum dieses größte buddhistische Bauwerk der Erde gerade hier, an einem ansonsten unbewohnten Ort auf Java, 40 Kilometer nordwestlich der Stadt Yogjakarta, aufgetürmt wurde. Auch der Anlass für seine Errichtung ist unbekannt. Dankbarkeit mag ein Motiv gewesen sein, Dankbarkeit der Auftraggeber für ihren Aufstieg zur führenden Dynastie Javas nach ihrem Übertritt zum Buddhismus. Das geschah im 8. Jahrhundert und damals begann man auch mit dem Bau. Aus über 1,6 Millionen Steinquadern, viele von ihnen kunstvoll behauen und in leuchtenden Farben bemalt, setzten Tausende Handwerker, Arbeiter und Bildhauer ein Heiligtum zusammen, dessen Schmuck einem vorgegebenen Programm folgt: Es zeigt die drei kosmischen Sphären, durch die die Seele zur Vollkommenheit gelangt. Durch Umrunden der neun Terrassen konnte ein Pilger diesen Weg nachvollziehen, von den Niederungen des Lebens bis zum Nirvana. Nicht lange nach seinem Bau geriet das um 830 vollendete Bauwerk in Vergessenheit, erst 1814 wurde es wieder freigelegt und Ende des 20. Jahrhunderts Stein für Stein konserviert.

In den kleinen Stupas, die die **Kuthodaw-Pagode** umgeben, befinden sich Marmortafeln, auf denen das Tipitaka eingemeißelt ist. »

Schirm und Spitze der **Shwedagon-Pagode** sind mit Diamanten, Rubinen und Saphiren besetzt. Außerdem verzieren zahlreiche Glocken das Heiligtum.

Über ihm errichteten die Gläubigen einen Stupa, einen aus dem Grabhügel entwickelten, vor Symbolik strotzenden Behälter aus Gold. Tatsächlich wurde der glockenförmige Bau im 11. Jahrhundert erstmals erwähnt. Er erhielt seine heutige Gestalt und damit die Rekordhöhe von 107 Metern 1773. 64 Schreine umgeben den massiven Bau, sie ersetzen mit der Möglichkeit dort Figuren zu verehren, zu meditieren oder zu opfern den nicht vorhandenen Innenraum. Das aus Backsteinen erbaute wichtigste buddhistische Heiligtum Myanmars ist mit 13 000 Platten verkleidet, deren Vergoldung alle 20 Jahre in einem patriotischen Kraftakt erneuert wird.

## Kuthodaw-Pagode

🏛 **Myanmar** Im Herzen Myanmars, an einer Biegung des Irawadi, des größten birmanischen Flusses, reihen sich nur wenige Kilometer voneinander entfernt vier alte Königsstädte aneinander. Die jüngste unter ihnen, die Millionenstadt Mandalay, wurde 1857 durch König Mindon nur zehn Kilometer von ihrer Vorgängerin als Hauptstadt des Landes entfernt gegründet. Es ist eine Stadt voller Klöster und Mönche, ein Zentrum der buddhistischen Gelehrsamkeit und des Kunsthandwerks. Ihr Name leitet sich von einem 236 Meter hohen Hügel ab, der sich in ihrem Norden erhebt. An seinem Fuß steht die goldene Kuthodaw-Pagode, ein buddhistischer Stupa, der eine Höhe von 57 Metern erreicht. Die „Pagode königlichen Verdienstes" wurde im Auftrag des Stadtgründers nach zwei Jahren Bauzeit 1862 fertiggestellt. Sie wurde in den folgenden sechs Jahren mit 729 kleinen weißen Stupas umgeben, die das größte Buch der Welt enthalten: Wie in Reliquienbehältern werden in jedem von ihnen zweiseitig behauene Marmortafeln aufbewahrt, die den Text des Tipitaka wiedergeben. Dabei handelt es sich um eine Sammlung von Dialogen und Lehrvorträgen Buddhas, deren einheitliche Fassung eine von 1868 bis 1871 in Mandalay tagende buddhistische Synode verabschiedet hat. Der 730. Stupa dient zur Erläuterung des erstaunlichen Werkes.

# Burgen, Schlösser und Paläste

Ob bayerischer Märchen- oder französischer Sonnenkönig, Papst oder Dalai Lama, für jeden dieser Herrscher wurden trutzige Burgen, prächtige Schlösser oder prunkvolle Paläste errichtet, die zum Großartigsten gehören, was Architekten je erdachten. Heute sind sie meist Museen, nur wenige werden noch immer als Wohn- oder Repräsentationsgebäude genutzt.

Der trutzige **Tower von London** scheint quadratisch zu sein, doch jede seiner vier Seiten hat eine andere Länge, sodass die Ecken auch keine rechten Winkel bilden.

## Tower von London

🏰 **England/Großbritannien** Im 11. Jahrhundert legte Wilhelm der Eroberer, der Ahnherr der Queen, den Grundstein für die fast 1000 Jahre alte Festung von London. Er war selbst durch eine Invasion ins Land und an die Macht gekommen und wusste, wie wichtig gut ausgebaute Burgen zur Verteidigung waren. Er ließ sie am Nordufer der Themse in einer Ecke der alten römischen Stadtmauer der englischen Hauptstadt erbauen. Im Lauf seiner Geschichte diente der Tower (engl. „Turm") als Palast, Staatsgefängnis, Hinrichtungsstätte und als Aufbewahrungsort der Kronjuwelen – nur diese Funktion hat sich bis heute gehalten. Der älteste Teil ist der 30 Meter hohe, zum Teil aus weißem Stein errichtete, mit vier Ecktürmen versehene „White Tower". Ihn umgibt ein Hof, der von einer Mauer mit 13 Türmen

geschützt wird, von denen einige als Gefängnis für prominente Persönlichkeiten dienten. Die Wachleute des Towers, die „Beefeaters", waren meist die letzten Menschen, zu denen die Gefangenen Kontakt hatten – nur wenigen war eine Entlassung vergönnt. An Flucht war nicht zu denken, denn eine zweite Mauer umgibt die erste in geringem Abstand, deren bekannteste Öffnung, das „Verrätertor", den Tower direkt mit der Themse verbindet. Die bekanntesten Bewohner der Festung sind bis heute jeweils sechs Raben: Ihnen werden die Flügel gestutzt, damit sie nicht davonfliegen. Es heißt, der Tower – und mit ihm das ganze Königreich – ginge unter, wenn es dort keine Raben mehr gäbe.

Was man heute besichtigen kann, hat nur noch wenig mit der geschichtsträchtigen **Wartburg** gemein, auf der auch Goethe mehrfach weilte. Ihr heutiges Aussehen geht auf Großherzog Carl Alexander von Sachsen-Weimar-Eisenach (1853–1901) zurück.

## Wartburg

**Deutschland** „Wart' Berg, du sollst mir eine Burg werden!" Mit diesem Ausruf soll 1067 die Geschichte der Wartburg oberhalb von Eisenach im Zentrum Deutschlands begonnen haben. Schon im 12. Jahrhundert wurde sie zur Residenz der thüringischen Landgrafen, die heilige Elisabeth von Thüringen lebte hier, und die berühmtesten Minnesänger des Mittelalters fochten auf ihr ihren Sangeswettstreit aus. 1521 rückte die Burg, inzwischen nur noch Sitz eines fürstlichen Verwalters, erneut in historisches Licht: Martin Luther, in Worms für vogelfrei erklärt, fand hier für ein Jahr Unterschlupf und übersetzte das Neue Testament. 1817, 300 Jahre nachdem er in Wittenberg seine Thesen angeschlagen hatte, feierten in der

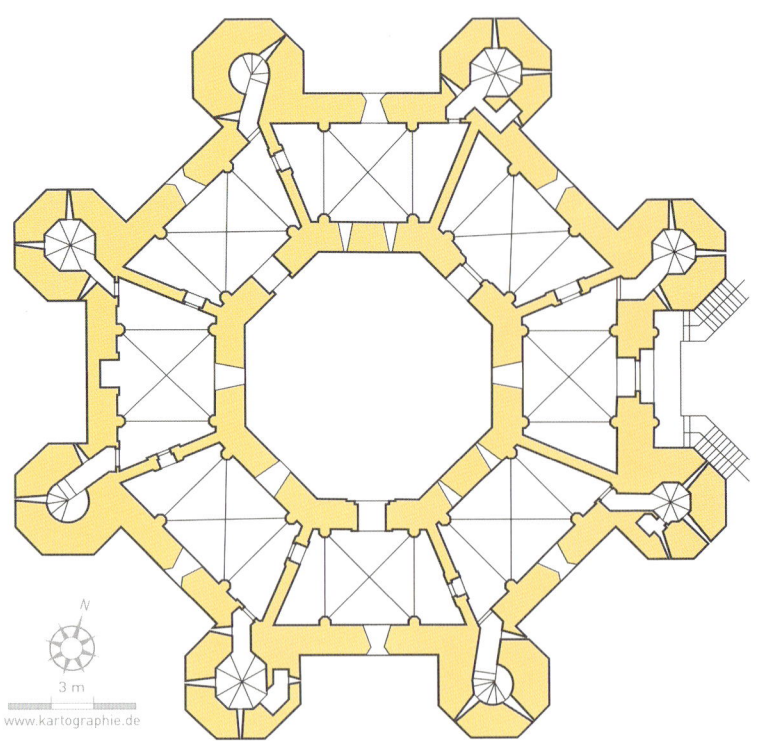

Ein kompliziertes Gangsystem durchzieht das Oktogon des **Castel del Monte.**

nie eroberten oder zerstörten Burg Studenten ein Fest, bei dem sie erstmals Einigkeit und Freiheit in einem einheitlichen Deutschland forderten. Die damals teilweise verfallene Burg wurde im 19. Jahrhundert als romantisches Symbol alter Ritterherrlichkeit vom Weimarer Großherzog wiederentdeckt. Er ließ sie restaurieren und ergänzte die Bausubstanz aus der Romanik und dem Spätmittelalter um historisierende Neuschöpfungen zu einem harmonischen Ganzen.

## Castel del Monte

**Italien** Wie eine Krone thront Castel del Monte auf einem Hügel im mittleren Teil Apuliens, der Region, die Sporn und Absatz des italienischen Stiefels bildet. Es blickt auf eine karge Landschaft hinunter, die im 13. Jahrhundert wie fast ganz Süditalien politisch zu Sizilien gehörte. Über eine Erbschaft war Friedrich II. (1194–1250), Kaiser des Heiligen Römischen Reiches und König von Deutschland, an die Macht über diese Gegend gelangt. Er war es, der 1240 den Auftrag dazu erteilte, hier die vielleicht ungewöhnlichste Burg der Welt zu errichten. Was ihn dazu bewogen hat, weiß

## Marienburg

**Polen** 1225 waren die Angehörigen des in Jerusalem gegründeten „Ordens der Brüder vom Deutschen Haus St. Mariens" durch den Herzog von Masowien an die Ostsee gerufen worden. Sein Ziel war es, die dort lebenden Pruzzen, die Namensgeber Preußens, zum wahren Glauben zu bekehren. Dem Deutschen Orden versprach er dafür Land als Lohn – ein Versprechen, das bald eingelöst werden musste. In den nächsten Jahren vergrößerte der geistliche Ritterorden sein Gebiet beträchtlich und verwaltete es von der Marienburg (poln. „Malbork") aus, mit deren Bau man 1274 an der Nogat, dem östlichen Mündungsarm der Weichsel, begann. Kaum war es fertig, musste das „Hochschloss" bereits vergrößert werden, denn 1309 machte der Hochmeister, das Oberhaupt des Ordens, die Marienburg zu seinem Sitz. Später kamen eine weitere Burg, das sogenannte Mittelschloss, sowie der Hochmeisterpalast hinzu, der bis 1399 errichtet wurde und mit Sommer- und Winterrefektorium über zwei der schönsten gotischen Raumschöpfungen verfügt. Der Orden wurde 1466 endgültig aus der Marienburg vertrieben. Den größten Backsteinbau Europas nutzte man für verschiedene Zwecke und Ende des 18. Jahrhunderts wäre er fast abgerissen worden. Im Zweiten Weltkrieg zu großen Teilen zerstört wird die einstige fürstlich-ritterliche Residenz seit 1961 wieder aufgebaut.

man nicht, sodass auch der eigentliche Zweck des Gebäudes unbekannt ist. Am wahrscheinlichsten ist, dass Friedrich es als Jagdschloss nutzen wollte. Die Fertigstellung hat er allerdings wohl nicht mehr erlebt.

Castel del Monte weist, ähnlich wie die Kaiserkrone, mit seinem oktogonalen Grundriss vermutlich auf das himmlische Jerusalem hin, das man sich achteckig vorstellte. Dem trutzigen Kastell aus sandfarbenem Kalkstein sind an jeder Ecke ebenfalls achteckige Türme angegliedert, die kaum über den 25 Meter hohen, zweistöckigen Bau hinausragen. 16 Räume mit Kreuzrippengewölben wurden bis ins 15. Jahrhundert zum Teil auch als Gefängnis genutzt. Von dreien gelangt man in den natürlich ebenfalls achteckigen Innenhof des symbolträchtigen Gebäudes, das heute die italienische 1-Cent-Münze ziert.

Die **Marienburg** – links der Hochmeisterpalast und rechts das Hochschloss mit dem Abortturm, dem Dansker – ist heute Museum.

**Windsor Castle** hat eine lange Entwicklungsgeschichte. Wilhelm der Eroberer nutzte es als Festung, Eduard III. und seinen Nachfolgern diente es als Palast. **«**

## Windsor Castle

⚜ **England/Großbritannien** Mit dem Bau der auf einem Kreidefelsen am Ufer der Themse im Südwesten Londons gelegenen Anlage wurde unter Wilhelm dem Eroberer 1080 begonnen. Seit 1110 wird Windsor Castle von Englands

Herrschern als Palast genutzt. Es ist damit das älteste und größte noch bewohnte Schloss der Welt. Der ausgedehnte Komplex, der, obgleich er mittelalterlich anmutet, zum großen Teil ein Werk des 19. Jahrhunderts ist, gruppiert sich um einen künstlichen Erdhügel, auf dem sich als weithin sichtbares Wahrzeichen des Schlosses der Runde Turm erhebt. Er teilt die Anlage in zwei Bereiche: den viereckigen Oberen Hof mit den privaten sowie den Staatsgemächern und den Unteren Hof. In dessen Mitte steht seit fast 500 Jahren die in spätgotischem Stil erbaute Georgskapelle, die eine wichtige Rolle beim „Garter-Day", der jährlichen Zusammenkunft der Ritter des Hosenbandordens, spielt.

## Alhambra und Generalife

⚜ **Spanien** Der Süden Spaniens wirkte schon früher wie ein Magnet auf Fremde. Zuerst siedelten hier Phönizier, dann Römer und schließlich kamen, noch vor den Arabern, die Vandalen. Sie blieben zwar nur kurz, doch nach Meinung mancher Forscher erinnert der Name der Region „Andalusien" bis heute an dieses zu Unrecht sprichwörtlich gewordene Volk. Am Fuß der bis zu 3500 Meter hohen Sierra Nevada liegt Granada, das einst die reiche Hauptstadt eines Sultanats war, das Mohammed I. ben Nasr 1238 gründete. Dieser war es auch, der auf dem Ausläufer eines Plateaus oberhalb der Stadt damit begann, sich eine Festung, die „Rote Burg" (arabisch „Kala al-Hamra"), bauen zu lassen. Seine Nachfolger ergänzten diesen ältesten Teil der Alhambra außer um viele kleinere Bauwerke vor allem um den

## Die Windsors

**Eine Dynastie gibt sich einen Namen** Seit der Eheschließung Queen Victorias mit einem deutschen Prinzen lautete der Name des britischen Königshauses „Sachsen-Coburg-Gotha". Das war nicht nur umständlich, sondern völlig unpassend als England und Deutschland sich im Ersten Weltkrieg als Gegner gegenüberstanden. So war es konsequent, als Georg V., der Großvater Elisabeths II., 1917 seine Dynastie in „Windsor" umbenannte. Pate für diesen sehr englisch klingenden Namen war eine der Hauptresidenzen des Monarchen, Schloss Windsor.

Die maurischen Baumeister hatten eine Vorliebe für Gartenanlagen und Wasserspiele. Auch der Sommerpalast **Generalife** ist von Gärten umgeben und von Wasserflächen durchzogen.

Arabischen Palast und – auf einem Nachbarhügel – den Sommerpalast Generalife. Beide Pläste sind herausragende Beispiele islamischer Baukunst, die nicht durch Monumentalität, sondern durch allerhöchstes kunsthandwerkliches Niveau beeindruckt. 1492 war die arabische Phase in Spanien beendet. Boabdil, der letzte maurische Herrscher, wurde von den Katholischen Königen vertrieben. Er wusste, was für ein Paradies er verloren hatte. Der Name der Passhöhe, von der aus er noch einmal zur Alhambra hinüber sah, spricht für sich: „El suspiro del moro" – „Der Seufzer des Mauren".

## Prager Burg auf dem Hradschin

**Tschechien** Die Prager Burg auf dem Hradschin, einem 70 Meter hohen Hügel in der tschechischen Hauptstadt, gilt als größte Burganlage der Welt. Über 1000 Jahre wurde an ihr gebaut. Sie war und ist die Residenz des Staatsoberhaupts, einst der böhmischen Könige, heute des tschechischen Staatspräsidenten, der im Neuen Palais residiert. Es begrenzt den ältesten der drei Burghöfe nach Süden. Die

Die Sierra Nevada bildet eine wundervolle Kulisse für die majestätische **Alhambra** oberhalb der Stadt Granada in Andalusien.

Bei Nacht wird der ausgedehnte Komplex der **Prager Burg,** aus deren Mitte sich der Veitsdom erhebt, effektvoll angestrahlt. ❯❯

225

Im **Wladislawsaal** sind gotische Elemente wie am Deckengewölbe, aber auch Renaissanceformen (an den Fenstern) vereint.

## Kreml in Moskau

**Russland** Nicht nur in Moskau gibt es einen Kreml, wenn jener wegen seiner Pracht und seines Alters auch als der bedeutendste in Russlands Städten gilt. Jeder Kreml bildet eine Stadt in der Stadt, eine besonders befestigte Zone mit Gebäuden, die im Fall eines Angriffs bevorzugt geschützt werden müssen. Der Kreml im Herzen Moskaus liegt leicht erhöht über dem Fluss Moskwa. Die Hauptstraßen der russischen Hauptstadt laufen sternförmig auf ihn zu. Bis 1712 war er das Zentrum eines mächtigen Reiches und wurde es 1917 erneut, als die roten Zaren die Macht übernahmen – heute ist der Kreml der Amtssitz des russischen Staatspräsidenten. In seinen Mauern wurden die Zaren gekrönt und bis zu Peter dem Großen auch begraben, sie beherbergten Schätze und Waffen – unter diesen die mehr als fünf Meter lange Zarenkanone, die nie zum Einsatz kam.

Das nahezu dreieckige, mit Palästen und Kirchen dicht bebaute Gelände, wird durch eine 2235 Meter lange, 6,5 Meter dicke und 19 Meter hohe, mit 19 Türmen versehene Ziegelmauer geschützt. Schlimmer als diverse Brände,

andere Seite nimmt der St.-Veits-Dom ein, mit seinen beiden erst im 19. Jahrhundert fertiggestellten, über 100 Meter hohen Türmen das höchste Gebäude des Burgkomplexes. Historisch von besonderer Bedeutung ist der Ludwigstrakt im Alten Königspalast, der 1618 Schauplatz des Prager Fenstersturzes war, dem Auslöser des 30-jährigen Krieges. Der Wladislawsaal im gleichen Gebäude, dessen freitragendes Rippengewölbe vor 500 Jahren als Sensation gefeiert wurde, erlaubte mit seinen Maßen (62 mal 16 Meter) die Ausrichtung von Turnieren, zu denen die Ritter über eine Pferdetreppe gelangten. Den Ostteil der Burg bestimmt neben Befestigungsanlagen und einem adeligen Damenstift die St.-Georgs-Kirche, der bedeutendste romanische Kirchenbau der Stadt, sowie das Goldene Gässchen, an dessen Seiten kleine bunte Häuser für die Bediensteten die Zeiten überdauerten.

Der Erlöserturm bildet einen von vier Zugängen des **Kreml**.

»

Der **Große Kremlpalast** ist ein bedeutender Teil des Moskauer Kreml. Früher diente er als Wohnsitz für die Zarenfamilie, heute gehört er zu den Dienstgebäuden des Präsidenten.

die Tartaren, die Polen und die Franzosen wüteten die Oktoberrevolutionäre von 1917: 17 von 31 Kirchen des Kreml wurden damals zerstört. Die meisten von ihnen entstanden um das Jahr 1500, als Iwan III. (regierte 1440–1505), der als Erster den Zarentitel verwendete, so viel Macht auf sich vereinte, dass eine Aufwertung seiner Residenz notwendig schien. Manche sahen in Moskau schon das „dritte Rom", nachdem das zweite, Konstantinopel, 1453 an die Türken gefallen war. Aus Italien, dem Land des ersten Rom, wurden berühmte Architekten verpflichtet, die in den Kirchen und Palästen, die sie erbauten, italienische Renaissance und altrussischen Stil auf gelungene Weise miteinander verknüpften. Dies lässt sich an der mit fünf goldenen Kuppeln gekrönten Mariä-Entschlafens-Kathedrale beobachten, dem größten und ältesten Gotteshaus im Kreml, das als Grabeskirche der russisch-orthodoxen Patriarchen dient. Vom einstigen Palast Iwans III. sind nur Teile erhalten. Sie wurden im 19. Jahrhundert in den Großen Kremlpalast integriert, der mit seiner 125 Meter langen und 47 Meter hohen Fassade die Ansicht des Kreml von der Moskwa bestimmt. Bekannter ist nur noch der Blick auf seinen nordöstlichen Teil. Der Kreml grenzt dort an den Roten Platz, der einst als Markt- und später als Paradeplatz genutzt wurde.

Die Mariä-Verkündigungs-Kathedrale ist eine von drei orthodoxen Kathedralen im **Kreml.** Sie war lange die Hauskirche der Zaren.

## Burg Himeji

🏯 **Japan** Im Land des Lächelns ging es nicht immer freundlich zu. Einflussreiche Familien bekämpften einander und rangen um die Macht. Wie in Europa boten ihnen wehrhafte Burganlagen Schutz vor unliebsamen Besuchern – Komplexe, die trotz ihres Festungscharakters auf typische Versatzstücke japanischer Architektur nicht verzichten. Für ihre Schönheit gerühmt wird die Burganlage in Himeji auf der Hauptinsel Honshu nordwestlich von Kobe. Wegen ihrer weißen Außenmauer wird sie voller Poesie auch „Schloss des weißen Reihers" genannt. Mit dem Bau wurde bereits im 14. Jahrhundert begonnen, doch die meisten der erhaltenen Bauteile stammen aus der Zeit um 1600.

## Burg Matsumoto

🏯 **Japan** Japanische Burgen bestanden hauptsächlich aus Holz und wurden deshalb häufig zerstört. Eine der wenigen, die zu großen Teilen original erhalten ist, ist die im 16. Jahrhundert erbaute Burg von Matsumoto, einer Großstadt im Zentrum von Japans Hauptinsel Honshu. Da sie auf flachem Gelände errichtet wurde, hat man sie durch ein komplexes System aus Mauern, Gräben und Toren geschützt. Beeindruckend ist der wie eine Pagode wirkende Tenshu, der Wohnturm, von dessen sechs Etagen die dritte als geheimes Stockwerk konstruiert ist. Sie hat keine Fenster und ist von außen nicht sichtbar, wodurch sie den Bewohnern einen besonderen Schutz bot.

**Burg Matsumoto** ist eine Niederungsburg, also nicht in erhöhter Lage gebaut. Oft wird sie wegen ihrer schwarzen Farbe auch „Krähenburg" genannt. »

Wunderschön und doch wehrhaft: Beim Bau der **Burg Himeji** wurde Wert auf das architektonische Gesamtbild gelegt, trotzdem galt die Burg als unbezwingbar. «

## Papstpalast von Avignon

**Frankreich** Nur 68 Jahre – ein Menschenleben – währte die Herrschaft der Päpste in der südfranzösischen Stadt Avignon. Und doch gilt diese Spanne von 1309 bis 1377 als die dunkelste Zeit der Kirche. Umso glänzender hielten die sieben französischstämmigen Päpste, die während dieser Zeit die Nachfolge Petri antraten, Hof.

Da ein angemessenes Gebäude in der kleinen Stadt fehlte, ließen sie ab 1334 zuerst den sogenannten Alten Palast und direkt danach, bis 1370, den mit ihm verbundenen Neuen Palast errichten. Der nach außen wie eine trutzige Festung wirkende Komplex ist im Innern eindeutig ein Schloss mit großen, verschachtelt angelegten, einst prunkvoll ausgestatteten Sälen, deren größter bezeichnenderweise der Speisesaal des Papstes ist.

## Schloss Chambord

**Frankreich** Die Loire und ihre Nebenflüsse waren beim französischen Adel als Bauplatz für seine feudalen Herrschaftssitze begehrt. Über 400 Schlösser säumen die Flusstäler, so auch das zwischen 1519 und 1541 erbaute, als überdimensioniertes Jagdschloss genutzte Chambord mit seinem Gewirr aus Giebeln, Türmchen und Schornsteinen. Mit einer Fassadenlänge von 156 Metern, 440 Räumen, 85 Treppenhäusern und 365 Kaminen ist es das größte unter den Loireschlössern und ein Meisterwerk der Renaissance. Bauherr war König Franz I., dessen Wappentier, der Salamander, häufig als Relief zu sehen ist. Vier Rundtürme und eine Hofumfriedung gruppieren sich um das Zentrum, einen raffinierten Turmbau, dessen Kern eine von Leonardo da Vinci konzipierte doppelläufige Wendeltreppe bildet.

Während der Jagdzeiten kamen bis zu 10 000 Menschen auf **Schloss Chambord** unter – zu anderen Zeiten stand es meist leer. «

Die **Villa La Rotonda,** Erholungslandsitz und ästhetische Finger-übung, bietet auf allen Seiten den gleichen Anblick. »

## Villa La Rotonda

🏛 **Italien** Andrea Palladio (1508–1580) verstand es, in seinen Bauwerken klassische Eleganz mit antiken Vorbildern zu einer idealen Einheit zu verschmelzen. Er war der Erbauer des Teatro Olimpico in Vicenza, des ersten Theaters seit der Antike. Vor allem seine Villen gelten als idealer Ausdruck der Spätrenaissance. Die berühmteste ist die zwischen 1567 und 1571 erbaute Villa Capra bei Vicenza, genannt „La Rotonda", ein kuppelüberwölbter quadratischer Zentralbau, dessen vier Seiten antike Tempelfronten mit großen Freitreppen bilden. Palladios Gefühl für erhabene Ausgewogenheit und Proportion faszinierte vor allem die angelsächsische Welt, sein Stil hatte großen Einfluss auf die dortige Architektur des 17. und 18. Jahrhunderts.

## El Escorial

🏛 **Spanien** In Spanien bildet der Escorial bei Madrid, eine Mischung aus Kloster und Königsschloss, einen späten Höhepunkt der nüchtern-strengen Hochrenaissance. Bei dem erst zwischen 1563 und 1584 errichteten Bau handelt es sich um eine 206 mal 161 Meter messende Anlage mit 16 Innenhöfen, zentralem Kirchenbau und dem darunter lie-genden Mausoleum der spanischen Könige. Philipp II. von Spanien (regierte 1556–1598), ein tiefgläubiger Monarch,

Der wehrhaft wirkende **Papstpalast von Avignon** erstreckt sich direkt oberhalb der vielbesungenen Rhône-Brücke neben der Kathedrale.

Die Fassaden des **Escorial** sind im Desornamentadostil gehalten, also nüchtern und schmuck-los – ein Verweis auf die sakrale Funktion des Baus.

hatte den Bau vor allem als Grabstätte für seine Familie planen lassen. Idealerweise wurde sie mit einem Kloster kombiniert, da so gewährleistet war, dass ständig für die Seelen der Verstorbenen gebetet wurde. Aber auch an die Lebenden wurde gedacht. Für sie war die Nordostecke des Komplexes reserviert. Die Räume dort nutzte der spanische Hof gern im Sommer, denn hier, auf über 1000 Meter Höhe, war es kühler als im 45 Kilometer entfernten Madrid. Dass der streng symmetrische Grundriss des weltweit größten Renaissancebaus von einem Gitterrost inspiriert sei, auf dem der von Philipp besonders verehrte heilige Laurentius den Märtyrertod erlitten haben soll, ist nur Legende.

## Villa d'Este in Tivoli

🏰 **Italien** Tivoli, etwa 30 Kilometer südöstlich von Rom, liegt auf einer 230 Meter hohen Terrasse, die wie ein Balkon über die römische Campagna blickt. Hierher zog sich der reichste

Kardinal Italiens, Ippolito d'Este, zurück, als er 1550 beim Papst in Ungnade gefallen war. Dort widmete er sich der Neugestaltung und Verschönerung des Gouverneurspalasts, den er zu einer herrlichen Villa umbauen ließ. Mehr noch als das Gebäude selbst begründete der Garten, für den ein ganzes Stadtviertel geopfert wurde, ihren Ruhm. In mehr als 50 Jahren entstand ein Ort des Wassers und der Brunnen, eine grüne Oase, eine vollendete Verbindung von Kunst und Natur, die schon im 18. Jahrhundert die Landschaftsmaler in ihren Bann zog.

Mehr als 500 Brunnen, Becken und Wasserspiele machen die Anlagen der **Villa d'Este** zu einem Meisterwerk der Gartenarchitektur.

Vaux-le-Vicomte ist ein vollendeter Ausdruck der Kongenialität dreier herausragender Künstler.

## Vaux-le-Vicomte

🏰 **Frankreich** Das Schloss mit dem ersten Barockgarten
Frankreichs wurde zwischen 1656 und 1661 für Nicolas
Fouquet, den Finanzminister Ludwigs XIV., erbaut. An ihm
arbeiteten der Architekt Louis Le Vau, der Maler Charles Le
Brun und der Gartenarchitekt André Le Nôtre erstmals
zusammen. Der stolze Schlossherr veranstaltete im Jahr der
Vollendung des Gebäudes ein üppiges Bankett, bei dem als
Ehrengast selbst der König anwesend war. Die unverhohlene
Pracht soll den Sonnenkönig so provoziert haben, dass er
Fouquet der Veruntreuung von Staatsgeldern beschuldigte
und ihn bis an sein Lebensende einkerkern ließ. Sein Schloss
wurde konfisziert.

## Schloss und Park von Versailles

🏰 **Frankreich** 1623 wählte Ludwig XIII. einen kleinen, unbe-
deutenden Marktflecken 20 Kilometer südwestlich von Paris
zum Bauplatz für ein Jagdschloss. Der Name des Ortes war
damals nur Eingeweihten ein Begriff, heute ist er ein Syno-
nym für höfische Prachtentfaltung: Versailles. Das kleine
Schloss, das wie in einer russischen Puppe noch in dem
jetzigen enthalten ist, war eine sich nach Osten öff-
nende Dreiflügelanlage mit durch Pavillons
betonten Ecken. Inspiriert durch Vaux-le-
Vicomte, das prächtige Schloss seines Finanz-
ministers, ließ Ludwig XIV. Versailles ab 1661
zu einer Anlage ausbauen, die beispielhaft

für die Residenzen der meisten seiner Kollegen auf Europas
Thronen wurde, wenn ihre Größe und ihr Prunk auch an
keinem anderen Ort erreicht wurden. Bis 1710 arbeiteten
zeitweise 36 000 Mann an der Vergrößerung und Verschönerung des einstigen Jagdschlosses und seiner Gärten, die Kosten hierfür werden auf 20 Milliarden Euro geschätzt. 1678
verlegte der Sonnenkönig seine Residenz von Paris nach
Versailles, 1789 musste es die Königsfamilie, Ludwig XVI.,
Marie-Antoinette und ihre Kinder, endgültig räumen – es
wurde zum Museum. Im Zentrum des Schlosses, das auf
einer Fläche von 67 Hektar Raum für etwa 10 000 Personen
bot, befindet sich nicht etwa der Thronsaal, sondern das
Schlafzimmer des Königs. Hinter ihm bilden der Salon des

Der prunkvolle **Spiegelsaal des
Schlosses von Versailles** besitzt
30 stuckgefasste Deckenge-
mälde und 357 Spiegelflächen,
die das Licht reflektieren.

Viele der Plastiken im Park von **Versailles** sind
Meisterwerke der Bildhauerkunst. »

Die Gartenfassade des **Schlosses von Versailles** spiegelt sich in einem Wasserbecken.

Friedens, die 73 Meter lange Spiegelgalerie und der Salon des Krieges die prunkvollste Raumfolge des Schlosses. Die Dekorationswut setzt sich in den anschließenden Gartenanlagen fort, für die Symmetrie und eine auf geometrische Formen zurechtgestutzte Natur kennzeichnend sind. Auf 814 Hektar plätschern Brunnen, erstrecken sich weite Alleen und erheben sich weitere Gebäude, darunter die zwei kleinen Trianon-Schlösser, in die sich die Könige zurückziehen konnten, gern mit ihren Mätressen.

## Blenheim Palace

**England/Großbritannien** Der größte nicht königliche Adelssitz in Großbritannien ist Blenheim Palace, das zwischen 1705 und 1732 erbaute Schloss, dessen Name an eine Schlacht im Spanischen Erbfolgekrieg erinnert. 1704 hatte John Churchill, der Herzog von Marlborough, bei Blindheim, einem Dorf in Bayern, einen großen Sieg über die Franzosen errungen. Die Nation bedankte sich bei ihm mit

Der Park des **Blenheim Palace** wurde mehrfach umgestaltet. Den See fügte der Landschaftsarchitekt Lancelot „Capability" Brown hinzu. ❯❯

dem nahe Oxford gelegenen Palast im englischen Barockstil, der zugleich Wohnhaus, Mausoleum und nationales Monument sein sollte. Eine 41 Meter hohe Säule erinnert in dem über 800 Hektar großen Park an den Sieg des Herzogs, dessen berühmtester Nachfahre Winston Churchill 1874 in Blenheim geboren wurde.

## Würzburger Residenz

🏰 **Deutschland** Als einheitlichstes aller Barockschlösser gerühmt wird die Würzburger Residenz. Der 1720 begonnene Rohbau war 1744 vollendet, die Ausstattungsarbeiten zogen sich noch weitere 35 Jahre hin. Anders als bei den Schlössern der großen Dynastien, Versailles, der Hofburg in Wien oder den Potsdamer Schlössern, war die Residenz nicht Sitz einer Familie, sondern von wechselnden geistlichen Herren, der Fürstbischöfe von Würzburg. Sie beauftragten Balthasar Neumann mit einem ihrer Bedeutung angemessenen Prachtbau. Er lieferte ihnen vor allem mit dem berühmten Treppenhaus eine Ikone der europäischen Architektur. Die einläufige Treppe, die sich auf halber Höhe die Richtung wechselnd teilt, wird von einem Gewölbe überspannt, das ein 677 Quadratmeter großes Fresko bedeckt, das größte, das je gemalt wurde. Es ist das Hauptwerk Giovanni Battista Tiepolos, des gesuchtesten italienischen Malers seiner Zeit, und verherrlicht den Hausherrn. Wie durch ein Wunder hat diese geniale Raumschöpfung – im Gegensatz zu anderen Teilen des Schlosses – die schweren Bombardements des Zweiten Weltkriegs nahezu unbeschädigt überstanden.

## Schloss Sanssouci

🏰 **Deutschland** Herzstück und ältester Teil der Schlösser- und Parklandschaft Potsdams ist Schloss Sanssouci, das sich Friedrich der Große (regierte 1740–1786) als kleines Weinbergschlösschen von seinem Jugendfreund Wenzeslaus von Knobelsdorff hat bauen lassen. Ausdrücklich hatte sich der König ein Schloss gewünscht, aus dem er ebenerdig hinaus ins Grüne treten konnte. Dem Architekten war dieser Wunsch Befehl. Er plante einen langgezogenen, einstöckigen, auf ein Minimum an Räumen reduzierten Baukörper – die Seitentrakte wurden erst 100 Jahre später hinzugefügt. Die Gartenseite des eleganten Rokokobaus öffnet sich zur

Das Treppenhaus ist eine der Hauptsehenswürdigkeiten der **Würzburger Residenz,** nicht zuletzt wegen des riesigen Deckenfreskos.

obersten von sechs abgestuften Terrassen hin, in deren verglasten Nischen Feigenbäume und Wein gedeihen. In nur zwei Jahren, von 1744 bis 1745, entstand ein verspieltes Refugium, in dem der König ohne Sorge – „sans souci" – lebte, seine Tafelrunden pflegte, mit Voltaire philosophierte und sich der Musik hingab. Sein Wunsch, an einer Ecke der Terrasse bei seinen Windhunden bestattet zu werden, wurde ihm erst 1991 erfüllt.

Bacchanten und Bacchantinnen zieren die Fassade von **Schloss Sanssouci** und stellen den Bezug zum Weinberg her. ❯❯

Der **Winterpalast,** der den größten Teil der Eremitage ausmacht, umgibt den Sankt Petersburger Palastplatz mit der Alexandersäule.

## Winterpalast

🏰 **Russland** Die Residenz der Zaren in Sankt Petersburg war der Winterpalast. Schon Peter der Große ließ sich 1711, acht Jahre nach Gründung der Stadt an der Newa, einen kleinen Palast dieses Namens bauen. Dreimal wurde er ersetzt, bis die Zaren endlich zufrieden waren. Der letzte wurde zwischen 1754 und 1762 errichtet und beherbergt heute einen Teil der Eremitage, eines der größten Kunstmuseen der Welt. Mit seinen vier unterschiedlichen grün-weiß gestalteten Fassaden gilt der von Bartolomeo Francesco Rastrelli entworfene, um einen Innenhof gruppierte Bau als eines der Hauptwerke des russischen Barock.

## Peterhof

🏰 **Russland** Peterhof, etwa 30 Kilometer südlich von Sankt Petersburg an der Südseite des Finnischen Meerbusens gelegen, war eine der Sommerresidenzen der Zaren. Mittelpunkt des „russischen Versailles" ist der Große Palast, der sich am Rand eines fast 20 Meter hohen Hügelkamms erhebt. Man erreichte ihn von der Ostsee aus durch einen 400 Meter langen Kanal, der auf die 275 Meter breite Nordfassade zuführt und in dem Becken der Großen Kaskade endet, einer der beeindruckendsten Brunnenanlagen der Welt. Der Kanal durchschneidet den Unteren Park, einen regelmäßig angelegten Barockgarten mit 144 Fontänen, Springbrunnen, Alleen und mehreren kleineren Schlossbauten. Der Obere Park auf der Frontseite des Großen Palasts wurde geometrisch exakt nach französischem Vorbild gestaltet. Die zwischen 1714 und 1725 unter Peter dem Großen errichtete, äußerlich relativ schlichte, dreistöckige Sommerresidenz wurde später mehrfach erweitert.

## Katharinenpalast

🏰 **Russland** Er war die prunkvollste Sommerresidenz der Zaren: der Katharinenpalast in Zarskoje Selo. Der etwa 25 Kilometer südwestlich von Sankt Petersburg gelegene Ort, der seit 1937 „Puschkin" heißt, ist seit 2003 um eine Attraktion reicher: Damals wurde die kunstvolle Rekonstruktion des einst im Auftrag Katharinas der Großen im Palast eingebauten legendären Bernsteinzimmers der Öffentlichkeit übergeben. Aus 500 000 einzelnen Stückchen des gelben fossilen Harzes wurde das im Krieg verlorene Original wieder zusammengesetzt. Der 100 Quadratmeter

Zum Betrieb der Fontänen vor **Peterhof** ist dank eines ausgeklügelten Rohrsystems nur das natürliche Gefälle nötig. «

Der Architekt Rastrelli machte den **Katharinenpalast** zu einem Prunkstück in Weiß, Blau und Gold. »

In dem sogenannten Binnengarten auf **Stourhead** sollte der Blick des Besuchers stets auf den See und die ihn umgebenden Pflanzungen und Bauten fallen. «

große Saal ist sicher der berühmteste, nicht jedoch der einzig prachtvolle unter den vielen Räumen des ursprünglich 1717 im Auftrag einer anderen Katharina, der Gattin Zar Peters des Großen, errichteten Palasts. Sein heutiges Aussehen mit den reich verzierten barocken, in Blau, Weiß und Gold schwelgenden Fassaden geht auf die Erweiterungen ihrer Tochter, der Zarin Elisabeth, zurück, die damit 1752 ihren favorisierten Architekten Rastrelli beauftragte.

## Stourhead

⛪ **England/Großbritannien** 1717 erwarb der Bankier Henry Hoare den Landsitz Stourton etwa 180 Kilometer westlich von London. Er benannte ihn in Stourhead um und ließ sich nach dem Vorbild der italienischen Villen Andrea Palladios ein Herrenhaus bauen. Sein Sohn konnte es sich leisten, sich ganz den Künsten und dem Mäzenatentum hinzugeben. Vor allem aber widmete er sich der Gestaltung des Parks nach dem Prinzip, dass man bei einem Spaziergang niemals zweimal dasselbe sehen sollte. Besonders die Fanta-

sielandschaften italienischer und französischer Landschaftsmaler hatten es ihm angetan. Er ließ Tempel, einen Turm und andere Staffagebauten errichten, Sichtachsen gaben den Blick auf sie oder den aufgestauten See frei. Auf Stourhead wurde die Natur von dem Korsett befreit, das ihr die französischen Barockgärten angelegt hatten. So wurde der Landsitz zum einflussreichen Vorbild für Parks in ganz Europa.

## Wörlitzer Park

⛪ **Deutschland** Leopold III. Friedrich Franz von Anhalt-Dessau (1740–1817) war Herrscher über ein gerade einmal 700 Quadratkilometer messendes Land. Er wäre längst vergessen, wäre er nicht gemeinsam mit dem Architekten Wilhelm von Erdmannsdorff und dem Gärtner Johann Friedrich Eyserbeck der erste gewesen, der einen englischen Landschaftsgarten auf dem Kontinent angelegt hatte. Ab 1766 schufen sie in über 30 Jahren eine kultivierte Naturlandschaft mit Wiesen, Wäldchen und Seen, mit Tempeln, Aussichtspunkten und Alleen. Den künstlerischen Höhe-

Die Chinesische Brücke überspannt den Wolfskanal im **Wörlitzer Park.** Wie alle 17 Brücken hier hat auch sie eine eigene Bedeutung: Mit ihren verschieden steilen Stufen symbolisiert sie das Leben.

punkt der sechs sich über 150 Quadratkilometer erstreckenden Schloss- und Gartenanlagen bildet der Wörlitzer Park. An einem Seitenarm der Elbe sind auf 112 Hektar zahlreiche Lustbauten, Ziertempelchen und Pavillons verteilt, die durch mehr als 120 Blickachsen und unzählige mäandernde Wege miteinander verbunden sind. Wie der Park stand auch das Schloss, der erste klassizistische Bau außerhalb Großbritanniens, bereits während der Bauzeit für jedermann zur Besichtigung offen.

## Royal Pavilion

🏛 **England/Großbritannien** Der einzige königliche Palast, der nicht mehr der Krone gehört, ist der Royal Pavilion in Brighton, dem 81 Kilometer südlich von London liegenden Seebad. John Nash gestaltete zwischen 1815 und 1822 für den späteren König Georg IV. dessen dortige klassizistische Villa im indischen Mogulstil um, versah sie mit Zwiebeltürmen, Minaretten und Hufeisenbogen. Manche mögen sie als Kitsch, andere als raffiniert-vulgäre Pracht, als Treibhaus der Ornamente und der Stil-

Diese Venus ziert den Venustempel des **Wörlitzer Parks.** Der als griechischer Rundtempel (Monopteros) gestaltete Bau wurde zwischen 1794 und 1797 errichtet. »

Die orientalischen Elemente des **Royal Pavilion** waren reparaturanfällig. »

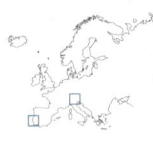

Im **Palácio da Pena,** der vom portugiesischen Titularkönig Ferdinand II. in Auftrag gegeben wurde, sind die verschiedensten Stile bunt vermischt.

blüten bezeichnen, was das verschwenderisch mit Chinoiserien ausgestattete Innere anbelangt: Sphinx- und Delphinmöbel, Lotoslüster und Lianentapeten, Drachen überall – schon Georgs Nachfolgerin Victoria war das zu viel. Für ein Zehntel der Kosten verkaufte sie den Royal Pavilion an die Stadt.

## *Palácio da Pena*

**Portugal** Landschaftliche Schönheit und Milde des Klimas haben bereits die maurischen Herrscher bewogen, sich in Sintra, einer Kleinstadt 28 Kilometer westlich von Lissabon, eine Residenz zu schaffen. Südlich außerhalb des Ortes, der bis 1580 von den portugiesischen Königen als Sommerresidenz genutzt wurde, erhebt sich auf einem 500 Meter hohen Gipfel der Serra de Sintra ein Märchenschloss à la Disney, der Palácio da Pena. Der Gemahl von Königin Maria II., der

aus Thüringen stammende Prinz Ferdinand von Sachsen-Coburg-Gotha hat sich dort in den Jahren 1839 bis 1850 eine Art Burg errichten lassen. Seine Vorgabe an den Architekten, Wilhelm Ludwig von Eschwege, der eigentlich Geologe war, lautete, möglichst viele der Stile zu verwenden, die es bis dahin in Portugal und Deutschland gegeben hatte. Es entstand ein fantastisches Schloss, ein portugiesisches Neuschwanstein, mit Zugbrücke, wuchtigen Mauern und Gewölben, Wehrgängen, Terrassen und Balkonen, mit Loggien und minarettartigen Türmchen sowie einem Burgfried, der eine Nachahmung des Turms von Belém darstellt, einer Architekturikone des Landes. Zwischen alledem befinden sich ein zweistöckiger Kreuzgang und eine Kapelle. Dies sind die Überreste des Hieronymitenklosters, das einst an dieser Stelle stand.

## *Neuschwanstein*

**Deutschland** Der „Märchenkönig", Ludwig II. von Bayern (regierte 1864–1886), wollte sich auf einer 1000 Meter hohen Felsspitze der Alpen in der Nähe von Füssen eine Burg „im echten Styl der deutschen Ritterburgen" bauen lassen. Dort, umringt von Bergen und Wäldern, sollte eine Huldigung an das Mittelalter, ein Weihetempel für den von ihm so verehrten Komponisten Richard Wagner und vor allem eine Rückzugsmöglichkeit für ihn, den mit zunehmendem Alter immer menschenscheueren König, entstehen. Die Arbeiten an dem in konventioneller Backsteinbauweise errichteten Gebäude begannen 1869, und obwohl der Architekt mit immensen technischen Schwierigkeiten zu kämpfen hatte, konnte Ludwig schon 1880 erstmals ein paar Stunden in seinem Märchenschloss verbringen. Der fünfstöckige Palast mit seinem 76 Meter hohen Turm ist das Hauptgebäude der Burg, die nie vollendet worden ist. Er enthält 81 Räume, deren aufwendiges, der Mythen- und Sagenwelt entstammendes Dekor einem Bühnenmaler anvertraut wurde. 1886 wurde der König – nicht zuletzt wegen seiner riesigen, auf seiner Bauwut gründenden Überschuldung – entmündigt. Der Beschluss dazu wurde ihm auf Neuschwanstein übergeben, er wurde in Gewahrsam genommen und nach Schloss Berg am Starnberger See gebracht. Nur einen Tag darauf ertrank Ludwig dort unter nie ganz geklärten Umständen.

Der Nebel verstärkt den Eindruck der Märchenhaftigkeit von **Neuschwanstein** noch. Hierhin flüchtete sich König Ludwig II. von Bayern vor der Realität. »

Kein Gebäude in Peking durfte höher sein als die Palastbauten in der **Verbotenen Stadt.** Als prächtigster Bau gilt die Halle der Höchsten Harmonie, die größte Holzkonstruktion Chinas.

## Verbotene Stadt

**China** Das Machtzentrum des chinesischen Riesenreichs war für Normalsterbliche tabu. Schon der Name „Purpurne Verbotene Stadt", wie der Kaiserpalast im Herzen Pekings korrekt übersetzt heißt, verweist darauf, erinnert gleichzeitig aber auch an den Polarstern, den „verborgenen purpurnen Bereich", um den sich scheinbar der ganze Sternenhimmel dreht. 24 chinesische Kaiser der Ming- und Qing-Dynastie haben in dem zwischen 1406 und 1421 errichteten Komplex gewohnt und regiert, bevor der letzte Kaiser, Pu Yi, 1912 abdankte und die Gebäude zwölf Jahre später verließ. Auch wenn die einheitlich in Rot gehaltenen Bauten mit den kaiserlich gelben Dächern wie aus einem Guss wirken, wurden die meisten von ihnen im Lauf der Zeit mehrfach von Bränden und Erdbeben zerstört oder beschädigt, danach jedoch zumeist originalgetreu rekonstruiert.

Der „Ehemalige Palast", so die heutige Bezeichnung, bot auf 72 Hektar, etwa dem Doppelten der Fläche des Vatikans, zeitweise bis zu 34 000 Menschen Platz. Hinter seinen dicken, fast 2,5 Kilometer langen Mauern lebten der Kaiser, die Kaiserin, einige Nebenfrauen und Konkubinen, Kaiserwitwen, Prinzen und Prinzessinnen. 9000 Hofdamen und 20 000 Eunuchen bedienten den „Sohn des Himmels" und seine Familie, 5000 Wachleute sorgten für seine Sicherheit.

Die Anlage der aus Marmor, Granit, Tonziegeln und Hartholz erbauten Verbotenen Stadt folgt dem klassischen chinesischen Bauprinzip: Der Abstand zwischen zwei Säulen bildet ein Jian, mehrere Jian sind eine Halle, mehrere Hallen gruppieren sich zu einem Hof, mehrere Höfe neben- oder hintereinander angeordnet ergeben einen Palastkomplex.

999 Räume beherbergt der **Potala-Palast,** der heute als Museum fungiert, aber auch eine der bedeutsamsten Pilgerstätten der tibetischen Buddhisten ist. **»**

Als Raum wird allerdings bereits ein Jian gezählt, sodass die Zahl der Räume der Verbotenen Stadt – 8886 – nicht mehr ganz so gigantisch erscheint.

Die Verbotene Stadt gliedert sich in mehrere Bereiche, zentral liegen die Empfangshallen und der große Palasthof. Sie sind entlang der Nord-Süd-Achse aufgereiht, an der alle Gebäude des Komplexes ausgerichtet sind. Auf das Mittagstor, Wu Men, das eine niederländische Delegation im 17. Jahrhundert wegen seiner Größe für den gesamten Palast hielt, folgt ein Hof, durch den sich in sanftem Bogen der Goldwasserfluss schlängelt. Es folgen das Tor der Höchsten Harmonie und der Palastplatz, der für große Zeremonien genutzt wurde. An seiner Nordseite erhebt sich die prächtigste Halle der Verbotenen Stadt, die Halle der Höchsten Harmonie, in der noch immer der Thron des Kaisers steht.

## Shalimar-Gärten in Lahore

**Pakistan** Lahore, die zweitgrößte Stadt Pakistans, liegt nahe der Grenze zu Indien. Die Metropole war seit dem 11. Jahrhundert ein geistiges Zentrum des Islam auf dem indischen Subkontinent und unter dem Mogulkaiser Akbar Ende des 16. Jahrhunderts für kurze Zeit Hauptstadt eines fast ganz Indien umfassenden Reiches. Unter seinem zweiten Nachfolger Schah Jahan entstanden um 1641/42 im Nordosten Lahores die verschwenderischen Shalimar-Gärten. Das Zentrum des von einer Mauer umgebenen, 17 Hektar großen, auf drei Terrassen exakt geometrisch angelegten Paradieses aus Menschenhand bildet ein marmornes Wasserbecken, in dem ein über 160 Kilometer langer Kanal endet, der die Anlage mit Wasser versorgt. Becken, Kanal und Brunnen sind mit 410 Fontänen bestückt, die hier die Luft angenehm kühlen. Um die Wasserspiele gruppieren sich fragile Marmorpavillons und üppige Blumenbeete.

## Potala-Palast

🏯 **China** Auf 3700 Meter Höhe – jedoch nur 130 Meter über dem Tal von Lhasa – thront auf dem Roten Berg der am höchsten gelegene Palast der Erde, der Potala, der seinen Namen einem mythischen „Berg des Buddha" entliehen hat. Hier residierte seit dem 17. Jahrhundert der jeweilige tibetische Gottkönig, der Dalai Lama, der „Ozean der Weisheit", bis Seine Heiligkeit, der 14. Dalai Lama, 1959 nach Indien fliehen musste. Angeblich stammt der erste Palast an dieser Stelle, von dem zwei Räume überdauerten, aus dem 7. Jahr-

Die idyllischen **Shalimar-Gärten** sind heute vom Verfall bedroht und stehen auf der Roten Liste des gefährdeten Welterbes. «

19. Jahrhundert einen rosaroten Anstrich erhielten; darunter auch der Hawa Mahal, der Palast der Winde, den sich Maharadscha Sawai Pratap Singh 1799 erbauen ließ. Er bildet den Teil des Stadtpalasts der Familie, der dem Harem vorbehalten war. Der fünfstöckige Bau besteht fast ausschließlich aus einer Fassade, die der Krone des Hindugottes Krishna nachempfunden wurde. 953 schmale Fenster ermöglichten es den Frauen, das Treiben der Straße zu beobachten, ohne selbst gesehen zu werden. Zusätzlich sorgten die Öffnungen für eine frische Brise („hawa"), die während der heißen Monate äußerst willkommen war.

## Großer Palast in Bangkok

**Thailand** Die Anlage des ab 1782 gebauten Königspalasts in Bangkok orientiert sich an den wenige Jahre zuvor zerstörten Vorbildern in der einstigen Hauptstadt Ayutthaya. Bis heute wird am Königspalast gebaut, obwohl er seit 1946 nicht mehr die offizielle Residenz des Königs ist. Mit seinen vielfältigen Gebäuden, die vor allem im thailändischen, aber auch im viktorianischen Stil errichtet wurden, ist er aber noch immer das symbolische Herz der Stadt. Wichtigster und schönster Teil des 2,6 Quadratkilometer einnehmenden Komplexes ist der Wat Phra Keo, der Tempel des Smaragd-Buddhas. Die Kleider dieses meistverehrten Buddha-Bildnisses Thailands werden dreimal jährlich vom König selbst gewechselt.

## Kenroku-en

**Japan** Der mit zehn Hektar größte und nach Meinung vieler schönste der drei berühmten Gärten Japans ist der Kenroku-en, ein ehemaliger Burggarten der Maeda, einer der mächtigsten Samurai-Familien. Er wurde zwischen 1620 und 1837 angelegt und befindet sich in Kanazawa, einer auf Honshu an der Küste des Japanischen Meeres gelegenen Großstadt. Sein Name „kombinierte Sechs" bezieht sich auf einen bedeutenden chinesischen Garten der Sung-Dynastie, der, um perfekt zu sein, sechs Kriterien erfüllen musste: Abgeschiedenheit, Weitläufigkeit, künstlerische Gestaltung, Bezug zur antiken Tradition, fließendes Wasser und weite Sicht.

hundert, zwischen 1645 und 1648 wurden dann der Weiße und zwischen 1690 und 1694 der Rote Palast, der den Mittelteil der Gesamtanlage bildet, erbaut. 1922 wurden noch zwei Stockwerke hinzugefügt. Das Ergebnis wirkt wie eine Festung, deren Inneres, das auch die Grabkapellen der Dalai Lamas enthält, mit indisch-buddhistischen Ornamenten, Schnitzereien und Wandmalereien reich geschmückt ist.

## Palast der Winde

**Indien** Jaipur ist eine verhältnismäßig junge Stadt: Sie wurde auf Befehl des Maharadschas von Amber, Jai Singh II., 1727 aus dem Boden gestampft und nach ihm benannt. Die planmäßig angelegte heutige Hauptstadt des indischen Bundesstaats Rajasthan ist als Pink City bekannt, da viele Gebäude im Altstadtviertel der Millionenstadt im

Dämonenskulpturen wie diese bewachen der Wat Phra Keo auf dem Gelände des **Großen Palasts in Bangkok.** »

Der **Kenroku-en in Japan** ist zu jeder Jahreszeit sehenswert und wird zuweilen sogar nachts für Besucher geöffnet. «

Am **Großen Palast in Bangkok** wird seit 1782 gebaut – auch heute noch. Ein erster Teil war aber bereits nach drei Jahren bezugsfertig. »

# Städte und Plätze

Was verbindet die tschechische Metropole Prag und das marokkanische Fès, das spanische Toledo und die jemenitische Hauptstadt Sanaa, das fast dörfliche Rothenburg ob der Tauber und die Kolonialstadt Salvador da Bahia? Wie die Piazza del Campo in Siena, die Place Stanislas in Nancy oder der Registan in Samarkand gehören sie zu den faszinierendsten Städten und Plätzen der Welt.

Die Altstadt von **Carcassonne** sollte gut gegen Angreifer geschützt sein, deshalb baute man zwei Stadtmauern um sie herum; die innere legte man höher an. Im dazwischen liegenden Bereich, dem Zwinger, waren Eindringlinge extrem eingeengt und konnten schlecht angreifen.

## Carcassonne

🏛 **Frankreich** „Carcas sonne" (französisch „Carcas läutet") – auf diesen Jubelruf der Bewohner Carcassonnes über das Ende einer siebenjährigen Belagerung durch Karl den Großen soll der Stadtname laut einer Legende zurückgehen. Durch eine List hatte zuvor eine Madame Carcas Karl glauben lassen, dass ihre Vorräte schier endlos seien: Sie hatte ihr letztes Schwein fett gemästet über die Mauern geworfen.

Eben diese Mauern machen die Hauptstadt des südfranzösischen Départements Aude, gelegen an einer alten Handelsstraße, die Mittelmeer und Atlantik verbindet, so einzigartig. Sie stammen zu einem Teil noch aus der Römerzeit, der Rest aus dem 12. und 13. Jahrhundert. In zwei Ringen legte man sie um die von Galliern gegründete Oberstadt, die erst 1229 an Frankreich fiel, nachdem sie zuvor von Römern, Westgoten, Arabern und Franken erobert worden war. Mit ihren 52 Türmen schützte die 1300 bzw. 1700 Meter lange, zinnenbewehrte Mauer die mittelalterliche, heute noch von 230 Menschen bewohnte Stadt. Wegen eines Friedensschlusses zwischen Frankreich und Spanien 1659 verlor sie ihre Bedeutung und verfiel. Im 19. Jahrhundert wurde sie rekonstruiert. Seitdem stellt Carcassonne wieder das Idealbild einer mittelalterlichen Festungsstadt dar.

Gondeln prägen das Bild, das die meisten Besucher von der Lagunenstadt **Venedig** haben. Im Hintergrund ist die 1687 geweihte Kirche Santa Maria della Salute zu erkennen.

Der **Dogenpalast in Venedig** ist durch die Seufzerbrücke (im Hintergrund rechts) mit dem Gefängnis verbunden. «

## Venedig

**Italien** „La Serenissima", die „Durchlauchtigste", liegt in einer Lagune, wo sie mehrfach durchbrochene sandige Nehrungen vor dem Wüten des Adriatischen Meeres schützen. Dort siedelten illyrische Veneter bereits in der Antike. Erbaut auf über 118 kleinen Inseln, die durch ungefähr 175 schmale Kanäle und den Canal Grande („Großer Kanal"), die einen großen S-Bogen beschreibende „Hauptstraße" der Serenissima, voneinander getrennt sind, ergibt sich ein einzigartiges Stadtbild, das sich seit dem Mittelalter kaum ver-

ändert hat. Rund 400 Brücken ermöglichen es, Venedig auch ohne Gondeln trockenen Fußes zu durchqueren. 160 Kirchen und zahlreiche aus der großen Zeit der einstigen Seemacht stammende Paläste der führenden Familien, wie alle Gebäude auf Tausenden von Pfählen errichtet, zeugen noch heute vom Reichtum dieser stolzen Handelsstadt, zu der einst der Peloponnes, Kreta und Zypern gehörten. Im Jahr 697 wurde der erste Doge (von lat. „dux" = Führer) gewählt, der als Staatsoberhaupt der Republik Venedig seit dem 9. Jahrhundert im Dogenpalast residierte – das heutige Gebäude ist ein

An der **Piazza del Campo in Siena** steht keine Kirche, was zeigt, dass dieser Platz ausschließlich als politisches Zentrum konzipiert war.

sance. Sie fällt zum Rathaus hin ab, das zwischen 1297 und 1310 an die südliche Längsseite platziert wurde. Die Pflasterung stammt aus der Mitte des 14. Jahrhunderts, der „Brunnen der Freude", „Fonte Gaia", aus dem Jahr 1419. Zweimal jährlich, am 2. Juli und am 16. August, verwandelt sich die Piazza in einen Hexenkessel. Dann streiten hier die Stadtteile beim Palio, einem der härtesten Pferderennen der Welt, auf einem 300 Meter langen Rundkurs um den Sieg.

## Prag

🏛 **Tschechien** Keimzelle der tschechischen Hauptstadt ist die Prager Burg auf einem langgestreckten Höhenrücken am linken Ufer der Moldau. Die im 9. Jahrhundert gegründete eigentliche Stadt entwickelte sich ihr zu Füßen, direkt am Fluss. Sie erlebte ein „Goldenes Zeitalter" unter der Herrschaft Karls IV. Der Kaiser des Heiligen Römischen Reiches machte die Stadt, aus der seine Mutter stammte, im 14. Jahrhundert zu seiner Hauptstadt. Auch danach blieb „die Hunderttürmige" die Metropole Böhmens. Ihre vier historisch

Kleinod der Gotik. 1797 war es mit der Selbstständigkeit der nach Meinung vieler dem Untergang geweihten Stadt zu Ende, erst fiel Venedig an Österreich, 1866 an Italien.

## Piazza del Campo in Siena

🏛 **Italien** Das Herz von Siena, der einstigen Stadtrepublik im Zentrum der Toskana, schlägt auf der Piazza del Campo. Der Platz bildet den Mittelpunkt der im 13. und 14. Jahrhundert mächtigen Stadt, die 1559 ihre Selbstständigkeit an Florenz verlor, die alte Rivalin im Norden. Die Stadtväter residierten im gotischen Rathaus, dessen Vorplatz die muschelförmige Piazza del Campo („Feldplatz") ist. Ihr nördliches Halbrund bilden zahlreiche Palazzi der Renais-

Der **Altstädter Ring in Prag** ist der zentrale Marktplatz der Stadt und von vielen sehenswerten Gebäuden wie der Teynkirche umgeben.

Der **Alcázar von Toledo,** die Festung, thront hoch oben auf einem Felsen und ist eines der Wahrzeichen der Stadt am Tajo. «

gewachsenen Teile sind deutlich zu unterscheiden. Die Burgstadt auf dem Hradschin mit Burg und Dom zieren prächtige Paläste. In der Talmulde zwischen Burghügel und Moldau liegt die „Kleinere Stadt Prag". Die verwunschene, verwinkelte und verträumte Kleinseite wurde 1541 durch einen Brand verwüstet und danach zu einer riesigen Baustelle für Palais und Gärten des Adels. Mit ihr verbunden durch die Karlsbrücke, die schönste Steinbrücke Europas, erstreckt sich jenseits des Flusses die Altstadt mit dem jüdischen Viertel, der Josefstadt, und dem „Altstädter Ring". Dieser Platz, umstanden von Bürgerhäusern aus verschiedenen Epochen, ist das Herz der Stadt. Südlich davon liegt schließlich die Neustadt, eine Gründung Kaiser Karls IV. Mit ihren großen Plätzen und breiten Straßen gilt sie als die größte städtebauliche Leistung des Mittelalters.

## Toledo

**Spanien** Die „Stadt der drei Kulturen" liegt wie eine Festung auf einem Hügel 100 Meter über dem Tajo, der hier eine große Schleife bildet. Muslime, Juden und Christen lebten für ein paar Jahrhunderte in der bereits 192 v. Chr. von den Römern als Toletum gegründeten, später von den Westgoten (531–711) und den Arabern (712–1085) besetzten Stadt zusammen, bevor die Toleranz spätestens mit der Ausweisung der Juden (1492) und der Muslime (1502) ein Ende hatte. Den Rang als Hauptstadt Spaniens musste Toledo 1561 an das 70 Kilometer weiter im Norden liegende Madrid abtreten.

Schwerter aus Toledo waren bereits unter den Römern berühmt, im Hochmittelalter dagegen galt die Stadt wegen des Nebeneinanders verschiedener Sprachen – Arabisch, Hebräisch und Lateinisch – als Zentrum der Vermittlung arabischer Kultur und Wissenschaft. In der Altstadt scheint die Zeit stehen geblieben zu sein. Aus ihrem Gassenlabyrinth ragen die Kathedrale und der Alcázar heraus. Die Bischofskirche ist als Werk des 13. bis 15. Jahrhunderts deutlich von den gotischen Kathedralen Frankreichs inspiriert und die fast quadratische Festung mit ihren durch Türme betonten Ecken stammt aus dem 16. Jahrhundert.

## Dubrovnik

**Kroatien** „Perle der Adria" – so wird Dubrovnik häufig genannt, ein Bild, das seine Berechtigung hat: Wie eine Perle glänzt die dreiseitig vom Meer umspülte Altstadt mit ihren Kulturschätzen in der Sonne, die von einer mächtigen, noch immer vollständig intakten Mauer wie von einer Schale geschützt wird. Schon George Bernard Shaw meinte: „Diejenigen, die das Paradies auf Erden suchen, sollten nach Dubrovnik kommen." Er hatte recht. Die im 7. Jahrhundert gegründete, bis 1918 offiziell den Namen „Ragusa" führende Stadt, ist ein Gesamtkunstwerk, das seinesgleichen sucht. Umschlossen von einer mit 15 Wehrtürmen versehenen, fast zwei Kilometer langen Mauer ist das mittelalterliche Stadtbild erhalten. Nur zwei Tore führen in das historische Zentrum, das vom schnurgeraden Stradun, der Hauptgasse der Altstadt, in zwei Teile getrennt wird. An ihrer Stelle verlief

Die bis zu sechs Meter dicke Stadtmauer um **Dubrovnik** ist auf ihrer ganzen Länge begehbar.

einst ein schmaler Meeresarm, den man bereits im 11. Jahrhundert zuschüttete. 1667 zerstörte ein Erdbeben große Teile der niemals eingenommenen Stadt, die jedoch zumeist nach alten Plänen wieder aufgebaut wurden. Dennoch war es ein Schlag, von dem sich die seit dem 14. Jahrhundert freie Republik Ragusa, die bis 1808 bestand, nicht mehr erholte.

## Tallinn

**Estland** Die alte Hansestadt an der Ostsee wurde 1154 erstmals erwähnt. Seitdem wurde sie die meiste Zeit von Deutschen, Schweden und Russen beherrscht, erst seit 1989 ist sie die Hauptstadt eines unabhängigen Estland. Trotz aller Eroberungen hat ihre mittelalterliche Altstadt die Jahrhunderte fast unbeschadet überstanden – dank ihrer wehrhaften Stadtmauer, die noch zur Hälfte erhalten ist, und der Verwendung nicht brennbarer Materialien zum Bau ihrer Häuser. Tallinn, das bis 1918 Reval hieß, war im Mittelalter in Unterstadt und Domberg (ein 50 Meter hohes Kalksteinplateau) geteilt. Während in der Unterstadt Handwerker und Kaufleute ihren Geschäften nachgingen, lebten Geistlichkeit und Adel im Schatten des Domes.

Dank der Mauer, die die Stadt umgab, war **Tallinn** eine der am besten befestigten Städte an der Ostsee. Der Turm der Olaikirche – um 1600 höchstes Bauwerk der Welt – war kilometerweit zu sehen.

Das Plönlein, eine Straßengabelung im Mittelalterstädtchen **Rothenburg ob der Tauber,** ist ein pittoresker Teil der Stadt.

Die begehbare, doppelschalige Kuppel des Doms von **Florenz** wurde aus vier Millionen Ziegelsteinen zusammengefügt. »

## *Rothenburg ob der Tauber*

⛪ **Deutschland** Besonders in den Abendstunden, wenn die Tagestouristen das mittelfränkische Städtchen an der Romantischen Straße verlassen haben und man den Ruf des Nachtwächters hört, wird in den verschlungenen Gassen von Rothenburg ob der Tauber die Geschichte lebendig. Nirgendwo sonst fühlten sich bereits die Dichter und Maler der Romantik so wohl wie in der bis 1803 freien, dann zu Bayern gehörenden Stadt. Fehlende Mittel ließen sie in einen Dornröschenschlaf sinken, für eine Sanierung durch Abriss und Neubau fehlten die Mittel. Das Fachwerk, die spitzen Giebel, die verschachtelten Dächer und die mit 43 Türmen versehene Stadtmauer blieben unangetastet und das Mittelalter bis heute präsent.

## *Florenz*

⛪ **Italien** Die Hauptstadt der Toskana wurde 59 v. Chr. von den Römern als Militärlager „Florentia" gegründet; ihr schachbrettartiger Straßenverlauf zeugt bis heute davon. Ihre große Zeit begann im 13. Jahrhundert, als basierend auf der Qualität ihrer Wollerzeugnisse Handel und Bankgeschäfte zu florieren begannen. Mit dem Aufstieg der am Arno liegenden Stadt zur wirtschaftlichen Metropole Mittelitaliens ist ein Name besonders verbunden – die Medici. Die reichste Kaufmannsfamilie verband Macht mit Geist und

Der David ist wohl die bekannteste Skulptur der Kunstgeschichte. Das Original steht heute in der Accademia in **Florenz.** «

machte die Stadtrepublik im 15. Jahrhundert zum Zentrum der Renaissance in Europa. Die Paläste des Adels schossen wie Pilze aus dem Boden, ehrwürdige Kirchen zogen die Gläubigen in ihren Bann. Der Dom konnte nach dem Bau seiner doppelwandigen Kuppel, einer technischen Sensation, endlich geweiht werden, auf der Piazza della Signoria, auf der die Volksversammlungen stattfanden, wurde der David, eine Kolossalstatue von Michelangelo, aufgestellt. Er steht vor dem gotischen Palazzo Vecchio, einst Sitz der Stadtregierung, später Palast Cosimos I., des zweiten Medici, der den Titel eines Herzogs der Toskana erhielt. Später residierte die-

ser im Palazzo Pitti auf der anderen Flussseite, den die italienischen Könige von 1865 bis 1871, in der kurzen Zeit, als
Florenz Italiens Hauptstadt war, bewohnten.

## Krakau

**Polen** Krakau ist schön, verträumt, dem Genuss zugetan
und reich – eine Stadt mit über 1000-jähriger Tradition und
dem großen Glück, im Zweiten Weltkrieg fast unzerstört
geblieben zu sein. So konnte die Stadt sich die Atmosphäre
ihrer glanzvollen Zeiten bewahren, als sie die Metropole
eines sich von der Ostsee bis ans Schwarze Meer erstreckenden Reiches war. Seit 1320 Hauptstadt Polens war sie bereits

In den Tuchhallen von **Krakau** gibt es noch heute kleine Lädchen,
in denen Bernstein und volkstümliche Kunst verkauft werden.

Die **Piazza del Campidoglio** wird vom Konservatorenpalast (links im Bild) und vom Neuen Palast (rechts) begrenzt. «

Die Reiterstatue Marc Aurels, die das Zentrum der **Piazza del Campidoglio** bildet, ziert sogar die italienische 50-Cent-Münze. »

1364 Sitz der ersten polnischen Universität und erlebte im 15. und 16. Jahrhundert ihr Goldenes Zeitalter, das bis 1596 andauerte, als Warschau erste Stadt des Königreichs wurde. Zu dieser Zeit entstanden die bedeutendsten Baudenkmäler der Stadt an der Weichsel. Ihr Herzstück ist der Hauptmarkt, der von den Tuchhallen, lang gestreckten Renaissancehallen, die orientalische Einflüsse verraten, in zwei Hälften geteilt wird. Begrenzt wird der Platz von prachtvollen Bürgerhäusern und der Marienkirche mit ihren unterschiedlich hohen Türmen und dem wertvollen Hochaltar von Veit Stoß. Das bedeutendste Relikt der alten Festungsmauern ist die perfekt erhaltene Barbakane, ein kreisrunder Bau, der dem Florianstor als Verteidigungswerk vorgeschaltet ist. Direkt über der Weichsel erhebt sich schließlich der Wawel, die alte Königsburg, Symbol polnischer Größe und Macht.

## Renaissance

**Die Wiedergeburt der Antike** Die Renaissance entwickelte sich zuerst in Italien. Von Florenz ausgehend löste der an der Antike geschulte Stil, dessen geistige Grundlage der Humanismus bildet, ab 1420 die Gotik ab. Um 1500 erreichte er seinen Höhepunkt, 30 Jahre später mündete er in die Spätrenaissance, den Manierismus. Die größten Künstler dieser Epoche sind Leonardo da Vinci (1452–1519) und Michelangelo (1475–1564).

## Piazza del Campidoglio in Rom

**Italien** Kaum ein Platz der italienischen Hauptstadt atmet so viel Geschichte wie der Kapitolsplatz, der nach Plänen Michelangelos zu einem der schönsten der Renaissance umgebaut wurde. Er nimmt den Sattel des von zwei Kuppen gebildeten Kapitolinischen Hügels ein, der als kleinster der sieben Hügel, auf denen Rom erbaut wurde, das religiöse und politische Zentrum der antiken Metropole war. Wie eine Terrasse öffnet sich der Platz zur Stadt hin. In der Mitte des trapezförmigen Platzes ist ein Stern aus Pflastersteinen in den Boden eingelassen, zu dem eine gewaltige Rampentreppe führt. Dort stand ab 1538 das antike Reiterstandbild

des Kaisers Mark Aurel – heute ist es wegen der Umweltverschmutzung eine Kopie. Dahinter erhebt sich der Senatorenpalast, das Rathaus, über den Resten des antiken Staatsarchivs. Ihn flankieren der Konservatorenpalast, nach Plänen Michelangelos zwischen 1564 und 1575 erbaut, und der ihm in der Fassade ähnelnde Neue Palast.

## Grand-Place in Brüssel

🏛 **Belgien** 1695. Die Eroberungskriege Ludwigs XIV. machen auch vor Brüssel nicht Halt. Französische Truppen schießen die Unterstadt in Brand, 4000 Häuser werden zerstört, die Grand-Place (niederländisch „Grote Markt"), die gute Stube der Stadt, ist – bis auf das Rathaus – nur noch ein Trümmerhaufen. Doch in kaum fünf Jahren bauen die Zünfte sie wieder auf. Das Ergebnis ist ein trotz seiner dekorativen Vielfalt einheitlich barocker Platz, unterbrochen nur von der dominierenden gotischen Fassade des Rathauses mit seinem fast 100 Meter hohen Turm und der Maison du Roi, der neogotischen Nachschöpfung eines Baus aus dem 16. Jahrhundert an der Ostseite des fußballfeldgroßen Zentrums der belgischen Hauptstadt.

## Place Stanislas in Nancy

🏛 **Frankreich** Die Place Stanislas in Lothringens Hauptstadt Nancy ist ein Werk des 18. Jahrhunderts. Der von August dem Starken entthronte polnische König Stanislaus Leszczynski wurde mit dem Herzogtum Lothringen abgefunden und entfaltete hier gleich eine rege Bautätigkeit. Mit seinem Architekten Emmanuel Héré entwickelte er die Idee, Alt-

Als die **Place Stanislas in Nancy** angelegt wurde, befand sich eine Statue von Ludwig XV. in seiner Mitte. Heute ziert Stanislaus den Platz.

und Neustadt Nancys durch einen großzügigen Platz zu verbinden. Gewidmet war er ursprünglich dem französischen König, seinem Schwiegersohn, seit dem 19. Jahrhundert ist er nach Stanislaus benannt. Das zwischen 1752 und 1755 zusammengestellte klassizistische Ensemble besteht aus mehreren palastartigen Gebäuden mit einheitlichen Fassaden, dem Rathaus, das die gesamte Südseite einnimmt, und dem Standbild des Herzogs in der Mitte. Zwei prächtige Brunnen und die prunkvollen vergoldeten Ziergitter, die die rahmenden Bauten locker verknüpfen, sind mit ihren verspielten Formen noch Werke des Rokoko.

Die Isaakskathedrale, die größte Kirche **Sankt Petersburgs,** ragt über der Newa auf. Ihre Kuppel ist mit ca. 100 Kilogramm Gold beschichtet.

## *Sankt Petersburg*

**Russland** Eigentlich war das Gelände für eine Bebauung alles andere als ideal. Das Mündungsdelta der Newa versank im Frühjahr im Nebel und im Sommer wurde es von Stechmückenschwärmen heimgesucht, zudem überflutete die Ostsee immer wieder das Gebiet. Doch wo ein Wille ist, ist auch ein Weg: Auf Millionen von Kubikmetern herangeschaffter Erde entstand als Erstes ein längliches Sechseck mit sechs Bollwerken, die Peter-Paul-Festung. Am 16. Mai 1703 legte Zar Peter der Große den Grundstein, der Tag ging als Gründungstag Sankt Petersburgs in die Geschichte ein. Er wollte eine moderne europäische Stadt, eine Stadt mit Häusern aus Stein und schnurgeraden Straßen, „Prospekte" genannt. Schon 1712 machte er sie zur neuen Hauptstadt seines Reiches. Er selbst wohnte zuerst in einem einfachen Blockhaus, bevor er in den Winterpalast zog. Der später mehrfach erneuerte Bau ist heute noch Maßstab für die Höhe der innerstädtischen Bebauung: Kein Haus darf ihn überragen.

Die besten Baumeister Europas bauten am „Venedig des Nordens", einer Stadt auf 44 Inseln, durch 500 Brücken verbunden, durch 68 Kanäle und Flüsschen getrennt. Zu beiden Seiten der Newa sind italienisch-barocke und streng klassizistische Paläste großer russischer Familien aufgereiht wie Perlen an einer Schnur. Pastellfarben präsentieren sich ihre Fassaden: Veilchenblau, Pistaziengrün, Gelb mit Weiß oder sogar Orange mit Rot. Dazwischen ragen die goldenen Kuppeln der Kirchen und die Türme der Peter-Paul-Festung und der Admiralität in den Himmel.

Die größte Buchhandlung von **Sankt Petersburg** ist das Haus des Buches, dessen Dach ein Turm mit einer Weltkugel ziert. **»**

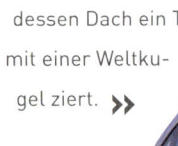

## *Petersburg*

**Sankt Petersburg – Leningrad** Benannt nach dem Apostel Petrus, dem Namenspatron des Stadtgründers Peters des Großen, wurde die neue Stadt zuerst niederländisch Sankt Pieterburch getauft, was aber schon in wenigen Jahren vom deutschen Sankt Petersburg abgelöst wurde. Weil Russland und Deutschland im Ersten Weltkrieg Gegner waren, änderte man den Namen 1914 in die russische Form Petrograd ab. Nach Lenins Tod wurde die Stadt zu dessen Ehren in Leningrad umbenannt. Eine Volksabstimmung machte daraus 1991 schließlich mit knapper Mehrheit Sankt Petersburg.

Die Hauptfigur des Pallas-Athene-Brunnens vor dem Parlamentsgebäude an der **Ringstraße in Wien** stellt die Pallas Athene dar, die griechische Göttin der Weisheit.

Im 19. Jahrhundert wurde Sankt Petersburg zur Stadt der Künstler, Dichter und vor allem Musiker; Dostojewskij und Tschaikowski lebten und arbeiteten hier. 1917 stürmten die Bolschewiki unter Lenins Führung den Winterpalast und machten der Zarenherrschaft ein Ende, Moskau wurde wieder zur Hauptstadt, Leningrad, wie die Stadt nun hieß, verkam. Der Fall des Eisernen Vorhangs kam gerade noch rechtzeitig, um substanzielle Schäden zu verhindern. Die Spuren der Sowjetzeit sind inzwischen nur noch in den Vorstädten und Seitenstraßen zu sehen.

## Ringstraße in Wien

🏛 **Österreich** Wien wuchs und wuchs. Die Hauptstadt des Habsburgerreichs platzte schon längst aus allen Nähten, als Kaiser Franz Joseph I. beschloss, der Stadt Luft zu verschaffen und die längst überflüssig gewordenen Befestigungsanlagen zu schleifen, die die Innere Stadt von den 1850 eingemeindeten Vorstädten trennten. Seit dem 16. Jahrhundert war es verboten gewesen, einen etwa 500 Meter breiten Streifen zwischen ihnen und der aus dem 13. Jahrhundert stammenden Stadtmauer zu bebauen, das sogenannte Glacis. Es sollte potenziellen Angreifern möglichst wenig Deckung und den Verteidigern ein gutes Schussfeld bieten.

Aber der Kaiser ordnete nicht nur den Abbruch der Stadtmauer, der Tore und Bastionen an, sondern verfügte die Errichtung eines Prachtboulevards an ihrer Stelle, der Ringstraße. Von Anfang an als Symbol imperialer Größe geplant, wurden viele der Grundstücke an private Investoren verkauft und die Einnahmen für die Errichtung staatlicher Repräsentationsbauten verwendet. In den 60er- und 70er-Jahren des 19. Jahrhunderts entstand eine fast 4,5 Kilometer lange, über 60 Meter breite Prachtstraße, die in neun Abschnitte gegliedert das historische Zentrum der Stadt umschließt. Sie wird von zahlreichen Palais gesäumt, die im historisierenden Ringstraßenstil, einer Mischung aus barocken und Renaissanceelementen, erbaut wurden. Sind sie die Perlen an einer üppigen Kette, so sind verschiedene öffentliche Bauten ihre Juwelen. Bezeichnend für die kunstliebende Stadt wurde als erstes der Monumentalgebäude die Staatsoper im Stil der Neorenaissance vollendet. Als Teil des Kaiserforums, das die Hofburg, die Residenz des Kaisers, mit den Hofstallungen verbinden sollte, entstanden zwei große Sammlungsbauten im gleichen Stil, das Kulturhistorische und das Naturhistorische Museum, sowie die neobarocke Neue Hofburg. Gleich daneben folgen das in klassisch-griechischen Formen errichtete Parlament, das neogotische Rathaus und die Universität im Stil der Neorenaissance. Dem

Das malerische **Aït-Ben-Haddou** entwickelt sich von einer Siedlung immer mehr zum unbewohnten Freilichtmuseum, denn die meisten der jüngeren Bewohner wandern in die Städte ab.

Rathaus gegenüber liegt das Burgtheater, die bedeutendste Sprechbühne des deutschsprachigen Raums, ein Bau des Neobarock. Als einziges sakrales Gebäude der Ringstraße erhebt sich an ihrem letzten Teilstück die Votivkirche. Mit ihren 99 Meter hohen Doppeltürmen erinnert die aus Dankbarkeit für die Errettung des jungen Kaisers vor einem Attentat gestiftete Kirche nicht zufällig an die großen französischen Kathedralen der Gotik. Bei ihrer Einweihung 1879 waren die Arbeiten an der Ringstraße noch nicht beendet, erst 1913 wurde die letzte Lücke geschlossen.

## Sanaa

🏛 **Jemen** Einem antiken Theater gleich schmiegt sich die Hauptstadt des Jemen auf 2350 Metern Höhe an zwei steil aufragende Bergketten. Die konzentrierte Form jemenitisch-arabischer Architektur, das eindrucksvolle Ensemble aus Moscheen und bis zu 400 Jahre alten Steinhäusern und das pulsierende Leben machen Sanaa zu einer der schönsten Städte Arabiens. Ihr Zentrum besteht aus zwei Teilen: der Altstadt und der westlich daneben liegenden, im 19. Jahr-

Die Altstadt der jemenitischen Metropole **Sanaa,** die man durch das Bab al-Yaman, das Tor des Jemen, betritt, ist für ihre einzigartigen Lehmbauten berühmt.

In der Medina von **Fès** wird in großen
Behältern Leder gegerbt und gefärbt.

hundert gebauten Neustadt mit den Palästen der Reichen
und der Imame, die bis in die 1850er-Jahre die weltliche und
geistliche Macht ausübten.

Von der beide Teile umgebenden Mauer sind noch zwei
Drittel erhalten und von den ehemals acht Stadttoren gibt es
noch eines. Es führt in das labyrinthische Gassengewirr der
Altstadt mit ihren Tausenden bis zu 30 Meter in die Höhe
ragenden, stuckverzierten, aus Lehm und Natursteinen
erbauten Häusern – ein frühes arabisches Manhattan. Letzt-
lich enden alle Wege im Herzen der Stadt, dem Souk, einem
Marktviertel mit 1700 Läden. Unter den vier Dutzend
Gebetshäusern verdient die Große Moschee besondere
Beachtung, sie wurde schon zu Lebzeiten des Propheten
Mohammed erbaut.

## Aït-Ben-Haddou

🏛 **Marokko** Das alte Wehrdorf, ein Ksar, liegt zu Füßen des
Hohen Atlas im Südosten Marokkos an der alten Karawa-
nenstraße, die aus der Sahara nach Marrakesch führt.
Wegen seiner malerisch verschachtelten ockerfarbenen Kas-
bahs, traditionellen, in Lehmbauweise errichteten Wohn-
burgen, deren zinnenbewehrte Türme mit Blendbogen und
geometrischen Figuren verziert sind, diente es häufig als
Filmkulisse, so für „Lawrence von Arabien" oder „Gladia-
tor". Trotzdem oder gerade deshalb ist Aït-Ben-Haddou
heute fast menschenleer, nur noch weniger als zehn Familien sind hier zu Hause.

## Fès

🏛 **Marokko** Fès, die drittgrößte Stadt Marokkos, wurde 789
gegründet. Sie ist damit die älteste der vier Königsstädte des
Landes, als dessen geistige und religiöse Hauptstadt sie gilt.
Sie besteht aus der Altstadt, Fès el-Bali, und der Weißen
oder Neuen Stadt, Fès el-Jedid, die 1276 auf einem südlich
gelegenen Plateau als Residenz und Festung erbaut wurde.
Dieser Teil der Stadt umfasst neben dem 80 Hektar großen

Alle Tore, Türme und Wände der **Imam-Moschee** am **Imam-Platz in Isfahan** sind mit glasierten Kacheln bedeckt. Dies ist eines der Kennzeichen persischer Kunst. »

Gleich drei majestätische Medresen rahmen den **Registanplatz in Samarkand** ein.

prachtvollen Palastkomplex auch das jüdische Viertel, ein Labyrinth aus lichtlosen, engen Gassen. Die Medina, die von einer Stadtmauer umgebene Altstadt, von der es keinen exakten Straßenplan geben soll, gilt als Musterbeispiel einer orientalischen Stadt. Ihr Zentrum bildet die 859 gegründete Qarawiyyin-Moschee, die gleichzeitig die älteste Universität der Welt ist.

## Registanplatz in Samarkand

🏛 **Usbekistan** Samarkand wurde schon von Alexander dem Großen eingenommen und auch danach immer wieder von Eroberern heimgesucht. Unter dem mongolischen Herrscher Timur Lenk, der die Stadt zur Hauptstadt eines Großreichs machte, begann im 14. Jahrhundert ihr Aufstieg zur Metropole Mittelasiens. Damals waren bereits einige Jahre vergangen, seit Marco Polo die an der Seidenstraße gelegene Stadt besucht hatte. Im 18. Jahrhundert begann der Niedergang, von 1720 bis 1770 war Samarkand gänzlich unbewohnt, seit 1868 gehörte es zum Russischen Reich. Heute ist es die viertgrößte Stadt Usbekistans.

Unter Timur Lenk wurde der Registan („Sandplatz") zum Zentrum Samarkands. Hier wurden Militärparaden abgehalten, Erlasse verkündet und Todesurteile vollzogen. Unter seinem Enkel, dem bedeutenden Astronomen Ulugh Beg, entstand zwischen 1417 und 1420 die nach ihm benannte erste der drei Medresen, die heute drei seiner vier Seiten bilden. Das mächtige Portal dieser islamischen Hochschule mit dem Lanzettenbogen und beiden Minaretten rechts und links ist dem Registan zugewandt. Ihr gegenüber entstand 200 Jahre später die Sher-Dor-Medrese, „die Löwentragende". Sie ist fast ein Spiegelbild ihrer Vorgängerin. Mit der 1660 erfolgten Vollendung der mittleren Medrese, der Tilya-Kori-Medrese („die Goldbedeckte"), erhielt der Platz seine heutige Form.

## Imam-Platz in Isfahan

🏛 **Iran** Die durch ihre Lage in einer fruchtbaren Flussoase wohlhabende Stadt wurde 1598 zur Hauptstadt des Neupersischen Reiches. Abbas I. (regierte 1588–1629), genannt „der Große", machte sie dazu. Er entstammte der Dynastie der

Safawiden, die 100 Jahre zuvor die Herrschaft der turkmenischen Weißen Horde gestürzt, das Reich gegründet und das Schiitentum zur Staatsreligion erhoben hatten. Der Schah beabsichtigte, Isfahan zu einem Abbild der Paradiesstädte im Koran auszubauen und beschäftigte hierzu ein Heer von Handwerkern und Künstlern. Ihre Kunstfertigkeit machte den Marktplatz, der einst den Eingang zum Basar bildete, zu einem Juwel islamischer Baukunst. Die Arbeiter vergrößerten ihn auf ein Rechteck von 524 mal 160 Metern und umgaben ihn mit einheitlich gestalteten doppelstöckigen Arkaden, in denen Werkstätten und Läden untergebracht wurden. Diese endlose Reihung verleiht dem Platz, der bis zur islamischen Revolution Königsplatz genannt wurde, eine Monumentalität und Großzügigkeit, die noch dadurch gesteigert wird, dass jede der vier Seiten ein besonderes Gebäude akzentuiert. Im Norden und Süden führen Iwane, große, von einer Halbkuppel überwölbte Nischen, in den

Das Pelourinho von **Salvador de Bahia,** einst ein Teil des Sklavenmarkts, ist heute wegen seiner bunten Häuser ein Besuchermagnet.

königlichen Bazar beziehungsweise die ehemalige Königs-, jetzt Imam-Moschee. Im Westen bildet der Ali-Qapu-Torpalast den repräsentativen Zugang zur Residenz des Schahs mit ihren großen Parkanlagen. Im Osten beweist die kleine Lotfallah-Moschee, dass große Baukunst auch auf kleinem Raum möglich ist. Das nach einem der Schwiegerväter Abbas' I. benannte Gotteshaus besitzt keine Minarette, da es ausschließlich von der Herrscherfamilie genutzt wurde. Als der Schah 1629 starb, war das „Abbild der Welt", wie der Platz auch genannt wurde, nach 30-jähriger Bauzeit noch nicht ganz vollendet. Sein großer Plan, in Isfahan das Paradies auf Erden zu erschaffen, blieb ein Fragment.

## Salvador da Bahia

**Brasilien** Der erste Generalgouverneur der portugiesischen Kolonie Brasilien gründete São Salvador de Baía de Todos os Santos („Heiliger Erlöser von der Allerheiligenbucht") 1549 als Sitz der Kolonialregierung. Bald kamen die Sklaven aus

Das Kongressgebäude von **Brasilia** mutet futuristisch an: Unter Kuppel und Schüssel tagen Abgeordnetenkammer und Senat.

Afrika, sorgten mit ihrer Arbeitskraft für Reichtum und brachten ihre kulturellen Traditionen mit. Im 18. Jahrhundert begann der wirtschaftliche und politische Abstieg der im Nordosten Brasiliens gelegenen Stadt, der mit der Ernennung von Rio de Janeiro zur neuen Hauptstadt 1763 besiegelt wurde.

Nirgendwo sonst im Land finden sich so viele architektonische Zeugnisse der kolonialen Vergangenheit wie in der „Capital da Alegria", der „Hauptstadt der Freude". In ihrem mit 3000 historischen Gebäuden gepflasterten Zentrum mischt sich europäisches Barock mit südamerikanischem Lebensgefühl. Oberhalb der sich zum Atlantik ausdehnenden geschäftigen Unterstadt liegt das Zentrum der Oberstadt, das Pelourinho – das Künstlerviertel Salvadors. Mit seinen Kopfsteinpflastergassen, den pastellfarbenen Häusern sowie den zahlreichen Klöstern und Kirchen war es lange Zeit als „größter Barock-Slum der Welt" verschrien, erstrahlt aber heute, frisch renoviert, wieder in seiner ursprünglichen Schönheit.

## Brasilia

**Brasilien** Schon 1789, im Jahr der Französischen Revolution, forderten Befreiungskämpfer, die Hauptstadt Brasiliens ins Landesinnere zu verlegen, um zum einen näher bei den küstenfernen Bewohnern und zum anderen vor Invasionen geschützt zu sein. Es dauerte bis zum 21. April 1960, bis diese Utopie Wirklichkeit wurde. Auf einem schon 70 Jahre zuvor abgegrenzten Gebiet, 1200 Meter hoch auf einem Plateau gelegen, wurde damals die dritte Hauptstadt des Landes eingeweiht – 1457 Kilometer von der ersten, Salvador, und 1140 Kilometer von der zweiten, Rio de Janeiro, entfernt, nahezu in seiner geografischen Mitte. Verantwortlich für das Stadtraumkonzept und die Wohnblöcke der aus dem Boden gestampften Stadt war Lucio Costa. Er plante einen

repräsentativen Regierungssitz, eine Stadt für eine halbe Million Einwohner, ohne Industrie, visionär, fortschrittlich und autogerecht. Ihr Grundriss erinnert an ein riesenhaftes Flugzeug mit Wohnblocks an den auf 13 Kilometer ausgebreiteten „Flügeln" und großzügig angeordneten öffentlichen Gebäuden, die den sechs Kilometer langen „Rumpf" einnehmen. Das „Cockpit" bildet der Platz der drei Gewalten mit Parlament, Oberstem Gerichtshof und dem Präsidentenpalais. Die eindrucksvollsten Bauten, Abgeordnetenhaus und Senat sowie die kreisrunde, einem Tipi ähnelnde Kathedrale, stammen von Oscar Niemeyer, der für die Detailplanung der Retortenstadt zuständig war. Alle diese Gebäude sind in Weiß gehalten und wurden bis 1970 erbaut.

## Skyline von Hongkong

**China** Die berühmte Skyline von Hongkong, der ehemaligen englischen Kronkolonie (1843–1997) und heutigen chinesischen Sonderverwaltungszone, erstreckt sich entlang der Nordküste der Insel Hongkong, der größten von 262 Inseln, aus denen sich das Territorium gemeinsam mit der Halbinsel Kowloon zusammensetzt. Nirgendwo sonst drängen sich so viele Hochhäuser auf engstem Raum wie hier im Geschäfts- und Finanzviertel einer der am dichtesten besiedelten Städte der Welt.

Alt und neu nebeneinander: Die traditionelle Dschunke schippert vor der Skyline von **Hongkong** ruhig vor sich hin. ››

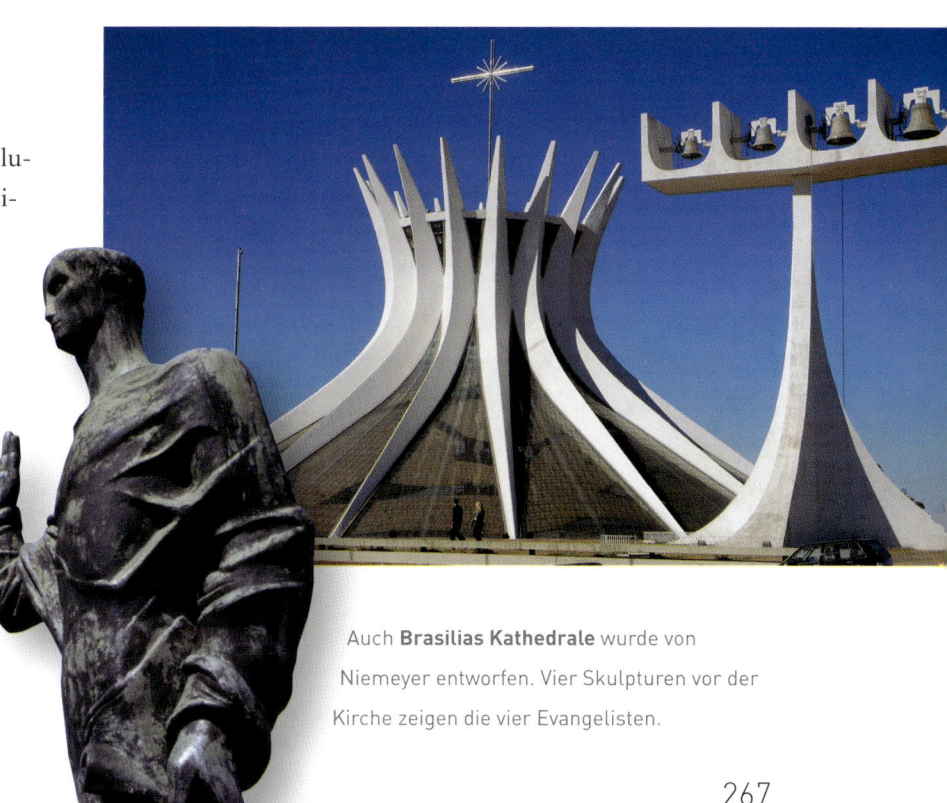

Auch **Brasilias Kathedrale** wurde von Niemeyer entworfen. Vier Skulpturen vor der Kirche zeigen die vier Evangelisten.

# *Öffentliche Bauten*

Bibliotheken, Museen, Opernhäuser – Orte der Kultur, bestimmt für eine breite Öffentlichkeit, gebaut von Meistern ihres Fachs. Teils mit überwältigender Pracht, teils mit moderner Raffinesse zeigen die folgenden Gebäude, dass Zweckbauten Tempel der Kultur, Schlösser des Geistes oder, wie das englische Parlament, Paläste der Demokratie sein können.

In der Radcliffe Camera, die zur **Bodleian Library** gehört, sind zwei Lesesäle untergebracht. Sie dürfen jedoch nur von Studenten der Universität Oxford betreten werden.

## *Bodleian Library*

**England/Großbritannien** Die Bodleian Library in Oxford ist eine der ältesten Bibliotheken in Europa. Sie wurde 1602 von Thomas Bodley gegründet. Auf seine Initiative geht die bis heute bestehende Pflicht zurück, dass von jedem in Großbritannien gedruckten Buch ein Exemplar an die Bibliothek geliefert werden muss. Kein Wunder, dass ihre Bestände inzwischen neun Millionen Medien umfassen, die 176 meist unterirdische Regalkilometer füllen. Ihr schönster Lesesaal ist die Radcliffe Camera, wobei der Begriff „Camera" aus dem Lateinischen kommt und

„Raum" bedeutet. Der von John Radcliffe, dem Leibarzt der Königin, gestiftete und zwischen 1737 und 1748 nach Plänen von Nicholas Hawksmoor durch James Gibbs erbaute zweistöckige Lesetempel ist seit 1860 Teil der Bodleian Library.

## Klosterbibliothek St. Gallen

**Schweiz** Die Abtei St. Gallen in der Ostschweiz wurde 719 gegründet und 1805 aufgehoben. Ihre Bibliothek ist eine der ältesten und größten Klosterbibliotheken der Welt. Rund 400 der in ihren Mauern aufbewahrten 2000 Handschriften stammen aus dem 1. Jahrtausend unserer Zeitrechnung, darunter auch das älteste deutsche Buch, das Abrogans. Ihr Mitte des 18. Jahrhunderts erbauter Büchersaal, der laut Inschrift über dem Zugangsportal eine „Heilstätte der Seele" sein soll, gilt als schönster nichtkirchlicher Barockraum der Schweiz und vollkommenster Aufbewahrungsort für Bücher überhaupt.

Wegen des einmaligen Tannenholzbodens, in den Muster aus Nussbaumholz eingelassen sind, darf der herrlich gestaltete barocke Bibliothekssaal der **Klosterbibliothek St. Gallen** nur mit den am Eingang bereitstehenden Pantoffeln betreten werden.

Neben den Ratssälen berherbergen die **Houses of Parliament** noch über 1000 weitere Räume: Sitzungszimmer und Bibliotheken, aber auch Bars und Sporthallen.

## Houses of Parliament

🔖 **England/Großbritannien** Im Oktober 1834 zerstörte ein Feuer fast den ganzen Palast von Westminster, den seit dem 16. Jahrhundert als Parlamentsgebäude genutzten ehemaligen Sitz schon der normannischen Könige, die seit 1066 über England herrschten. Von den alten Gebäuden entgingen nur die Westminster Hall aus dem 11. Jahrhundert, die 1297 fertiggestellte Krypta der St.-Stephen's-Kapelle, Teile des 1547 aufgelösten Klosters und des Juwelenturms den Flammen. Was man heute noch sieht, ist der „Neue Palast": In das 1840 bis 1888 im Stil der Neugotik erbaute Gebäude sind die Reste des Vorgängerbaus integriert. Besonders markant ist seine lang gestreckte Uferfassade an der Themse. Aus ihr ragen drei unterschiedliche Türme hervor: der gedrungene quadratische Victoria Tower am Südende, durch den der Monarch den Palast betritt, wenn er das Parlament

eröffnet – mit 102 Metern der höchste Teil des Gebäudes –, der achteckige Mittelturm im Zentrum und der fast frei stehende Glockenturm „Big Ben" am Nordende. Die wichtigsten Räume, die Sitzungssäle der Lords und der Commons, des Ober- und Unterhauses, liegen auf einer Ebene. Sie bilden gemeinsam mit den zugehörigen Aufenthaltsräumen, den verbindenden Korridoren und der achteckigen Lobby, die den Mittelturm des Gebäudes trägt, die wichtigste Raumfolge des Palasts.

## Opéra Garnier

🔖 **Frankreich** Sehen und gesehen werden – mindestens genauso wie der Kunstgenuss stand dieses Motto im Mittelpunkt der Überlegungen des jungen Architekten Charles Garnier, als er 1860 den Auftrag dazu erhielt, ein neues Opernhaus in der französischen Hauptstadt zu erbauen.

Sein inzwischen nach ihm benanntes Meisterwerk, ein im Luxus aufwendiger Materialien und opulenter Dekorationen schwelgender neobarocker Musentempel, wird dem gesellschaftlichen Ereignis eines Opernabends durch sein grandioses, über vier Stockwerke reichendes Treppenhaus ebenso gerecht wie dem künstlerischen – die technisch durchdachten Einrichtungen hinter den Kulissen setzten einen neuen Standard. Die 1875 eingeweihte Opéra Garnier ist heute die kleinere von den beiden Spielstätten der Pariser Oper.

## Opernhaus in Sydney

🐚 **Australien** Es war ein finanzielles Fiasko: Die Kosten des Renommierprojekts stiegen unaufhörlich, am Ende wurde das 14-fache der veranschlagten Summe ausgegeben. Und das war nicht die einzige „Panne": Auch der Zeitplan konnte bei Weitem nicht eingehalten werden. Es war ein Projekt, bei dem viele Kompromisse eingegangen werden mussten, denen schließlich auch der Architekt, der Däne Jørn Utzon, zum Opfer fiel. Man trennte sich noch während der Rohbauphase im Streit, bei der Einweihung 1973 war er nicht dabei. Sicherlich war es eine späte Genugtuung für ihn, als ihn die Universität Sydney 2003 mit der Ehrendoktorwürde auszeichnete. Die Bewohner der australischen Millionenstadt hatten ihr Opernhaus längst ins Herz geschlossen. Wie

Für das prachtvolle Treppenhaus der **Opéra Garnier** wurden über 30 verschiedene Marmorsorten verbaut.

Die rechte Attika der **Opéra Garnier** zieren vergoldete Genien des Ruhms aus Bronze. ➤➤

273

Das markante Dach des **Opernhauses in Sydney** ist mit über einer Million weißer Keramikfliesen gedeckt. «

eine Flotte von Booten mit geblähten Segeln liegt es auf einer Landzunge, umgeben von Wasser und Parks. Orangenschalen sollen Utzon zu dem außergewöhnlichen Entwurf inspiriert haben. Neben einer Opernbühne enthält es noch einen Konzert- und drei Theatersäle, ein Restaurant und mehrere Foyers.

## Guggenheim-Museum in Bilbao

**Spanien** Seit 1997 ist die nordspanische Stadt Bilbao Wallfahrtsort für Architekturfanatiker aus aller Welt. Das Ziel ihrer Pilgerfahrt ist ein Bau, der unter weitestgehendem Verzicht auf die Verwendung des rechten Winkels scheinbar völlig verdreht und verbogen aus dem Boden wächst. Das neue Wahrzeichen der baskischen Stadt, das hauptsächlich aus penibel geformten, geschwungenen Titan-Zink-Platten besteht, ist ein Werk des kanadischen Architekten Frank O. Gehry. Das dekonstruktivistische Gebäude beherbergt ein Museum für die Kunst des 20. Jahrhunderts, eine Zweigstelle des Guggenheim-Museums, das mit seinem durch Frank Lloyd Wright zwischen 1956 und 1959 erbauten schneckenhausförmigen Hauptsitz in New York selbst schon Architekturgeschichte geschrieben hat.

Jährlich besuchen etwa eine Million Menschen das **Guggenheim-Museum in Bilbao**, in dem hauptsächlich Installationen und Videokunst ausgestellt sind. »

Die Spinnenskulptur „Maman" vor dem **Guggenheim-Museum in Bilbao** stammt von Louise Bourgeois.

Das älteste und bekannteste der Guggenheim-Museen ist das **Guggenheim-Museum in New York.**

# Denkmäler

Mit Tafeln, Gedenksteinen und Standbildern erinnert man üblicherweise an Personen oder Ereignisse, die Freiheitsstatue und die Präsidentenköpfe des Mount Rushmore sind Beispiele. Gern wird auch die Antike zitiert wie mit dem Obelisken in Washington, dem Triumphbogen in Paris oder dem griechischen Tempel bei Regensburg. Das rührendste Denkmal gilt einer großen Liebe: der Tadsch Mahal.

Die Materialien für den Bau des **Tadsch Mahal** wurden aus ganz Asien herbeigeschleppt. Das Innere des Mausoleums verzieren 28 Arten von Halbedelsteinen. »

Nach seinem Tod 1666 wurde Schah Jahan ebenfalls im **Tadsch Mahal** beigesetzt. Er ruht in einem Sarkophag neben seiner geliebten Gemahlin.

## Tadsch Mahal

**Indien** Der Tadsch Mahal ist der Höhepunkt der Mogulkunst, der Kunst der Zeit, als Indien von den Mogulkaisern regiert wurde. Gründer der Dynastie war der muslimische Turkmenenherrscher Babur, der 1526 mit einem Heer Nordindien unterwarf. Dessen Nachfahr Schah Jahan (1592–1666) ließ den Tadsch Mahal als Grabmonument für seine Gemahlin Mumtaz Mahal errichten, der „Auserwählten des Palastes", die 1631 nach 19 Ehejahren starb, während sie ihrem 14. Kind das Leben schenkte. Acht Tage soll sich Schah Jahan weinend eingeschlossen haben, bis er durch eine Idee, die sein weiteres Leben bestimmen sollte, neuen Lebensmut schöpfte: Er wollte der gerade Verstorbenen das prächtigste Grabmal errichten, das die Welt je gesehen hatte. Ein Jahr später begannen die Bauarbeiten; den Architen hat Schah Jahan, um die Einzigartigkeit des Bauwerks zu wahren, nach dessen Vollendung 1653 köpfen lassen – das behaupten jedenfalls manche Quellen.

Der Grabbau, dessen Name vermutlich eine Abkürzung von Mumtaz Mahal ist, steht am Ende eines von einem langen Wasserbecken durchzogenen Parks in Agra, der ehemaligen Hauptstadt des Mogulreiches, 200 Kilometer südlich von Dehli. Er ist ebenso völlig symmetrisch wie das eigentliche Monument, das sich auf einem 94 mal 94 Meter messenden Marmorsockel erhebt. Vier 45 Meter hohe Minarette betonen die Ecken. Das eigentliche Mausoleum ist ebenfalls quadratisch und wird von einer über den Baukörper hinausgehobenen zwiebelförmigen Kuppel überragt, die eine Höhe von 75 Metern erreicht. Alle Seiten sind gleich. Wertvolle Intarsien, Blumenranken und Koranverse unterbrechen die weiße Flächigkeit des Marmors, mit dem die Wände verkleidet sind. Auch im Innern finden sich kostbare Einlegearbeiten, selbst Halbedelsteine wurden dort verwendet. Acht Räume – für die acht Paradiese des Islam – umgeben den achteckigen Hauptraum, unter dessen flacher Innenkuppel der Sarg der 38-jährig Verstorbenen steht.

Der Bau brachte die Staatsfinanzen durcheinander, es kam zu Unruhen. Schah Jahan wurde von seinem Sohn gestürzt und starb acht Jahre später. Bestattet wurde er neben der Liebe seines Lebens im Tadsch Mahal.

## Kapuzinergruft in Wien

🔲 **Österreich** Ein Herold klopft an die Tür zur Kapuzinergruft im Herzen Wiens: „Wer begehrt Einlass?", fragt einer der Mönche. „Zita, Kaiserin von Österreich, Königin von Ungarn …" – „Wir kennen sie nicht." Der Mönch wiederholt: „Wer begehrt Einlass?" – „Zita, Kaiserin von Österreich, Königin von Ungarn …" – „Wir kennen sie nicht." – „Wer begehrt Einlass?" – „Zita, eine arme Sünderin." Noch einmal erlebten die Wiener 1989 das prunkvolle Ritual der Beerdigung eines Mitglieds der Habsburger-Dynastie, als Ex-Kaiserin Zita 71 Jahre nach der Abdankung ihres Mannes unter der Kapuzinerkirche am Neuen Markt in Wien beigesetzt wurde. Seit dem frühen 17. Jahrhundert wurden dort die habsburgischen Herrscher nebst ihren Angehörigen in zum Teil üppig verzierten Prunksarkophagen bestattet, darunter Maria Theresia, Kaiser Franz Joseph und dessen unglückliche Gemahlin, die Kaiserin Sisi.

## Arc de Triomphe

🔲 **Frankreich** Nach der Dreikaiserschlacht von Austerlitz (1805) ordnete Napoleon I. zur Erinnerung an seine Siege und zu Ehren seiner Truppen den Bau eines Triumphbogens an. Er sollte sich am – allerdings dreibogigen – Konstantinsbogen in Rom orientieren, aber mehr als doppelt so hoch wie dieser werden. Auch als die Bourbonen wieder an die Macht gekommen waren, wurde weiter an ihm gebaut, schließlich ging es nun um ein Symbol des Ruhmes und der Größe Frankreichs. Seit 1836 beherrscht der Arc de Triomphe die „Königsachse" der französischen Hauptstadt, die schnurgerade vom Louvre über den Place de la Concorde und die Champs-Élysées bis in die Bürostadt La Défense

Neben anderen steht auch der spätbarocke Doppelsarkophag für Maria Theresia und Kaiser Franz I. Stephan in der **Kapuzinergruft.** «

Walhall heißt der Ruheort der tapfersten gefallenen Krieger in der germanischen Mythologie. Nach ihm ist die **Walhalla** benannt. »

Am **Arc de Triomphe** werden oft Ehrungen abgehalten – aber auch die Fahrer der Tour de France schauen jedes Jahr vorbei.

Die Gestaltung der Statuen, die die **Walhalla** zieren, ist am griechischen Vorbild orientiert.

reicht. Er bildet den Mittelpunkt der Place Charles-de-Gaulle, von der zwölf Avenuen sternförmig abgehen. Seit 1920 ruht ein unbekannter Soldat unter dem 54 Meter hohen Bogen.

## Walhalla

**Deutschland** König Ludwig I. von Bayern war ein großer Kenner und Verehrer der antiken Baukunst. Als Kronprinz reiste er zu den antiken Stätten Italiens und Griechenlands, als König gab er die Walhalla in Auftrag, einen schneeweißen griechischen Tempel, hoch über dem Tal der Donau bei Regensburg. Nach dem Vorbild des römischen und des Pariser Pantheons sollten hier berühmte Deutsche geehrt werden, deren Büsten Ludwig aufstellen oder deren Namenstafeln er in dem klassisch-kühlen Raum anbringen ließ. Auch heute noch werden in dem zwischen 1830 und 1842 errichteten Bauwerk mit dem der germanischen Mythologie entliehenen Namen neue Büsten aufgestellt, zuletzt die des Schriftstellers Heinrich Heine, der die Ehrenhalle einst als „marmorne Schädelstätte" kritisiert hatte.

## *Washington Monument*

**Washington D. C./USA** Schon zu Lebzeiten George Washingtons (1732–1799), des ersten Präsidenten der Vereinigten Staaten von Amerika, wurden Rufe nach einem Denkmal für den Landesvater laut. 1833 entschied ein Wettbewerb zugunsten von Robert Mills, der einen riesigen Marmorobelisken plante, dessen Basis von einem Kolonnadentempel umstanden sein sollte. Zwölf Jahre später ging es an die Umsetzung, die sich über 36 Jahre hinzog. Nur der nach antiken Proportionen geplante Marmorobelisk wurde realisiert. Er war bei der Einweihung das höchste Bauwerk der Welt. Mit 555,5 Fuß oder 169,3 Metern ist und bleibt er das

Das **Washington Monument** mit seiner Spitze aus Aluminium ist bis heute der höchste Obelisk der Welt. «

## *Obelisk*

**Symbol Ägyptens** Schon von den Römern wurden viele dieser Symbole ägyptischer Kultur geraubt und nach Rom gebracht, heute stehen sie auch in New York, London und Paris. Die sich nach oben verjüngenden, von einer pyramidenförmigen Spitze gekrönten quadratischen Steinpfeiler wurden von den Griechen „obeliskos" („Spießchen") genannt. Bei den Pharaonen, die Obelisken als Zeichen ihrer Verehrung des Sonnengottes Re aufstellen ließen, sollte die oft mit Elektron oder Gold überzogene Spitze die Sonnenstrahlen einfangen.

Die sieben Kronenstrahlen der **Freiheitsstatue** symbolisieren die sieben Meere und Kontinente.

höchste Gebäude der amerikanischen Hauptstadt – so legte es ein Kongressbeschluss fest. Von Anfang an war es möglich, mit einem Aufzug die Spitze zu erreichen: Das erste Exemplar brauchte dazu noch zehn Minuten, heute wird man in 70 Sekunden in die Höhe befördert.

## Freiheitsstatue

**New York/USA** „Schickt sie mir, die Heimatlosen, vom Sturme Getriebenen, hoch halt ich mein Licht am gold'nen Tore!" Diese letzten Zeilen eines am Sockel der Freiheitsstatue eingravierten Gedichts von Emma Lazarus beziehen sich auf die Millionen von Immigranten, die sich durch ihre Einwanderung in die USA ein besseres Leben erhofften. Die von dem französischen Bildhauer Frédéric-Auguste Bartholdi erdachte und mit der Hilfe Gustave Eiffels realisierte Riesenstatue steht auf einem 47 Meter hohen klassizistischen Sockelgebäude auf einer kleinen Insel nahe der Mündung des Hudson River. Sie war als Geschenk der französi-

schen Nation an die Vereinigten Staaten von Amerika zum 100. Jahrestag der Unabhängigkeitserklärung 1876 gedacht. Die Arbeiten gestalteten sich jedoch schwierig. Bartholdi vergrößerte seinen ursprünglichen, eine antik gewandete Frauengestalt zeigenden Entwurf in mehreren Schritten, zuletzt bog, hämmerte und presste er 350 Kupferteile zurecht, die erst 1885 verschifft werden konnten. In New York wurde das Puzzle dann an einem Stahlgerüst befestigt und fertig war die „Liberty Enlightening the World" („Freiheit, die die Welt erleuchtet") – so der offizielle Name der imposanten Dame. Die 1886 eingeweihte, 46 Meter hohe Statue diente wie ihr Vorbild, der Koloss von Rhodos – eines der sieben antiken Weltwunder –, zuerst unter anderem auch als Leuchtturm. Der atemberaubende Ausblick aus ihrem siebenzackigen Strahlendiadem auf die Skyline von Manhattan gehörte bis 2001 zu den größten Attraktionen von New York. Aus Furcht vor terroristischen Anschlägen ist das enge Treppenhaus im Innern von Lady Liberty seitdem gesperrt.

Das **Mount Rushmore National Memorial** ist eines der größten Denkmäler der Welt. ◀◀

So luftig die Konstruktion auch zu sein scheint – das **Atomium in Brüssel** bringt stolze 2400 Tonnen auf die Waage. ▶▶

## Mount Rushmore

**South Dakota/USA** South Dakota ist einer der menschenleeren Präriestaaten im zentralen Norden der USA. Nur wenige Liebhaber von einsamer Natur verirrten sich hierher. Dabei waren die Black Hills, eine 160 Kilometer lange Bergkette, für Urlauber durchaus geeignet. Um Touristen dorthin zu locken, verfiel man auf eine aberwitzige Idee: Ein Superlativ musste her, ein monumentales Denkmal, herausgemeißelt nicht aus einem Marmorblock, sondern – man konnte gar nicht groß genug denken – aus einem Berg. Mit dem dänischstämmigen Bildhauer Gutzon Borglum (1867–1941) hatte man den richtigen Mann für dieses Vorhaben gefunden. Er entschied sich für Mount Rushmore, den die Indianer „Sechs Großväter" nannten. 1927 begannen er und 400 Arbeiter damit, den Felsen abzutragen. Nur langsam kamen vier Köpfe zum Vorschein, die von vier Präsidenten, die für die Entwicklung des Landes stehen: George Washington, Thomas Jefferson, Theodore Roosevelt und Abraham Lincoln. 1939 waren die etwa 18 Meter hohen Köpfe fertig, Mount Rushmore um 450 000 Tonnen Gestein leichter und Borglum am Ende seiner Kräfte. Der Tod durchkreuzte sein Vorhaben, die Skulpturen noch bis zur Hüfte auszuführen. Der Plan von South Dakotas Tourismusförderern hingegen ist aufgegangen: Mehr als 100 Millionen Menschen hat das gigantische Denkmal bisher angelockt.

## Atomium in Brüssel

**Belgien** Ähnlich wie beim Mount Rushmore geht auch die Entwicklung des Atomiums auf die Beantwortung der Frage zurück, mit welchem Magneten sich Touristenströme anziehen lassen. Die belgische Metallindustrie suchte ein markantes Bauwerk, das die Zukunftshoffnung und Technikverliebtheit des Atomzeitalters symbolisieren sollte. Es sollte am nordwestlichen Rand Brüssels auf dem Heysel-Plateau für die dort 1958 geplante Weltausstellung aufgebaut werden. Die zündende Idee war in dieser atomgläubigen Zeit gleichzeitig auch die naheliegendste: Warum nicht ein Molekül ins Gigantische vergrößern? André Waterkeyn (1917–2005) nahm das Modell eines Eisenkristalls, bei dem die Atome an den Ecken und im Zentrum eines Kubus platziert sind und vergrößerte es 165 Milliarden Mal. Dann drehte er es so, dass es scheinbar auf einer der acht Kubusecken balancierte und erhielt so das Atomium. Sechs der neun silbrig glänzenden, je 18 Meter hohen Kugeln sind begehbar. In den sie verbindenden Röhren sind Rolltreppen und Verbindungsgänge enthalten, die mittlere Röhre dient einem Aufzug als Schacht. Nach zwei Jahren Bauzeit war das Atomium rechtzeitig zur Eröffnung der Weltausstellung fertig. Eigentlich war das 102 Meter hohe Bauwerk nur zur temporären Nutzung gedacht, aber mittlerweile ist es zu einem Wahrzeichen der belgischen Hauptstadt geworden.

# Technische Bauten

Beim Graben von mächtigen Kanälen, dem Aufschütten von künstlichen Inseln und dem Spannen von kühnen Brücken stehen Technikkenntnisse, das Wissen um physikalische Gesetzmäßigkeiten und mathematische Berechnungen im Vordergrund. Der Panamakanal, die Palm Islands in Dubai und die Golden Gate Bridge in San Francisco sind Beispiele für wahre Wunder der Ingenieurskunst.

## *Ponte Vecchio in Florenz*

Der **Ponte Vecchio,** der als eine der ältesten Segmentbogenbrücken der Welt gilt, wurde im Zweiten Weltkrieg als einzige Brücke in Florenz nicht zerstört, nur die Zugänge wurden versperrt.

**Italien** Der Ponte Vecchio („alte Brücke") ist nicht nur alt, sondern die älteste der Brücken, die den Arno in Florenz überspannen. Schon in etruskischer Zeit existierte hier ein Flussübergang, eine mittelalterliche Holzbrücke wurde 1342 durch den heutigen Steinbau ersetzt. Wie damals üblich wurde die Brücke mit Häusern, Läden und Werkstätten fast lückenlos bebaut, nur in der Brückenmitte ermöglichen auf jeder Seite drei Arkadenbogen einen Blick auf den Fluss. Seit dem Ende des 16. Jahrhunderts dürfen nur die „sauberen" Gewerbe der Goldschmiede und Juweliere hier ansässig werden.

Die **Rialtobrücke in Venedig** wurde als Einbogenbrücke konstruiert, weil sie so dem starken Verkehr auf dem Canal Grande besseren Durchlass bot.

## Rialtobrücke in Venedig

⚓ **Italien** Erst 1507 entschlossen sich die Venezianer dazu, eine steinerne Brücke über den Canal Grande zu errichten. Jahrzehntelang wurden Finanzierung und Gestaltung diskutiert. Dafür benötigte Antonio da Ponte nur drei Jahre, um sie zu bauen. In einem 48 Meter weiten Bogen überspannt die 22 Meter breite Marmorbrücke seit 1591 die Hauptschlagader des venezianischen Verkehrs. Es war nur selbstverständlich, dass der kostbare Raum auf der mitten in der Lagunenstadt gelegenen Brücke

Die Fußgängerwege der **Tower Bridge** beherbergen heute eine Ausstellung, deren Thema der Bau der Brücke ist.

Die Züge verkehren fast 50 Meter über dem Wasser, wenn sie die **Forth Bridge** befahren, Schiffe können die Brücke problemlos unterqueren. »

auch für zwei Ladenreihen genutzt wurde. Sie öffnen sich nur zum mittleren, etwas breiteren Weg über den Bogen, der eine Durchfahrtshöhe von 7,5 Metern lässt. Ihren Namen erhielt die Rialtobrücke, heute eine von vier Brücken über den Canal Grande, von einem Gebiet im Stadtteil San Polo, das sie mit dem Viertel von San Marco verbindet.

## Tower Bridge in London

⚓ **England/Großbritannien** Die letzte vor der Mündung des Flusses ins Meer ist gleichzeitig die markanteste unter den 34 Brücken, die auf Londoner Gebiet die beiden Ufer der Themse verbinden. Sie wurde zwischen 1886 und 1894 erbaut und, obwohl aus Stahl, mit Stein verkleidet, um ihr Äußeres dem nahen Tower anzupassen. Ihre zwei neogotischen Türme sind 66 Meter hoch und werden in 40 Metern Höhe durch zwei verglaste Fußgängerwege verbunden. Die darunter liegende, sich nur neun Meter über dem Wasserspiegel befindende Fahrbahn besteht aus zwei Zugbrücken, die, wenn es der Schiffsverkehr erfordert, mithilfe einer elektrischen Anlage nach oben gezogen werden können.

## Forth Bridge

⚓ **Schottland/Großbritannien** Wegen des Firth of Forth („Förde des Forth"), eines Meeresarms an der Ostküste Schottlands, in den der Fluss Forth mündet, musste der Ver-

kehr von Edinburgh zur Halbinsel Fife große Umwege machen. Eine Eisenbahnbrücke sollte Abhilfe schaffen. 1878 wurde mit dem Bau einer Hängebrücke begonnen – ein Vorhaben, das die Verantwortlichen bereits ein Jahr später stoppten, als eine andere Brücke desselben Konstrukteurs zusammenbrach und 75 Menschen mit in den Tod riss. Danach war klar, dass die zu bauende Brücke, die nahezu viermal so lang werden musste wie die bisher längste Eisenbrücke Großbritanniens, vor allem sicher sein musste und ihre Stabilität am besten auch zeigen sollte. Man entschied sich für eine neuartige Konstruktionsart, eine Auslegerbrücke, als Material wählte man, ebenfalls bisher kaum erprobt, Stahl. Nach neun Jahren Bauzeit wurde sie 1890 eingeweiht, mit 2,5 Kilometern Länge und bis zu 104 Metern Höhe war sie für wenige Jahrzehnte die größte Brücke der Welt. Sie ist noch immer in Benutzung. Laut Sir John Fowler, dem Ingenieur der Brücke, wird sie bei guter Pflege ewig halten.

## Golden Gate Bridge

⚓ **Kalifornien/USA** Der Wunsch nach einer besseren Anbindung San Franciscos an den Norden Kaliforniens kam schon im 19. Jahrhundert auf, als die 4,5 Kilometer lange Meerenge zwischen dem Pazifik und der Bucht von San Francisco den Namen Golden Gate erhielt – sie erinnerte einen Seemann an das Goldene Horn, die Bucht, an der Istanbul liegt. Doch erst 1933 begann der Brückeningenieur Joseph B. Strauss mit der Umsetzung. Er konstruierte eine Hängebrücke, die mit ihrer Spannweite von 1280 Metern für 27 Jahre die längste der Welt war. Die zwei Stahlbetonleitern, an denen sie aufgehängt wurde, sind samt Fundament höher

Die Architektur des **Viadukts von Millau** zeigt Sir Norman Fosters Handschrift. »

als das Empire State Building und ebenso wie der Rest der Brücke in auffälligem Orange gestrichen – die Signalfarbe soll es Schiffen im hier häufig herrschenden Nebel erleichtern, nicht mit ihr zu kollidieren. Die von fast einen Meter dicken Trageseilen gehaltene sechsspurige Fahrbahn befindet sich in einer Höhe von 67 Metern. Wie ein Magnet zieht sie Selbstmörder an: Schon mehr als 1200 Menschen sind seit der Fertigstellung (1937) der Versuchung erlegen, sich von San Franciscos Wahrzeichen in die Tiefe zu stürzen.

Etwa 120 000 Fahrzeuge benutzen täglich die **Golden Gate Bridge.** Für Fahrzeuge, die stadteinwärts fahren, muss Maut bezahlt werden.

## Viadukt von Millau

⬛ **Frankreich** Bis zu 600 Meter tiefe Schluchten, in die sich der Fluss Tarn bei Millau gegraben hat, unterbrachen bis 2004 die direkte Verbindung von Paris nach Montpellier. Damals wurde das nach den Plänen des Ingenieurs Michel Virlogeux und des Architekten Sir Norman Foster gebaute Viadukt von Millau, eine knapp 2,5 Kilometer lange Schrägseilbrücke über den Tarn, eröffnet. An sieben zwischen beiden Doppelfahrbahnen auf Pfeilern stehenden, 87 Meter

hohen Stahlpylonen, die jeweils durch einen Fächer aus 22 Stahlseilen umgeben sind, ist der Brückenträger aufgehängt. Die sich 90 Meter unter ihm wie Stimmgabeln öffnenden Brückenpfeiler aus Beton sind in ihrer Höhe an das Geländeprofil angepasst und erreichen bis zu 245 Meter – inklusive Pylon sind sie damit höher als der Eiffelturm. Um Fahrzeuge vor den hier häufigen heftigen Winden zu schützen, wurden die Fahrbahnen auf beiden Seiten mit nach innen gewölbten Plexiglasscheiben versehen.

Allerlei Meeresgestalten bevölkern Roms berühmteste
Wasserspiele, den **Trevibrunnen.** ◀◀

## *Trevibrunnen*

⚓ **Italien** Marcus Agrippa, der römische General und Schwiegersohn des Kaisers Augustus, ließ 19 v. Chr. eine Wasserleitung von einer östlich von Rom gelegenen Quelle bis zu seinen Thermen nahe dem Pantheon im Zentrum Roms konstruieren. Aus dieser antiken Wasserleitung fließt noch heute das Wasser des Trevibrunnens. Der 20 Meter breite und 26 Meter hohe von Nicolò Salvi zwischen 1732 und 1762 erbaute Brunnen befindet sich an der Schmalseite eines Palasts. Überall plätschert und brodelt es zwischen künstlichen Felsen, durch die sich mythologische Figuren bewegen. Sehr real ist aber das Glitzern überall auf seinem Grund. Dort liegen Hunderte Münzen, denn es ist uralter Brauch, dass Fremde am Tag vor ihrer Abreise über die Schulter hinweg ein Geldstück in den Brunnen werfen, um sich ihre Rückkehr nach Rom zu sichern.

## *Sueskanal*

⚓ **Ägypten** Bereits im 6. Jahrhundert v. Chr. versuchten ägyptische Pharaonen, eine Verbindung zwischen Mittelmeer und Rotem Meer graben zu lassen. Mehrere Versuche folgten im Lauf der Jahrhunderte, doch ihnen war gemeinsam, dass alle Kanäle nach einiger Zeit wieder versandeten. Durch den Fortschritt in der Ingenieurskunst gelang es zwischen 1859 und 1867 Ferdinand de Lesseps, den alten Traum zu verwirklichen. Etwa 1,5 Millionen Arbeiter gruben mit Spitzhacke und Schaufel die 190 Kilometer lange und heute bis zu 200 Meter breite Wasserstraße in die Wüste, wobei 90 Kilometer durch natürliche Seen führen. Damit ist der bei Sues ins Rote Meer mündende Kanal der drittlängste der Welt, sogar der längste ganz ohne Schleusen.

## *Panamakanal*

⚓ **Panama** Schon seit dem 16. Jahrhundert war bekannt, dass die kürzeste Verbindung zwischen Atlantik und Pazifik durch Panama führen müsse. 350 Jahre später erreichte die Bautechnik einen Stand, der eine Realisierung des Projekts

Schiffe in der Wüste sind ein skurriler Anblick. Den **Sueskanal** können die meisten Handelsschiffe, aber auch Spezialschiffe wie Bohrplattformen befahren. ◀◀

Der **Panamakanal** kann bisher nur von mittelgroßen Schiffen befahren werden, deren Maße es ihnen noch erlauben, die Schleusen zu passieren.

möglich machte. Ferdinand de Lesseps, der Erbauer des Sueskanals, machte sich 1881 an die Arbeit, scheiterte jedoch wegen Tropenkrankheiten und einer unbrauchbaren Route. Dieser Versuch endete skandalträchtig mit dem Bankrott des privat finanzierten Unternehmens. 1907 begannen die Arbeiten erneut. Dieses Mal waren es amerikanische Ingenieure und Ärzte, die sich an das größte jemals unternommene Bauprojekt wagten. Zur Überwindung der kontinentalen Wasserscheide, die es nötig macht, die durchfahrenden Schiffe um 26 Meter zu heben, bauten sie sechs riesige Schleusen, je drei an jedem Ende des Kanals. Zwei künstliche Seen wurden angelegt, Berge durchstochen und Fahrrinnen ausgebaggert. Bereits 1914 konnte der 80 Kilometer lange Panamakanal eingeweiht werden. Die USA kontrollierten ihn bis 1999, etwa eine halbe Million Schiffe hatten ihn bis dahin bereits durchquert.

## Moskauer Metro

⚓ **Russland** Die Moskauer Metro ist zwar bei Weitem nicht die älteste Untergrundbahn der Welt, doch mit über 2,5 Milliarden Fahrten jährlich mit Abstand die am stärksten frequentierte. Das alleine würde sie noch nicht zu einem Weltwunder machen. Es ist vielmehr die monumentale Größe und die prunkvolle Ausstattung ihrer zwischen 1937 und 1954 gebauten Bahnhöfe, die sie so einzigartig macht.

Erst sehr spät erkannten die Verantwortlichen der prosperierenden Stadt an der Moskwa, dass es trotz aller Ängste, eine Untertunnelung könnte den Bauwerken der russischen Hauptstadt schaden, keine Alternative gab: Ein großer Teil des Verkehrs musste unter die Erde verbannt werden. 1931 wurde der Bau beschlossen, die erste Strecke konnte 1935 eröffnet werden. An dem Lieblingsprojekt Stalins arbeiteten bis zu 75 000 Menschen gleichzeitig. Gemäß der Leitidee mit

Eine topografische Besonderheit ermöglichte den Bau der **Palm Islands**: Die Wassertiefe des Persischen Golfs ist an dieser Stelle vergleichsweise gering.

»

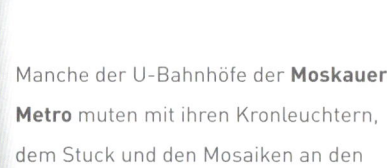

Manche der U-Bahnhöfe der **Moskauer Metro** muten mit ihren Kronleuchtern, dem Stuck und den Mosaiken an den Decken fast barock an.

ihren Stationen „Paläste für das Volk" zu schaffen, wurden sie als riesige, mit Marmor verkleidete Hallen gestaltet, die durch Pfeiler oder Säulen getragen werden. Für ihre Beleuchtung sorgen mächtige Kronleuchter, die Wände schmücken Mosaiken, Wandmalereien, Schnitzereien und Stuck. Da sie auch als Luftschutzbunker dienen sollten, wurden sie in extremer Tiefe eingerichtet, „Park Pobedy" befindet sich 84 Meter tief im Untergrund. Um in die Station zu gelangen, wurden dort die mit 126 Metern längsten Rolltreppen der Welt installiert.

## Palm Islands

**Vereinigte Arabische Emirate** Das größte Feuerwerk der Geschichte, 1,7 Tonnen Hummer, 25 000 Dollar Übernachtungskosten – die Presse erging sich in Superlativen, als 2008 „Jumeirah", die erste der drei Palm Islands vor der Küste von Dubai eingeweiht wurde. Das kleine Emirat am Persischen Golf setzt mit den drei künstlichen Palmeninseln auf

die Reichen dieser Welt, die durch Sonne, Sand und Meer ins Land gelockt werden sollen. Die Inseln haben die Form von Dattelpalmen und vergrößern die Landfläche des Wüstenstaats um eine Fläche so groß wie die Bermudainseln im Atlantik – alle drei sind aus dem Weltall mit bloßem Auge zu erkennen. Ihre außergewöhnliche Gestaltung sorgt dafür, dass möglichst viele der auf ihnen entstehenden Häuser über eigenen Strand verfügen – die Küstenlinie der größten von Menschenhand geschaffenen Inseln beträgt 520 Kilometer. Allein für Jumeirah wurden, so schätzt man, etwa 100 Millionen Kubikmeter Sand und sieben Millionen Tonnen Gestein bewegt. Auf der zweiten, südlichsten der Inseln, „Jebel Ali" – etwa 1,5 Mal so groß – sind Themenparks und Vergnügungsviertel geplant. Wie die beiden anderen ist auch sie durch eine Brücke mit dem Festland verbunden. Als letzte und größte der drei gigantischen Dattelpalmen wurde „Deira" in Angriff genommen. Alleine hier versprechen 8000 Villen, Jachthafen und Golfplatz, den Traum vom Paradies wahr werden zu lassen.

# Türme und Hochhäuser

Der Leuchtturm Pharos von Alexandria gehörte bereits zu den sieben Weltwundern der Antike. Seitdem setzte sich das Streben gen Himmel fort. Der technische Fortschritt brachte immer neue Höhenrekorde: Eiffelturm (324 Meter), Empire State Building (449 Meter) und CN Tower (553 Meter) lösten sich ab. Es ist nur eine Frage der Zeit, wann auch der aktuelle Spitzenwert – 818 Meter – Geschichte ist.

Der Untergrund aus Morast und Sand ist schuld daran, dass sich der **Schiefe Turm von Pisa** zur Seite neigt. Er gibt unter dem Gewicht des Bauwerks nach.

## Schiefer Turm von Pisa

**Italien** Man schrieb das Jahr 1173. 111 Jahre waren bereits vergangen, seit man den Sarazenen, die die Stadt mehrfach bedrohten, gezeigt hatte, wer man war: eine mächtige Seerepublik an der Küste der Toskana. Mit Gottes Hilfe hatte man die Ungläubigen besiegt, mit reicher Beute war man heimgekommen. Sogleich begann man mit dem Bau eines neuen Domes, 1152 mit dem einer Taufkapelle, 1173 dann schließlich mit einem frei stehenden Glockenturm. Hoch sollte er werden, 100 Meter waren geplant, doch schon beim Bau des dritten Stockwerks war nicht mehr zu übersehen, dass er sich zur Seite neigte. Erst 1274 wagte es Giovanni di Simone, die Bauarbeiten fortzusetzen. Er korrigierte die Neigung, indem er die restlichen Geschosse entgegengesetzt schief aufsetzte, sodass das Bauwerk einen

Die **Geschlechtertürme von San Gimignano** dienten als Statussymbole – je höher sie gen Himmel ragten, desto höher waren auch die Besitzer angesehen.

Knick bekam. Es war nun nicht mehr nur schief, sondern auch krumm. Noch einmal wurde der Bau ein Menschenalter lang unterbrochen und erst 1372 fertiggestellt – auch die Glockenstube, die den Campanile abschließt, wurde mit einer Neigungskorrektur aufgesetzt. Statt der stolzen 100 Meter erreichte er nur 55. Obwohl er also nicht der Höchste war, wurde er weltberühmt: als Schiefer Turm von Pisa. Mit Dom und Baptisterium steht er, inzwischen für die nächsten 300 Jahre gesichert, auf dem Platz der Wunder am nordwestlichen Rand der Pisaner Altstadt.

## Geschlechtertürme von San Gimignano

**Italien** Das Manhattan des 13. Jahrhunderts liegt in der Toskana. Dort, in San Gimignano, einer damals noch wohlhabenden freien Kommune, entstanden 72 Geschlechtertürme, hoch aufragende Wohntürme, von denen noch immer 14 die Silhouette der Stadt prägen. Sie verschafften den Familien, die sie erbauten, Ansehen und sollten sie vor ihren Gegnern aus den eigenen Reihen schützen. Denn durch Italiens Landschaften, Städte und sogar Familien lief damals ein tiefer Riss: Die papsttreuen Guelfen bekämpften die kaisertreuen Ghibellinen. Dass es immer höher hinaus ging, verhinderte eine Übereinkunft: Bei 52 Metern, der Höhe des Torre del Podestà, des Rathausturms, war Schluss – fast alle hielten sich daran.

## Giralda in Sevilla

**Spanien** Der Glockenturm der Kathedrale von Sevilla war ursprünglich ein Minarett. Ende des 12. Jahrhunderts erbaut ist er ein Relikt aus der Zeit, als Andalusien und fast ganz Spanien unter maurischer Herrschaft standen. In der Renaissance

Der Giraldillo auf der Turmspitze gab der **Giralda** ihren Namen. Die Bronzefigur ist vier Meter hoch und wiegt etwa 2000 Kilogramm.

Damit er stabil wurde, achtete man beim Bau des **CN Towers** besonders auf die Wahrung der Senkrechten – mit Erfolg: Der Fernsehturm weicht nur 2,7 Zentimeter von ihr ab.

In dem Turm, der die Glocke **Big Ben** beherbergt, gibt es ein Gefängnis, das aber 1880 zuletzt benutzt wurde.

Konstruktion und Bau des **Eiffelturms** sind eine Kombination aus klassischer Fachwerkbauweise und industriellen Fertigungsverfahren.

wurde er um einen durchbrochenen Aufsatz und die Spitze ergänzt und erreichte damit eine Höhe von 95 Metern. Der Turm aus Backstein, in dem keine Treppe, sondern eine für Pferde geeignete Rampe nach oben führt, wird durch eine Statue gekrönt, den Giraldillo. Er dreht sich (spanisch „girar" = drehen), ein übergroßes Wappenschild wie ein Segel in den Händen haltend, im Wind und gab dem ganzen Bauwerk seinen Namen.

## Big Ben

**England/Großbritannien** Der königliche Astronom George Airy formulierte in einem umfangreichen Memorandum die Anforderungen an die Uhr, die für den Glockenturm des Palasts von Westminster in London vorgesehen war. Besonders ambitioniert war die Vorgabe, der erste stündliche Schlag ihrer Glocke müsse die Zeit auf die

Sekunde genau angeben. Es gelang. Nur fünfmal in 150 Jahren blieb sie stehen. Dennoch ist nicht sie das Highlight des Turms, der nach einem verheerenden Brand wie der ganze als Sitz des Parlaments genutzte Palast in neogotischem Stil erbaut wurde, sondern die Glocke. Sie wird vermutlich nach dem damaligen Staatsbaumeister Benjamin Hall „Big Ben" genannt – ihr Name wird häufig für den ganzen Turm verwendet. Der Uhrturm, wie er offiziell schlicht heißt, wurde 1858 vollendet. Bis zu den acht Meter großen Zifferblättern ist er aus Ziegelsteinen gemauert und mit Kalkstein verkleidet, darüber besteht er aus Gusseisen. Bis zur Spitze misst er 96 Meter. Die 17 Tonnen schwere Glocke wurde zum Glück getestet, bevor man sie anbrachte, denn sie zersprang! Ihre Nachfolgerin wiegt „nur" 13 Tonnen. Sie ertönte am 31. Mai 1859 zum ersten Mal. Vier weitere, kleinere Glocken schlagen die Viertelstunden und bilden das berühmte Glockenspiel, das akustische Wahrzeichen von London.

## Eiffelturm

**Frankreich** Nach 1855 und 1867 sollte 1889 wieder eine Weltausstellung in der französischen Hauptstadt stattfinden. Dieses Mal wollte man den technischen Fortschritt mit einem monumentalen Turm aus Eisen feiern. Er sollte auf dem Marsfeld, einem Platz zwischen Seine und Militärakademie 300 Meter aufragen, seine Basis höchstens 125 Meter im Quadrat messen. Der Brückenbauingenieur Gustave Eiffel (1832–1923) erhielt den Auftrag und errichtete in nur 16 Monaten den – erst später nach seinem Erbauer benannten – „Turm der 300 Meter". Er griff dabei auf Konstruktionsprinzipien zurück, die er beim Bau von Brückenpfeilern verwendete. Die vier Seiten des aus 18 000 einzelnen Stahlteilen montierten pyramidenförmigen Baus sind leicht eingeschwungen, um den Winden trotzen zu können, die Belastung von 10 100 Tonnen wurde auf vier „Füße" verteilt, die auf riesigen, in die Erde versenkten Betonklötzen ruhen. Drei Plattformen in 57, 115 und 276 Meter Höhe erlauben einen fantastischen Rundumblick. Die Spitze wird inzwischen von einem Mast gekrönt, der die Höhe des meistbesuchten Baudenkmals der Welt sogar auf 324 Meter ansteigen lässt. Ursprünglich sollte der während der Montage von einigen als „Kathedrale der Alteisenhändler" oder „tragische Straßenlaterne" geschmähte Turm nach 20 Jahren wieder abgerissen werden. Seine Beliebtheit und die buchstäblich herausragende Eignung als Antennenmast verhinderten die Umsetzung dieses Vorhabens.

*Wenn die Luft klar ist, kann man vom **Empire State Building** in fünf US-Bundesstaaten sehen.*

## Empire State Building

**New York/USA** Wie ein Gigant unter Zwergen steht das Empire State Building an New Yorks Fifth Avenue zwischen 33. und 34. Straße. Mitten in der Wirtschaftskrise, die auch vor dem „Empire State" New York nicht Halt machte, hatten es Investoren 1930/31 gewagt, an die Stelle des alten Waldorf-Astoria-Hotels einen Wolkenkratzer zu setzen, der dieser Metapher wirklich gerecht wird: Mit seinen 381 Metern (449 Meter inklusive Antenne) übertraf er das nahe Chrysler Building, das bis dahin höchste Gebäude der Welt, um ganze 62 Meter. Mit 3400 Mann, darunter 140 wegen ihrer Schwindelfreiheit geschätzten Mohawk-Indianern, waren die Arbeiten sehr schnell vorangeschritten. 55 000 Tonnen Stahl und zwölf Millionen Ziegelsteine wurden verbaut, 760 Kilometer elektrische Leitungen und 96 Kilometer Wasserrohre verlegt sowie 73 Aufzüge installiert, die bis ins 102. Stockwerk fuhren. Der Art-déco-Bau, der mit seiner gestuften Form auf die New Yorker Bauvorschriften reagiert, die den Schattenwurf hoher Gebäude reduzieren wollte, wurde schon bald tierisch populär: 1933 diente sein eigentlich als Ankerplatz für Zeppeline geplanter Aufsatz als Kletterstange für King Kong, den Riesenaffen – eine weltweit wirksame Werbung für das in seinen wirtschaftlich schwierigen Anfangsjahren noch als „Empty State Building" verballhornte Gebäude.

## CN Tower

**Ontario/Kanada** Das bis 2007 höchste selbsttragende Bauwerk der Welt ist ein Fernsehturm, der Canadian National Tower, kurz CN Tower. Er steht in Toronto, der größten Stadt Kanadas. Inklusive Fernsehmast ist er 553 Meter hoch. Bereits 1976 wurde der in der Nähe des Ontarioseeufers stehende Koloss eröffnet. Seither kann man sich mit sechs teilweise verglasten Aufzügen an den Außenwänden des auf Y-förmigem Grundriss erbauten Turms zum „360", dem größten Drehrestaurant der Welt, nach oben befördern lassen. Nur wenige Meter darunter, auf 342 Metern Höhe, haben die Architekten einen besonderen Nervenkitzel eingebaut: eine Aussichtsplattform mit einem Boden aus begehbarem Panzerglas.

Die Skybridge, die die **Petronas Towers** verbindet, stabilisiert die Türme, sodass sie zu den sichersten Wolkenkratzern der Welt gehören.

## Burj al-Arab

**Vereinigte Arabische Emirate** Der Herrscher des Emirats Dubai, des zweitgrößten der Vereinigten Arabischen Emirate, verfolgt mit der Öffnung seines Landes eine Strategie, die den Reichtum des Wüstenstaats noch sichern soll, wenn das schwarze Gold einmal versiegt ist. Einen Teil dieser Strategie bildet der „Turm der Araber", der Burj al-Arab, ein Luxushotel der Sonderklasse, das besonders zahlungskräftige Gäste anziehen soll. Das zwischen 1994 und 1999 auf einer künstlichen Insel vor der Küste des Persischen Golfs gebaute Gebäude ragt auf V-förmigem Grundriss wie ein vom Wind geblähtes Segel 321 Meter in die Höhe. Ein Hubschrauberlandeplatz ragt über die Kunststoffmembran hinaus, die die zum Land weisende offene Seite des Gebäudes schließt – nur eine der Annehmlichkeiten, mit denen der zweitgrößte Hotelbau der Welt prunken kann. Selbstverständlich bieten die 202 Suiten auf bis zu 780 Quadratmetern Fläche jeden Luxus, den die Klientel gewohnt ist – von der gebügelten Zeitung bis zum Butlerservice. Zwei extravagante Restaurants sind das Tüpfelchen auf dem i: „Al Muntaha" ragt wie ein Querbalken in luftiger Höhe über das Segel hinaus, „Al Mahara", das unter dem Meeresspiegel liegt, ist durch ein riesiges Meeresaquarium erreichbar.

## Petronas Towers

**Malaysia** Die Anforderungen von Petronas, der staatlichen Öl- und Gasgesellschaft Malaysias, an den Büroturm, in dem sie ihren Sitz nehmen wollte, waren anspruchsvoll: Gleichzeitig funktional und ästhetisch sollte er werden, dabei landestypische Architektur bieten und die vorhandene Fläche im Geschäftsviertel Kuala Lumpurs, der Hauptstadt des südostasiatischen Landes, optimal nutzen. Der Argentinier Cesar Pelli überzeugte die Juroren des entsprechend ausgeschriebenen Wettbewerbs: Er schlug zwei durch eine 58 Meter lange Stahlbrücke in Höhe des 41. und 42. Stockwerks verbundene, 452 Meter hohe Türme vor, die durch ihre stufenweise Verjüngung wie gigantische Minarette wirken. Der Grundriss ist einem weiteren typisch islamischen Dekorelement nachempfunden, ein aus zwei Quadraten gebildeter Stern mit eingeschriebenen Kreisen zwischen den Zacken, und so ein Hinweis auf die religiösen Traditionen des Landes. Die 1996 fertiggestellten Petronas Towers waren sieben Jahre lang die höchsten Gebäude der Welt.

## Höhenrekorde

### Die höchsten Gebäude in ihrer Zeit (Auswahl)

| | | |
|---|---|---|
| Bis 1311 | Cheopspyramide | 137 Meter |
| 1311–1549 | Kathedrale von Lincoln | 160 Meter |
| 1549–1625 | Olaikirche in Tallinn | 159 Meter |
| 1647–1874 | Straßburger Münster | 142 Meter |
| 1880–1884 | Kölner Dom | 157 Meter |
| 1884–1889 | Washington Monument | 169 Meter |
| 1889–1930 | Eiffelturm | 317 Meter |
| 1931–1954 | Empire State Building | 449 Meter |
| Seit 2007 | Burj Dubai | 818 Meter |

Die Kunststoffmembran, die den **Burj al-Arab** zur Landseite abschließt, dient außer zur thermischen Isolation auch als Projektionsfläche für nächtliche Lichtspiele.

Im **Burj Dubai** soll man wohnen, einkaufen, arbeiten und sich die Zeit vertreiben können; auch die Einrichtung eines Hotels in den unteren 37 Stockwerken ist geplant.

## Burj Dubai

**Vereinigte Arabische Emirate** 2400 Bauarbeiter arbeiteten im Rekordtempo. Der Burj Dubai, ein Wohn-, Büro- und Hotelturm, wuchs alle vier Tage um ein Stockwerk in den Himmel – erst bei 202 Etagen war die endgültige Höhe von 818 Metern erreicht. Das auf 110 000 Tonnen Beton, dem Gewicht von zehn Eiffeltürmen, gegründete auf Y-förmigem Grundriss errichtete Gebäude überholte schon im September 2007 das bisher höchste Bauwerk der Welt und war bereits vor seiner Fertigstellung 2009 unangefochtener Spitzenreiter in allen Höhendisziplinen. Egal ob Türme mit oder ohne Antennen, an Seilen befestigte Fernsehmasten oder vom Wasser getragene Ölbohrinseln, keine andere von Menschen geschaffene Struktur macht dem Turm von Dubai Konkurrenz. Man muss nicht unbedingt darin wohnen, arbeiten oder zu Gast sein, um sich dem Rausch der Vertikalen hinzugeben: Eine Aussichtsterrasse in 440 Metern Höhe bietet eine bis zu 100 Kilometer reichende Fernsicht über Sand und Meer.

## A

Aborigines, Felsmalereien 120
Abu Simbel 130–131
Aconcagua 97
Agrigent, Concordiatempel 137–140
Ahaggar 78
Aït–Ben–Haddou 263
Aletschgletscher 98–100
Alhambra 224–225
Altamira, Höhle von 119–120
Amazonas 24
Amritsar, Goldener Tempel von 218
Angkor Wat 159–160
Antarktis 109
Antike 134–155
Aquädukt 150
Arc de Triomphe 280–281
Athen, Akropolis 136–137
Athene 137
Atomium 284
Aurlandsfjord 34
Avignon, Papstpalast 232
Ayers Rock 72–73
Ayutthaya 161

## B

Baalbek 152
Babylon, Stadtmauern 133
Baikalsee 28–29
Banff–Nationalpark 54
Bangkok, Großer Palast 248
Barringer–Krater 67
Beauvais, Kathedrale von 190–192
Belize, Küste 45
Berggorillas 53
Bialowiezer Heide 48–49
Big Ben 298
Bilbao, Guggenheim–Museum 276
Blaue Grotte 110
Blaue Moschee 209
Blenheim Palace 236–237
Blyde River Canyon 85
Bodleian Library 270–271
Bohol 54
Borgund, Stabkirche 186
Borobodur, Heiligtum von 214–218
Brihadishvara–Tempel 214
Brüssel, Grand–Place 259
Bryce Canyon 65
Buckskin Gulch 61
Bungle–Bungle–Massiv 70
Burgen 220–249
Burj al–Arab 300
Burj Dubai 301

## C

Canterbury, Kathedrale von 194
Canyons 84–89
Caracalla–Thermen 145
Carcassonne 250
Castel del Monte 222–223
Chambord, Schloss 232
Chartres, Kathedrale von 190
Chichén Itzá 166–168
Chimborazo 108–109
Chinesische Mauer 157–158
CN Tower 299
Coves del Drac 112

## D

Darwin, Charles 71
Death Valley 82–83
Delphi 135–136
Deutsche Bucht 38
Djenné, Große Moschee 209–211
Dover, Kreidefelsen von 37
Drakensberge 92
Drei Zinnen 91–92
Dubrovnik 254–255

## E

Edfu, Horustempel 141
Eiffelturm 299
El Escorial 233–234
Ellora, Kailasha–Tempel 213
Empire State Building 299
Ephesos, Theater 140–141
Everglades 68–69

## F

Fata Morgana 75
Felsendom 206–208
Fès 263–264
Finnische Seenplatte 26–27
Firehole River 59
Fjorde, westnorwegische 34
Florenz 256–257
Fontenay, Zisterzienserabtei 186–187
Forth Bridge 288
Forum Romanum 141–142
Freiheitsstatue 283
Fresken 199
Fudschijama 104

## G

Galapagosinseln 70
Geirangerfjord 35
Generalife 224–225
Giant's Causeway 35
Giseh, Pyramiden von 125–126
Giseh, Sphinx von 126
Gletscher 99
Gobi 80, 81
Golden Gate Bridge 288–289
Golf von Tonkin 44–45
Göreme, Höhlenkirchen 182
Gorges du Verdon 84
Gotik 193
Gran Sabana 69
Grand Canyon 86
Grand Prismatic Spring 59
Great Barrier Reef 46
Guatemala 30

## H

Ha–Long–Bucht 44–45
Hadrianswall 151–152
Hagia Sophia 179–181
Haleakala 108
Hängendes Kloster 212
Hassan–II.–Moschee 211
Hatschepsut, Totentempel 126–128
Hattusa, Löwentor von 131–132
Hawaii–Volcanoes–Nationalpark 105
Himeji, Burg 230
Hinduismus 213
Hoggar 78

Höhenrekorde 300
Hongkong 267
Houses of Parliament 272

## I

Iguaçufälle 17
Inka 171
Isfahan, Imam–Platz 264–266

## K

K2 92
Kakadu–Nationalpark, Felsmalereien 120
Kalender 166
Kamtschatka 53
Kangchenjunga 96
Kappadokien 49
Karnak, Tempel von 130
Kata Tjuta 73
Katharinenpalast 240–242
Kauai 45
Kenroku–en 248
Khao Tapu 43
Khonefälle 23
Khongoryn Els 81
Kilimandscharo 103
Kischi Pogost, Verklärungskirche 202
Kluane Icefield 100
Knossos, Palast von 132
Kölner Dom 194–195
Kolosseum 144–145
Königssee 27
Krakatau 104–105
Krakau 257–258
Kreidefelsen 37
Kreml 228–229
Kuthodaw–Pagode 219

## L

La Digue, Anse Source d'Argent 42
La Mezquita 208–209
La Rotonda 233
Lago de Atitlán 30
Lago Nordenskjöld 31
Lahore 246–247
Lalibela, Felskirchen 187
Lascaux, Höhle von 119
Lena 22–23
Leptis Magna 153
Luxor 129–130

## M

Malediven 42–43
Maligne Lake 54
Mamallapuram 212
Mammoth Cave 113
Mammoth Hot Springs 58–59
Marienburg 223
Masada 154
Matsumoto, Burg 230
Matterhorn 90
Mauna Loa 105
Mekka, Kaaba 206
Mekong 23
Mesa–Verde–Nationalpark 172
Metéora–Klöster 195–198
Meteoriten 67
Milford Sound 46
Moais 172

Mont Saint–Michel 198
Monument Valley 66–67
Moskauer Metro 294–295
Mount Erebus 109
Mount Everest 92
Mount McKinley 97
Mount Rushmore 284
Mykene, Löwentor 132

N

Namib 78, 79
Nancy, Place Stanislas 259
Nanga Parbat 96
Nara 214
Nationalpark Los Glaciares 100–101
Nationalpark Teide 102–103
Nazca–Linien 162–163
Neuschwanstein 244
Ngorongoro–Krater 50
Niagarafälle 16
Nil 20–21
Notre–Dame–du–Haut 205

O

Oase Dakhla 77
Okavangodelta 50
Old Faithful 13
Olgas 73
Olympia 135
Opéra Garnier 272–273
Osterinsel 172

P

Palast der Winde 248
Palm Islands 295
Pamukkale, Kalksinterterrassen 14–15
Panamakanal 292–293
Pantheon 178–179
Persepolis 133
Peterhof 240
Petra 153–154
Petronas Towers 300
Phang Nga 43
Philae, Isistempel von 141
Philippinen 54
Pinnacles, The 72
Pisa, Schiefer Turm 296–297
Plitvicer Seen 28
Pompeji 146–147
Pont du Gard 147–150
Ponte Vecchio 286
Popocatepetl 108
Port Campbell 47
Porta Nigra 150
Potala–Palast 247–248
Prag 253–254
Prager Burg 225–228

Q

Qin Shihuangdis, Mausoleum 156–157

R

Ravenna, Frühchristliche Kirchen von 181
Redwood–Nationalpark 64–65
Reims, Kathedrale von 190
Rio Negro 24–25
Rocky Mountains 55
Rom, Peterskirche 200–201

Rom, Piazza del Campidoglio 258–259
Rom, Trajanssäule 142
Romanik 185
Römisches Reich146
Rothenburg ob der Tauber 256
Royal Pavilion 243–244
Rügen, Kreidefelsen 37

S

Sagrada Familia 205
Sahara 74–77
Sainte–Chapelle 192
Sakkara, Stufenpyramide von 124–125
Salto Angel 16–17
Salvador da Bahia 266–267
Samarkand, Registanplatz 264
San Gimignano, Geschlechtertürme 297
Sanaa 262–263
Sankt Petersburg 260
Sanssouci 237
Santorin, Steilküste 38
Schokoladenhügel 54
Seen 26–31
Segovia, Aquädukt von 150
Selimiye–Moschee 209
Serengeti 50
Sergijew Possad, Dreifaltigkeitskloster 84
Sevilla, Giralda 297–298
Seychellen 42
Shalimar–Gärten 246–247
Shwedagon–Pagode 218–219
Siena, Piazza del Campo 253
Sigiriya 158
Sixtinische Kapelle 198–199
Škocjan, Höhlen von 112–113
Sognefjord 32–34
Sossusvlei 80–81
Speyer, Dom 184–185
Spirit Island 54
Sri Lanka 158
Sankt Gallen, Klosterbibliothek 271
Stift Melk 202
Stonehenge 121
Stourhead 242
Strokkur, Geysir 13
Sueskanal 292
Sukhothai 160
Sydney, Opernhaus 273–276

T

Tadsch Mahal 278–280
Tafelberg 92
Tal der Könige 128–129
Tallinn 255
Tassili n'Ajjer, Felsmalereien 120
Teide 102–103
Tengger–Caldera 105
Teotihuacán 163
Tepuis, Gran Sabana 69
Tis–Issat–Wasserfälle 21
Titicacasee 31
Tivoli, Villa Adriana 145
Toledo 254
Tolteken 169
Totes Meer 29
Tower Bridge, London 288
Tower von London 220–221
Trevibrunnen 292

Tuffsteinlandschaft 49
Tula 169–170
Turm zu Babel 131

U

Ur, Zikkurat von 131
Uxmal 169

V

Vatikan 200
Vaux–le–Vicomte 235
Venedig 252–253
Venedig, Markusdom 182–183
Venedig, Rialtobrücke 287–288
Verbotene Stadt 246
Vermilion Cliffs 64
Versailles 235–236
Vézelay, Magdalenenkirche von 186
Viadukt von Millau 289
Victoriafälle 15
Villa d'Este 234
Villa La Rotonda 233
Villa Romana del Casale 146
Virunga–Nationalpark 52

W

Walhalla 281
Wartburg 221–222
Washington Monument 282–283
Wat 161
Wattenmeer 38
Wave, The 64
Weiße Wüste 78
Weliki Nowgorod, Kirchen von 183–184
Weltwunder der Antike 126
Westlicher Großer Erg 77
Westminster Abbey 193
Wien, Kapuzinergruft 280
Wien, Ringstraße 261–262
Wieskirche 202–203
Windsor Castle 224
Windsors 224
Winterpalast 240
Wörlitzer Park 242–243
Würzburger Residenz 237
Wüsten 74–83

Y

Yarlung–Zangbo–Schlucht 86
Yellowstone–Nationalpark 58
Yosemite Falls 61
Yosemite–Nationalpark 61

Z

Zwölf Apostel 47

**Interfoto:** Torsten Dickmann 6/7 o.; The Travel Library/Tom Mackie 7; Torsten Dickmann 8/9; The Travel Library/John Carr 14 o.; Colorpoint 17; The Travel Library/John Carr 18/19; Colorpoint 21 o.; TopicMedia Service 24; The Travel Library/Granville Harris 34/35; Reinhard Dirscherl 43 o.; mova 45 l.; F. Hiersche 47; The Travel Library/Adam Burton 55; Marco Schneiders 59 u.; mova 70; Sammlung Rauch 71 u. r.; mova 74 o.; George Ksandr 82/83; R. Großkopf 88/89; Weltbild 96 o.; Dietrich Rose 105; The Travel Library/Tom Mackie 118 o., AISA 118 u., 119; The Travel Library/Tom Mackie 122/123; AISA 131 o., Weltbild 131 M., AISA 131 u.; The Travel Library/Stuart Black 134 u.; Raga/AISA 138/139; mova/Günter Fischer 142; Raga/AISA 158 o.; Fabrizio Finetti/AISA 173; The Travel Library/Tom Mackie 174/175; mova/Siepmann 181 r.; JTB Photo 188/189; AISA 190 u.; The Travel Library/Tom Mackie 193 u.; AISA 194; The Travel Library/Ed Rhodes 194/195; Zill 198/199; Weltbild 199 u.; Sifi 206 o., mova/Florian Kopp 206 u.; JTB Photo 210/211; The Travel Library/Stuart Black 211; JTB Photo 213 o.; The Travel Library/Stuart Black 225 u.; JTB Photo 230/231; The Travel Library 232/233; AISA 234 o., 235 M.; The Travel Library/Tom Mackie 237 o.; The Travel Library/Stuart Black 250 u.; The Travel Library/Clare Roberts 255 u.; mova/Norbert Eisele-Hein 258 M.; The Travel Library/Mark Sunderland 258/259; mova/Ferdinand Hollweck 260 M.; The Travel Library/Lee Frost 262/263; JTB Photo 270 o.; Toni Schneiders 271; Wilfried Wirth 272/273; JTB Photo 274/275; mova/Martin Siepmann 280; The Travel Library/Tom Mackie 286; Wilfried Wirth 288; The Travel Library/Tom Mackie 289 u.

**mauritius images:** Urs Flüeler 2; Alamy 12 o., 13; Jose Fuste Raga 14 u.; Hans-Peter Merten 16; age 20 o.; Photononstop 22/23; Bruno Morandi 23; John Warburton-Lee 24/25; Hartmut Röder 26 o., Raimund Linke 26 u.; imagebroker/Konstantin Mikhailov 28 r.; Frank Lukasseck 30/31; Steve Vidler 31; Wojtek Buss 32 o., Alamy 32 u.; Tsuneo Nakamura 34 r.; Manfred Mehlig 36; photolibrary 37 o.; imagebroker/Christian Handl 40/41; Alamy 42, 43 u.; Stock Image 44/45; World Pictures 46; imagebroker/Klaus-Peter Wolf 48 o., Alamy 48 M., BE & W 48 u.; Edmund Nägele 49; age 51 o.; Steve Bloom 51 u.; Alamy 52/53, 53 o. l., John Warburton-Lee 53 o. r.; Reinhard Dirscherl 54; imagebroker/Gerhard Zwerger-Schoner 59 o.; Steve Vidler 60/61; Alamy 61; Raimund Linke 62/63; Alamy 64 l., 64/65; Rudolf Pigneter 65; imagebroker/Michael Weber 66/67; Doug Scott 67; Alamy 68 o. l.; Danita Delimont 68/69; imagebroker/Norbert Probst 71 o., Tsuneo Nakamura 71 M., Alamy 71 u. l.; age 72; imagebroker/Bernd Leitner 72/73; SuperStock 74 u.; imagebroker/Stefan Auth 75 o., West-end61 75 u.; Thonig 76; T.W.P. 77; Frank Lukasseck 78; Doug Scott 78/79; Thorsten Milse 79 o., 80 o., imagebroker/Christian Heinrich 80 u.; Alamy 81 u.; Steve Vidler 85; Ludwig Mallaun 90 o.; imagebroker/Michael Nitzschke 92; age 94/95; Alamy 96 u.; SuperStock 97 o.; Walter Bibikow 98 o., imagebroker/Stefan Huwiler 98 u.; Hiroshi Higuchi 99 o., age 99 u.; Walter Bibikow 100; SuperStock 100/101; Matthias Pinn 102 u.; imagebroker/Michael Weber 103 o.; age 104 r.; Alamy 104/105; SuperStock 106/107; Alamy 109 o., SuperStock 109 u.; Siegfried Bohnacker 110 u.; Danita Delimont 113; Alamy 120¬–121; age 124 u.; Alamy 126; age 127; imagebroker/Katja Kreder 128/129; Jose Fuste Raga 130; Rene Mattes 130/131; age 132 u.; Alamy 133 r.; age 134 o., 135 l., CuboImages 135 r.; Edmund Nägele 136/137; Alamy 137 r., 141; Rene Mattes 142/143; Alamy 144 u.; CuboImages 145; Alamy 146 o., 146/147; CuboImages 147; Alamy 150/151; ACE 151; age 152 o., Michael Runkel 152 u.; age 152/153; Alamy 154; Urs Flüeler 155; Alamy 156 M.; imagebroker/Christian Kapteyn 158 u.; Steve Vidler 161 o., imagebroker/Stefan Auth 161 u. r.; Diversion 162 u.; age 163; Oxford Scientific 164/165; age 166 u., 169 M.; Steve Vidler 170; Alamy 170/171; SuperStock 172 o., Jose Fuste Raga 172 u.; Alamy 178 o., CuboImages 178 u., 179; Alamy 180 l., imagebroker/Jochen Tack 180 r.; imagebroker/Siepmann 181 l.; Alamy 182 u., 183 u.; Blume Bild 185 u.; Bard Loken 186; Alamy 187 o., 191, 193 o.; imagebroker/Silwen Randebrock 196/197; Alamy 199 o.; CuboImages 200 l., Doug Scott 200 r.; Rainer Mirau 200/201; Haag + Kropp 201; Alamy 203; SuperStock 204; Alamy 205; Ferdinand Hollweck 208; Alamy 208/209, 209, 212/213, 213 u.; Giorgio Ricatto 214; Alamy 215; age 216/217; Jeff O'Brien 218 o., age 218 u.; Jose Fuste Raga 219; Steve Vidler 220; imagebroker/Norbert Michalke 221; Alamy 223 o., Manfred Mehlig 223 u.; imagebroker/Stefan

Kiefer 224 u.; imagebroker/Nico Stengert 226/227; Alamy 228 u., 229 o., Steve Vidler 229 u., 233 l.; Alamy 235 o., Photononstop 235 u.; workbookstock 236; imagebroker/Ferdinand Hollweck 240 o., age 240 u.; Alamy 243 o., 243 u.; Diversion 249 o., Steve Vidler 249 u. r.; Jose Fuste Raga 250 o.; Jiri 251; Herbert Hoffmann 252; imagebroker 252/253; Rene Mattes 254; workbookstock 255 o.; SuperStock 256 u.; Bruno Morandi 256/257; CuboImages 258 o., imagebroker/Günter Fischer 258 u.; imagebroker/Günter Lenz 259; Alamy 260 o., Wojtek Buss 260 u.; imagebroker/Günter Lenz 261; Jose Fuste Raga 262; age 263; Robert Harding 265; imagebroker/Florian Kopp 267 o., 267 M., age 267 u.; Steve Vidler 268/269, 270 u.; imagebroker/Hartmut Schmidt 273 l., Jose Fuste Raga 273 r.; CuboImages 276 l., age 276 r.; Jose Fuste Raga 276/277; Alamy 278; age 279; Gerd Schnürer 280/281; Jose Fuste Raga 281 o., imagebroker/Werner Otto u.; CuboImages 282 l., Alamy 282 r., 282/283; imagebroker/Thomas Sbampato 284; Hiroshi Higuchi 285; Steve Vidler 287; Alamy 288/289, 292; age 293; Alamy 294 l., age 294 r., 296 o., Alamy 296 u.; age 298 l., Steve Vidler 298 r.; CuboImages 299; age 301 o., Alamy 301 u.

**picture-alliance:** Bildagentur Huber 4, 6/7 u.; Okapia/Gerhard Zimmert 12 u.; Okapia/Helfried Weyer 15; Bildagentur Huber 20 u., 27; dpa 28 l.; maxppp 29; Bildagentur Huber 30 o.; ZB 33; Bildagentur Huber 34 l.; dpa/dpaweb 37 u.; Okapia/Armin Maywald 38 l.; dpa 39; Bildagentur Huber 44, 45 r.; Chad Ehlers 46/47; KPA/Markus Mauthe 50; Bildagentur Huber 54/55, 56/57; dpa 58/59; maxppp 60; Okapia/Jack W.Dykinga 64 r.; Okapia/Winfried Wisniewski 68 o. r., Okapia/Gerhard Schulz 68 u. l.; united archives 73; ZB 79 u., 80/81; united archives 81 o.; Okapia/Christen 84 o., Bildagentur Huber 84 u.; dpa 86; Chad Ehlers 87; Okapia/Leo Pokorny 90 u.; HB Verlag 91; Bildagentur Huber 92/93; Okapia/Gavriel Jecan 93; dpa 97 u.; dpa/dpaweb 102 o.; Bildagentur Huber 103 u., 104 l.; dpa/dpaweb 108; Bildagentur Huber 110 o.; chromorange 111; Bildagentur Huber 112/113; Bildagentur Huber 114/115; akg-images/Rainer Hackenberg 124 o.; Okapia/Janfot 124/125; Bildagentur Huber 129; akg-images/Rainer Hackenberg 132 o.; akg-images/Erich Lessing 133 l.; ASA 137 l.; Bildagentur Huber 140; Helga Lade Fotoagentur 144 o.; imagestate/HIP 146 u.; Bildagentur Huber 148/149; Okapia/Klaus Wanecek 150 o., Bildagentur Huber 150 u., 156 o., akg-images 156 u.; Bildagentur Huber 157; united archives/mcphoto 158/159; Bildagentur Huber 160; Okapia/Dr. Frank Brüning 161 u. l.; Bildagentur Huber 167; Helga Lade Fotoagentur 169 u.; Okapia/Francis E. Caldwell 171 o., akg-images 171 u.; KPA/Reimund Franken 182 o.; Bildagentur Huber 183 o., 184/185; akg-images/Günter Hogen 185 o., akg-images 185 M.; Godong 186/187, 187 u.; Vintage/Burkhard Juettner 190 o.; ZB 192/193; akg-images/Rainer Hackenberg 195; Bildagentur Huber 202; dpa 202/203; Bildagentur Huber 207; HB Verlag 212; akg-images/Schütze 222; Bildagentur Huber 224 o., 225 o.; HB Verlag 228 o.; Bildagentur Huber 230; HB Verlag 233 r., 234 u.; Bildagentur Huber 237 u.; akg-images 238/239; Bildagentur Huber 241, 242; akg-images/Schütze 243 M.; dpa 244; Bildagentur Huber 245; dpa 246/247; Okapia/Peter Hertrampf 248; Bildagentur Huber 249 u. l., 253, 256 o., 257, 264, 266, 286/287; Okapia/Henry Ausloos 289 o.; Okapia/Werner Otto 290/291; abaca 294/295; Bildagentur Huber 297 o., akg-images/Joseph Martin 297 u.; All Canada Photos 298/299; Bildagentur Huber 300 o., akg-images/Andrea Jemolo 300 u.

**USGS National Center for EROS and NASA Landsat Project Science Office:** 22 u.

**Anette Vogt:** 162 o., 166 o., 168, 169 o.